Análise de Dados de Blockchain Para leigos

A tecnologia blockchain é muito mais do que apenas outra forma de armazenar dados. É um novo método radical de armazenar dados validados e informações sobre transações em um repositório indelével e confiável. O blockchain tem o potencial de causar a disrupção nos negócios como os conhecemos e, no processo, apresentar uma nova fonte valiosa de dados comportamentais. Os analistas de dados há tempos encontram insights preciosos em dados históricos, e o blockchain pode expor dados novos e confiáveis para conduzir a estratégia empresarial. Para potencializar o valor oferecido pelos dados do blockchain, familiarize-se com a **tecnologia blockchain,** como ela armazena dados e aprenda como extraí-los e analisá-los.

© everything possible/Shutterstock.com

FATOS RÁPIDOS SOBRE O BLOCKCHAIN

Blockchain é uma tecnologia disruptiva em rápido crescimento que habilita o compartilhamento de dados verificados com um conjunto de partes que não precisam confiar umas nas outras. Além disso, o blockchain possibilita o compartilhamento de ledgers [livros-razão] de itens de valor e o controle dessas transações em um ambiente que não precisa de um participante que deve verificar tudo.

Atualmente, há versões públicas, privadas e híbridas de blockchain com suporte para aplicações complexas de software. Aprender sobre essa tecnologia ajudará você a entender como as pessoas e as organizações conduzirão os negócios em um futuro próximo e distante.

Análise de Dados de Blockchain Para leigos

A lista a seguir sintetiza algumas das características mais importantes da tecnologia blockchain:

- *Blockchain* é uma cadeia [chain] de blocos [blocks], em que cada bloco armazena o valor matemático do hash do bloco anterior, conectando-o ao seu predecessor.
- Quaisquer alterações em um bloco o invalida, bem como os subsequentes na cadeia.
- O uso mais comum de um blockchain é a transferência de um item de valor (ativo digital) entre contas.
- Os proprietários do ativo digital são identificados por um *endereço*, que está relacionado com a chave pública de criptografia da conta.
- Os ativos digitais existem apenas em um blockchain, e cada um está associado com um valor no mundo real.
- Uma transação transfere um ativo digital de uma conta (proprietário) para outra.
- Todas as transações são assinadas digitalmente com a chave privada do proprietário do ativo digital.
- A criptografia facilita a verificação da transação do proprietário (assinatura digital) e a integridade de um bloco (hash).
- *Contratos inteligentes* são programas que definem regras que controlam como os dados são acrescentados e lidos no blockchain.
- Os contratos inteligentes devem operar da mesma forma e produzir os mesmos resultados, em cada instância de nó na rede.
- Assim como os dados, o código do contrato inteligente fica armazenado em um bloco do blockchain e nunca pode ser alterado.
- As bases de dados dão suporte para as operações de criação, consulta, atualização e destruição (CRUD — create, read, update, delete), sendo que os blockchains têm suporte apenas para as operações de consulta e escrita.
- A característica do blockchain de apenas acrescentar dados mantém os blocos em ordem cronológica e facilita o rastreamento de um ativo digital em todo seu ciclo de vida (para a frente e para trás).
- O mecanismo de consenso mais usado atualmente é o Prova de Trabalho (PoW — Proof-of-Work), que requer um esforço descomunal. No entanto, outros algoritmos de consenso, como o Prova de Participação (PoS — Proof-of-Stake), estão se tornando mais populares, o que pode ajudar os blockchains a lidar com as transações mais rapidamente e tornar a tecnologia uma opção melhor para mais aplicações.

Análise de Dados de Blockchain

Para leigos

Análise de Dados de Blockchain

Para leigos

Michael Solomon

ALTA BOOKS
EDITORA
Rio de Janeiro, 2021

Análise de Dados de Blockchain Para Leigos®

Copyright © 2021 da Starlin Alta Editora e Consultoria Eireli.
ISBN: 978-65-5520-509-1

Translated from original Blockchain Data Analytics For Dummies®. Copyright © 2020 by John Wiley & Sons, Inc., ISBN 978-1-119-65177-2. This translation is published and sold by permission of Wiley, the owner of all rights to publish and sell the same. PORTUGUESE language edition published by Starlin Alta Editora e Consultoria Eireli, Copyright © 2021 by Starlin Alta Editora e Consultoria Eireli.

Todos os direitos estão reservados e protegidos por Lei. Nenhuma parte deste livro, sem autorização prévia por escrito da editora, poderá ser reproduzida ou transmitida. A violação dos Direitos Autorais é crime estabelecido na Lei nº 9.610/98 e com punição de acordo com o artigo 184 do Código Penal.

A editora não se responsabiliza pelo conteúdo da obra, formulada exclusivamente pelo(s) autor(es).

Marcas Registradas: Todos os termos mencionados e reconhecidos como Marca Registrada e/ou Comercial são de responsabilidade de seus proprietários. A editora informa não estar associada a nenhum produto e/ou fornecedor apresentado no livro.

Impresso no Brasil — 1ª Edição, 2021 — Edição revisada conforme o Acordo Ortográfico da Língua Portuguesa de 2009.

Erratas e arquivos de apoio: No site da editora relatamos, com a devida correção, qualquer erro encontrado em nossos livros, bem como disponibilizamos arquivos de apoio se aplicáveis à obra em questão.

Acesse o site **www.altabooks.com.br** e procure pelo título do livro desejado para ter acesso às erratas, aos arquivos de apoio e/ou a outros conteúdos aplicáveis à obra.

Suporte Técnico: A obra é comercializada na forma em que está, sem direito a suporte técnico ou orientação pessoal/exclusiva ao leitor.

A editora não se responsabiliza pela manutenção, atualização e idioma dos sites referidos pelos autores nesta obra.

Dados Internacionais de Catalogação na Publicação (CIP) de acordo com ISBD

S689a   Solomon, Michael
        Análise de Dados de Blockchain Para Leigos / Michael Solomon ; traduzido por Alberto Gassul Streicher. - Rio de Janeiro : Alta Books, 2021.
        352 p. ; il. ; 17cm x 24cm.

        Tradução de: Blockchain Data Analytics For Dummies
        Inclui índice.
        ISBN: 978-65-5520-509-1

        1. Blockchain. 2. Análise de Dados. I. Streicher, Alberto Gassul. II. Titulo.

                                            CDD 332.02401
        2021-2942   CDU 330.567.2

Elaborado por Vagner Rodolfo da Silva - CRB-8/9410

Rua Viúva Cláudio, 291 — Bairro Industrial do Jacaré
CEP: 20.970-031 — Rio de Janeiro (RJ)
Tels.: (21) 3278-8069 / 3278-8419
www.altabooks.com.br — altabooks@altabooks.com.br

Produção Editorial
Editora Alta Books

Gerência Comercial
Daniele Fonseca

Editor de Aquisição
José Rugeri
acquisition@altabooks.com.br

Produtores Editoriais
Illysabelle Trajano
Maria de Lourdes Borges
Thales Silva

Marketing Editorial
Livia Carvalho
Gabriela Carvalho
Thiago Brito
marketing@altabooks.com.br

Equipe de Design
Larissa Lima
Marcelli Ferreira
Paulo Gomes

Diretor Editorial
Anderson Vieira

Coordenação Financeira
Solange Souza

Produtor da Obra
Thiê Alves

Equipe Ass. Editorial
Brenda Rodrigues
Caroline David
Luana Rodrigues
Mariana Portugal
Raquel Porto

Equipe Comercial
Adriana Baricelli
Daiana Costa
Fillipe Amorim
Kaique Luiz
Victor Hugo Morais
Viviane Paiva

Atuaram na edição desta obra:

Tradução
Alberto Gassul Streicher

Copidesque
Rafael Fontes

Revisão Técnica
Marco Antongiovanni
Especialista em criptomoedas

Revisão Gramatical
Alessandro Thomé
Eveline Vieira Machado

Diagramação
Lucia Quaresma

Ouvidoria: ouvidoria@altabooks.com.br

Editora afiliada à:

Sobre o Autor

Michael G. Solomon é autor, educador e consultor com ênfase na gestão de privacidade, segurança, blockchain e identidade. Como profissional de TI e consultor desde 1987, o Dr. Solomon liderou equipes de projetos para muitas das empresas Fortune 500, tendo, ainda, escrito — e contribuído em — mais de 25 livros e inúmeros cursos. Ele é professor de Cibersegurança e Negócios Globais com Blockchain na Universidade de Cumberlands, e tem doutorado em Ciência da Computação e Informática pela Universidade Emory. Outros títulos que o Dr. Solomon tem são: CISSP, PMP, CISM e PenTest+.

Dedicatória

Quero agradecer a Deus por ter me abençoado ricamente com uma família maravilhosa, e agradeço à minha família por seu apoio ao longo dos anos. Minha melhor amiga, e esposa, por mais de três décadas, Stacey, é minha maior incentivadora e apoiadora em diversos projetos profissionais e acadêmicos. Sem ela, eu não seria quem sou.

E nossos dois filhos sempre são fonte de apoio e inspiração. Para Noah, que ainda me desafia, me mantém afiado e tenta me manter relevante, e Isaac, que nos deixou cedo demais. Sentimos saudades, filho.

Agradecimentos do Autor

Todos os projetos de qualidade, grandes ou pequenos, são um trabalho em equipe. Valorizo e reconheço enormemente as contribuições da equipe do projeto deste livro. Especificamente, meu editor técnico, Andrew Hayward, que contribuiu com ideias valiosas para manter tecnicamente preciso o que você encontrará neste livro, e a editora de projeto, Susan Pink, que fez um trabalho impressionante, mantendo-nos todos nos trilhos e garantido que eu tivesse tudo de que precisasse para continuar escrevendo. Não se encontram bons editores de projeto por aí tão facilmente.

Sumário Resumido

Introdução 1

PARTE 1: O Beabá da Análise e do Blockchain 5

CAPÍTULO 1: Impulsionando os Negócios com Dados e Análise. 7

CAPÍTULO 2: Entrando de Cabeça na Tecnologia Blockchain 19

CAPÍTULO 3: Identificando Dados Valiosos no Blockchain 39

CAPÍTULO 4: Implementando a Análise de Blockchain nas Empresas. 57

CAPÍTULO 5: Interagindo com os Dados do Blockchain 81

PARTE 2: Obtendo Dados do Blockchain 107

CAPÍTULO 6: Analisando Dados do Blockchain e Criando o Conjunto de
Dados Analíticos. 109

CAPÍTULO 7: Criando Modelos Analíticos Básicos de Blockchain 123

CAPÍTULO 8: Potencializando Modelos Analíticos Avançados de Blockchain. . . . 143

**PARTE 3: Analisando e Visualizando Dados Analíticos
do Blockchain** 157

CAPÍTULO 9: Identificando Dados Agrupados e Relacionados 159

CAPÍTULO 10: Classificando os Dados do Blockchain 177

CAPÍTULO 11: Prevendo o Futuro com a Regressão 197

CAPÍTULO 12: Analisando Dados do Blockchain ao Longo do Tempo. 217

**PARTE 4: Implementando Modelos Analíticos
do Blockchain** 231

CAPÍTULO 13: Escrevendo Modelos do Zero. 233

CAPÍTULO 14: Recorrendo a Frameworks Existentes. 249

CAPÍTULO 15: Usando Ferramentas e Frameworks de Terceiros 263

CAPÍTULO 16: Juntando Tudo 281

PARTE 5: A Parte dos Dez 293

CAPÍTULO 17: Dez Ferramentas para Desenvolver Modelos de Análise
de Blockchain 295

CAPÍTULO 18: Dez Dicas para Visualizar os Dados. 309

CAPÍTULO 19: Dez Usos para a Análise de Blockchain 319

Índice **329**

Sumário

INTRODUÇÃO 1

    Sobre Este Livro. 1

    Penso que... 2

    Ícones Usados Neste Livro 2

    Além Deste Livro 3

    De Lá para Cá, Daqui para Lá 3

PARTE 1: O BEABÁ DA ANÁLISE E DO BLOCKCHAIN 5

CAPÍTULO 1: **Impulsionando os Negócios com Dados e Análise** 7

    Extraindo Valor dos Dados 8

        Monetizando os dados 8

        Trocando dados 9

        Verificando os dados 10

    Entendendo e Cumprindo os Requisitos Regulatórios. 11

        Classificando as pessoas 11

        Identificando criminosos 12

        Examinando algumas leis de privacidade. 12

    Prevendo o Futuro com Dados. 13

        Classificando as entidades 13

        Eu sei o que você fará no próximo verão. 15

        Tomando decisões com base nos modelos. 16

    Mudando as Práticas Empresariais para Criar os Resultados

    Desejados. 17

        Definindo o resultado desejado. 17

        Desenvolvendo modelos para simulação. 18

        Alinhando operações e avaliando resultados 18

CAPÍTULO 2: **Entrando de Cabeça na Tecnologia Blockchain** 19

    Explorando o Cenário do Blockchain. 20

        Gerenciando a transferência de propriedade. 20

        Fazendo mais com o blockchain 21

        Entendendo a tecnologia blockchain 21

        Avaliando a árvore genealógica do blockchain 23

        Encaixando o blockchain nas empresas atuais. 25

    Entendendo os Tipos Primários de Blockchain 28

        Categorizando as implementações de blockchain 28

        Descrevendo os atributos do blockchain básico. 30

        Contrastando implementações populares. 31

Alinhando Atributos do Blockchain com Exigências Empresariais..... 32

    Avaliando os atributos centrais 32

    Examinando as exigências primárias comuns das empresas...... 34

    Associando os atributos do blockchain com as exigências empresariais 35

Analisando Casos de Uso do Blockchain 36

    Gerindo itens físicos no ciberespaço. 36

    Lidando com informações sigilosas. 37

    Realizando transações financeiras. 38

CAPÍTULO 3: **Identificando Dados Valiosos no Blockchain**.......39

Explorando os Dados do Blockchain. 40

    Entendendo o que está armazenado nos blocos do blockchain 40

    Registrando dados transacionais. 41

    Dissecando as partes de um bloco 43

    Decodificando os dados do bloco 48

Categorizando os Dados Comuns em um Blockchain 49

    Serializando os dados de transação 50

    Registrando eventos no blockchain. 51

    Armazenando valor com contratos inteligentes 52

Buscando Valor nos Tipos de Dados do Blockchain. 53

    Explorando os dados básicos de transações. 53

    Associando significados do mundo real aos eventos. 54

Alinhando os Dados do Blockchain com Processos do Mundo Real. 55

    Entendendo as funções de um contrato inteligente 55

    Avaliando o registro de eventos dos contratos inteligentes....... 56

    Classificando os dados de transação e evento por seus efeitos 56

CAPÍTULO 4: **Implementando a Análise de Blockchain nas Empresas** 57

Alinhando a Análise com os Objetivos Empresariais 58

    Alavancando novas ferramentas de descentralização 58

    Monetizando dados 59

    Trocando e integrando os dados. 60

Opções de Pesquisa para Seu Laboratório de Análises. 61

Instalando o Cliente Blockchain 62

Instalando o Blockchain Teste. 66

xii   **Análise de Dados de Blockchain Para Leigos**

Instalando o Ambiente de Testes 70

Preparando-se para instalar o Truffle 70

Baixando e instalando o Truffle 73

Instalando o IDE 75

CAPÍTULO 5: **Interagindo com os Dados do Blockchain** 81

Explorando o Ecossistema de Análises no Blockchain 82

Avaliando seu laboratório de blockchain 83

Identificando as opções de cliente de análise 84

Escolhendo o melhor cliente de análises de blockchain 86

Acrescentando Anaconda e Web3.js ao Seu Laboratório 87

Verificando os pré-requisitos da plataforma 87

Instalando a plataforma Anaconda 90

Instalando a biblioteca Web3.py 91

Configurando seu projeto analítico de blockchain 93

Escrevendo um Script em Python para Acessar um Blockchain 95

Fazendo a interface com contratos inteligentes 96

Encontrando a ABI de um contrato inteligente 97

Criando um Blockchain Local para Analisar 103

Conectando-se ao blockchain 103

Usando as funções do contrato inteligente 104

Obtendo dados para o blockchain 105

PARTE 2: OBTENDO DADOS DO BLOCKCHAIN 107

CAPÍTULO 6: **Analisando Dados do Blockchain e Criando o Conjunto de Dados Analíticos** 109

Comparando Opções Analíticas On-Chain e Externas 110

Considerando a velocidade de acesso 110

Comparando análises feitas apenas uma vez com
as repetitivas 111

Avaliando a integridade dos dados 112

Integrando os Dados Externos 114

Definindo quais dados são necessários 115

Estendendo identidades aos dados off-chain 116

Encontrando dados externos 117

Identificando Atributos 118

Descrevendo como os atributos afetam os resultados 118

Comparando os métodos de filtros e wrapper 119

Criando um Conjunto de Dados Analíticos 120

Conectando-se a múltiplas fontes de dados 120

Criando um conjunto de dados com referências cruzadas 121

Limpando seus dados 121

Sumário xiii

CAPÍTULO 7: **Criando Modelos Analíticos Básicos de Blockchain** 123

Identificando Dados Relacionados 124
Agrupando dados com base em atributos 126
Definindo o pertencimento de grupo 129
Descobrindo relações entre os itens 131
Prevendo os Resultados Futuros 133
Selecionando atributos que afetam o resultado 134
Superando os melhores palpites 135
Criando confiança 136
Analisando Dados em Séries Temporais 138
Explorando crescimento e maturidade 140
Identificando tendências sazonais 141
Descrevendo ciclos de resultados 141

CAPÍTULO 8: **Potencializando Modelos Analíticos Avançados de Blockchain** 143

Identificando Mecanismos de Incentivo à Participação 144
Cumprindo com as determinações 145
Jogando com os parceiros 146
Recompensando e punindo os participantes 147
Gerenciando os Custos de Implementação e Manutenção ... 148
Baixando o custo de admissão 148
Potencializando o valor de participação 150
Alinhado o ROI com a moeda analítica 151
Colaborando para Criar Modelos Melhores 152
Coletando dados de uma coorte 153
Criando modelos colaborativamente 153
Avaliando a qualidade do modelo em equipe 154

PARTE 3: ANALISANDO E VISUALIZANDO DADOS ANALÍTICOS DO BLOCKCHAIN 157

CAPÍTULO 9: **Identificando Dados Agrupados e Relacionados** 159

Analisando Agrupamentos de Dados com Modelos Populares 160
Entregando um conhecimento valioso com análise de agrupamentos 161
Analisando técnicas populares de agrupamento 161
Entendendo a análise k-means 162
Avaliando a eficácia do modelo com diagnósticos 166

Implementando Algoritmos de Agrupamentos de Dados
do Blockchain no Python. 167
Descobrindo Regras de Associação nos Dados. 170
Entregando um conhecimento de valor. 170
Descrevendo o algoritmo apriori de regras de associação. 171
Avaliando a eficácia do modelo 174
Definindo Quando Usar o Agrupamento e as Regras
de Associação 175

CAPÍTULO 10: **Classificando os Dados do Blockchain**. 177

Analisando a Classificação de Dados com Modelos Populares 178
Entregando um conhecimento valioso com a análise
de classificação 178
Analisando as técnicas populares de classificação. 179
Entendendo o funcionamento do algoritmo de árvore
de decisão 180
Entendendo como funciona o algoritmo Bayes ingênuo. 182
Avaliando a eficácia do modelo com diagnósticos 185
Implementando Algoritmos de Classificação de Blockchain
no Python. 185
Definindo os requisitos da entrada de dados do modelo. 186
Criando seu conjunto de dados do modelo de classificação 187
Desenvolvendo seu código do modelo de classificação 190
Definindo Quando a Classificação se Encaixa em Suas
Necessidades Analíticas. 195

CAPÍTULO 11: **Prevendo o Futuro com a Regressão** 197

Analisando Previsões e Relações Usando Modelos Populares. 198
Entregando um conhecimento valioso com a análise
de regressão 198
Examinando técnicas populares de regressão 199
Descrevendo como a regressão linear funciona. 203
Descrevendo como a regressão logística funciona 205
Avaliando a eficácia do modelo com diagnósticos 208
Implementando Algoritmos de Regressão no Python 211
Definindo os requisitos dos dados de entrada do modelo. 211
Criando o conjunto de dados de seu modelo de regressão. 211
Desenvolvendo o código de seu modelo de regressão. 212
Definindo Quando a Regressão se Encaixa em Suas
Necessidades Analíticas. 216

CAPÍTULO 12: **Analisando Dados do Blockchain ao Longo
do Tempo**. 217

Analisando Dados de Séries Temporais com Modelos Populares. . . . 218
Entregando um conhecimento valioso com a análise de
séries temporais. 219

Sumário XV

Examinando as técnicas populares de séries temporais. 220

Visualizando os resultados das séries temporais 222

Implementando Algoritmos de Séries Temporais no Python 224

Definindo os requisitos dos dados de entrada do modelo. 225

Desenvolvendo o código de seu modelo de série temporal. . . . 228

Determinando Quando a Série Temporal se Adéqua às Suas
Necessidades Analíticas. 230

PARTE 4: IMPLEMENTANDO MODELOS ANALÍTICOS DO BLOCKCHAIN 231

CAPÍTULO 13: **Escrevendo Modelos do Zero**. 233

Interagindo com Blockchains 234

Conectando-se a um Blockchain 235

Usando uma API para interagir com o blockchain 236

Lendo em um blockchain 238

Atualizando dados do blockchain previamente lidos. 243

Examinando Linguagens e Abordagens de Cliente no Blockchain. . . . 245

Apresentando linguagens populares 246

Comparando prós e contras das linguagens populares 247

Escolhendo a linguagem certa 247

CAPÍTULO 14: **Recorrendo a Frameworks Existentes** 249

Beneficiando-se com a Padronização 250

Aliviando o fardo do compliance 251

Evitando o código ineficiente 253

Aumentando o nível da qualidade. 254

Focando a Análise, Não as Ferramentas. 255

Evitando o exagero de atributos 256

Estabelecendo objetivos granulares 257

Gerindo modelos pós-operacionais 258

Potencializando o Esforço dos Outros 259

Decidindo entre fazer ou comprar 259

Dando um escopo ao seu trabalho de testar 260

Alinhando a expertise da equipe com as tarefas 261

CAPÍTULO 15: **Usando Ferramentas e Frameworks de Terceiros** 263

Analisando Ferramentas e Frameworks 264

Descrevendo o TensorFlow. 265

Examinando o Keras. 267

Dando uma olhada no PyTorch 269

Turbinando o PyTorch com fast.ai 271

Apresentando o MXNet da Apache 273
Apresentando o Caffe 274
Descrevendo o Deeplearning4j 276
Comparando Ferramentas e Frameworks 278

CAPÍTULO 16: Juntando Tudo 281
Avaliando Suas Necessidades Analíticas 282
Descrevendo o propósito do projeto 282
Definindo o processo 284
Fazendo inventário de recursos 285
Escolhendo a Melhor Opção 287
Entendendo as habilidades e as afinidades pessoais 288
Potencializando a infraestrutura 289
Integrando-se à cultura organizacional 290
Abraçando a iteração 291
Gerenciando o Projeto do Blockchain 291

PARTE 5: A PARTE DOS DEZ 293

CAPÍTULO 17: Dez Ferramentas para Desenvolver Modelos de Análise de Blockchain 295
Desenvolvendo Modelos Analíticos com Anaconda 296
Escrevendo Código no Visual Studio Code 297
Prototipando Modelos Analíticos com o Jupyter 298
Desenvolvendo Modelos em R com o RStudio 300
Interagindo com os Dados do Blockchain com web3.py 301
Extraindo Dados do Blockchain para uma Base de Dados 302
Extraindo dados do blockchain com o EthereumDB 302
Armazenando dados do blockchain em um banco de dados
com o Ethereum-etl 302
Acessando as Redes do Ethereum em Grande Escala com
o Infura 303
Analisando Conjuntos de Dados Muito Grandes em Python
com Vaex 304
Examinando Dados do Blockchain 305
Explorando o Ethereum com Etherscan.io 305
Lendo múltiplos blockchains com Blockchain.com 306
Vendo os detalhes de criptomoedas com o ColossusXT 307
Preservando a Privacidade na Análise de Blockchain
com MADANA 307

Sumário xvii

CAPÍTULO 18: Dez Dicas para Visualizar os Dados 309

Verificando a Paisagem ao Seu Redor 310
Potencializando a Comunidade 311
Tornando-se Amigo das Visualizações de Redes 313
Reconhecendo a Subjetividade 314
Usando a Escala, o Texto e as Informações Necessárias 314
Considerando Atualizações Constantes para Dados Voláteis 315
Preparando-se para o Big Data 316
Protegendo a Privacidade 317
Contando Sua História 318
Desafiando-se! 318

CAPÍTULO 19: Dez Usos para a Análise de Blockchain 319

Acessando Dados Públicos de Transações Financeiras 320
Conectando-se com a Internet das Coisas (IoT) 321
Garantindo a Autenticidade de Dados e Documentos 322
Controlando a Integridade de Documentos Seguros 323
Rastreando Itens da Cadeia de Suprimentos 324
Empoderando a Análise Preditiva 325
Analisando Dados em Tempo Real 326
Turbinando a Estratégia Empresarial 327
Gerenciando o Compartilhamento de Dados 327
Padronizando a Colaboração 328

ÍNDICE 329

Introdução

As organizações atuais são impulsionadas por dados. Ignore as enormes quantidades de dados disponíveis para você a respeito de seus produtos, serviços, clientes e até de seus concorrentes, e rapidamente ficará para trás. Porém, se aproveitar os dados e minerá-los, como se fossem joias brutas, poderá descobrir a vantagem que o colocará à frente da concorrência e deixará seus clientes felizes.

E o valor em potencial que poderá encontrar nos dados fica ainda mais atraente quando incorporamos a tecnologia de blockchain em sua organização. O blockchain é uma inovação que está crescendo rapidamente e tem incalculáveis informações que você pode usar para diminuir os custos e aumentar as receitas. Para perceber o valor dos dados de blockchain, é necessário compreender como essa tecnologia armazena os dados e como obtê-los.

O livro *Análise de Dados de Blockchain Para Leigos* apresenta a seus leitores a tecnologia do blockchain, como os dados são armazenados, como identificar e obter dados interessantes, e como analisar tais dados para descobrir informações significativas. Você aprenderá como montar seu próprio laboratório de análise e um blockchain local para praticar as técnicas aprendidas. Depois disso, descobrirá como extrair dados do blockchain e criar modelos populares de análise para revelar as informações escondidas nos dados.

Sobre Este Livro

A tecnologia do blockchain é frequentemente descrita como sendo a mais importante e disruptiva de nossa geração. Em sua essência, essa tecnologia disponibiliza um novo modo de acrescentar dados a um ledger [livro-razão] de transações que é compartilhado com outros usuários de uma forma que você não precisa confiar neles. A tecnologia do blockchain tem o potencial de mudar a maneira como conduzimos os negócios em todos os níveis. E, enquanto gerencia as transações entre quaisquer duas ou mais partes, todos os dados relacionados com a transação são armazenados no ledger compartilhado, que nunca poderá ser alterado ou excluído. A disponibilidade de um histórico inalterável de transações pode ser uma vantagem enorme para todos os tipos de organizações.

Desvendar tendências ou lições em tais transações de blockchain é o foco deste livro. *Análise de Dados de Blockchain Para Leigos* lhe apresenta os fundamentos do armazenamento de dados na tecnologia blockchain e as técnicas para analisar os dados nessa tecnologia. Você aprenderá — de forma clara — como desenvolver modelos analíticos e preenchê-los com dados de blockchain.

Penso que...

Não faço quaisquer suposições a respeito de sua experiência com a tecnologia blockchain, a programação de aplicações ou a criptografia, porém, suponho o seguinte:

- » Você tem um computador e acesso à internet.
- » Você tem conhecimentos básicos para usar o computador e a internet, assim como para baixar e instalar programas.
- » Você sabe encontrar arquivos no HD do computador e criar pastas.
- » Você é iniciante com o blockchain e não é um desenvolvedor experiente de softwares.
- » Você é iniciante com o desenvolvimento de modelos de análise de dados.

Ícones Usados Neste Livro

DICA

O ícone "Dica" mostra as dicas (não brinca!) e os atalhos que você pode usar para extrair dados de blockchain e desenvolver modelos analíticos.

LEMBRE-SE

Este ícone marca as informações especialmente importantes para você saber.

PAPO DE ESPECIALISTA

Aqui haverá informações de natureza altamente técnica, que você pode pular, se quiser.

CUIDADO

E aqui, fique esperto! Há informações importantes que podem evitar muitas dores de cabeça ao escrever suas próprias aplicações de blockchain.

Além Deste Livro

Você pode acessar a Folha de Cola online no site da editora Alta Books. Procure pelo título ou pelo ISBN do livro. Faça o download da Folha de Cola completa, bem como de erratas e possíveis arquivos de apoio.

```
https://www.altabooks.com.br/.
```

Você encontrará informações resumidas sobre a tecnologia blockchain, modelos de análise de dados e como extrair dados do blockchain. A folha de cola é uma referência para ser usada constantemente à medida que você ganha mais experiência extraindo dados do blockchain e desenvolvendo modelos de análise.

Além disso, no site você também pode baixar os códigos usados neste livro, caso não queira digitá-los. Você poderá baixar os arquivos .zip para cada um dos projetos que criará para desenvolver e testar os scripts de acesso e análise.

De Lá para Cá, Daqui para Lá

A série *Para Leigos* lhe mostra exatamente o que você precisa saber e como fazer as coisas necessárias para obter os resultados desejados. Os leitores não precisam ler o livro inteiro apenas para aprender sobre alguns tópicos. Por exemplo, se quiser aprender apenas sobre como extrair dados de blockchain, vá direto para os Capítulos 5 e 6. Por outro lado, se precisa montar seu próprio laboratório de análise de blockchain, leia o Capítulo 4, que mostra como fazer isso apresentando instruções passo a passo muito claras.

4   **Análise de Dados de Blockchain Para Leigos**

1

O Beabá da Análise e do Blockchain

NESTA PARTE. . .

Use a análise de dados para impulsionar decisões estratégicas.

Explore a tecnologia blockchain e casos de uso populares.

Examine dados do blockchain para identificar dados de valor.

Desenvolva um laboratório de análise de blockchain.

Preencha um blockchain local com dados para analisar.

NESTE CAPÍTULO

» **Descobrindo o valor dos dados**

» **Obedecendo as regulações**

» **Protegendo a privacidade do cliente**

» **Prevendo ações esperadas com dados**

» **Mudando os planos para controlar o resultado**

Capítulo **1**

Impulsionando os Negócios com Dados e Análise

No século XXI, a personalização é o que manda, e os dados tornam isso possível. Um amigo poderá escolher um presente muito mais pessoal para você do que um estranho, porque seu amigo sabe do que você gosta ou não. Os profissionais do marketing sabem há décadas que estabelecer uma conexão com alguém pode aumentar drasticamente as chances de que esse alguém se torne um cliente. O desejo das organizações por atrair clientes e aumentar as vendas impulsiona a busca por atender às necessidades daqueles.

Os clientes demandam uma atenção pessoal e passaram a esperar um alto nível de individualização nos serviços, online ou em uma loja física. Devido aos avanços na sofisticação da interação com os clientes, o nível ficou mais alto para todos os tipos de organizações. Por exemplo, não basta que uma pesquisa na internet apresente uma lista geral de opções. Os mecanismos de busca atuais, e a maioria dos sites de compras, sugerem opções antes mesmo de você terminar de digitar. Parece até que o mecanismo de busca conhece você e o que está prestes a pesquisar.

O recurso de adivinhar o que o cliente provavelmente pesquisará ou achará interessante baseia-se em dados. Nós, humanos, somos criaturas de hábitos, e a maioria dos processos (e até mesmo de eventos naturais) tende a ser cíclica. A natureza repetitiva do comportamento significa que, se tivermos dados históricos suficientes, poderemos conseguir prever o que acontecerá. Investir esforços para coletar, manter e analisar dados relacionados à operação de sua organização pode auxiliar na redução de custos e na limitação da exposição a multas e processos, podendo levar ao aumento de receitas.

Resumindo, saber usar seus dados auxiliará no aprendizado de como tornar sua organização mais rentável. Neste capítulo, você aprenderá sobre como os dados podem agregar valor às organizações.

Extraindo Valor dos Dados

A tendência cada vez maior em direção a ofertas personalizadas depende dos dados e, ao mesmo tempo, expõe sua importância para as operações das empresas. Os dados não são mais apenas uma consequência de engajar-se nas transações — eles são necessários para aumentar o volume delas. As organizações estão aprendendo a ver como os dados são valiosos para sua capacidade de conduzir e expandir as operações. Se quiser manter-se competitivo na economia atual, terá de oferecer uma experiência que seja ágil e personalizada. Os dados de transações anteriores possibilitam antecipar atividades subsequentes e moldar ofertas aos clientes e às preferências de parcerias.

Por exemplo, os itens que você comprou online nos últimos cinco sites fornecem às lojas online, como a Amazon.com, informações suficientes sobre você, a ponto de poderem dar sugestões para compras adicionais. Usar dados anteriores para recomendar compras ou ações futuras é uma maneira comum de extrair valor dos dados. Nesta seção, apresento três maneiras pelas quais as organizações podem identificar os dados que têm o maior potencial de valor.

Monetizando os dados

Ao longo das últimas duas décadas, muitas organizações passaram a ver os dados como o combustível principal da era da informação. Desde o despontar do século XXI, muitas organizações que têm os dados como seu negócio principal surgiram ou se expandiram rapidamente. A Amazon usa os dados de clientes para dar sugestões de compras adicionais, enquanto empresas como Facebook e Google usam os dados como seu produto principal para impulsionar as receitas com propagandas. Todas essas organizações encontraram maneiras de transformar os dados em receitas.

À medida que os dados se tornam mais diretamente associados com as receitas, as gigantes dos dados — Google, Facebook e Amazon — controlam uma demanda crescente por acesso a tais dados. Há tempos os usuários são encorajados a compartilhar suas informações e atividades pessoais, sem obter praticamente nada em retorno. No início, a percepção era a de que compartilhar dados pessoais era algo inofensivo e sem qualquer valor.

Contudo, um número cada vez maior de clientes e parceiros comerciais percebeu que seus dados têm valor. O legislativo de vários lugares vem reconhecendo a importância dos dados pessoais e, a cada ano, está aprovando novos níveis de leis de proteção da privacidade. Os dados têm valor não apenas em si mesmos, mas, quando ligados com outros dados pessoais relacionados, também fornecem insights de valor com relação ao comportamento pessoal.

A percepção de que há valor nos dados pessoais resultou em um tipo de jogo. As organizações que valorizam os dados dos clientes tentam adquirir o máximo de dados possível, enquanto os clientes estão ficando cada vez mais dispostos a negar o livre acesso a seus dados pessoais, passando a exigir uma compensação. Tais compensações geralmente não tomam a forma de um pagamento monetário direto, mas de outros benefícios ou descontos.

Trocando dados

Quanto mais as organizações percebem o valor cada vez maior dos dados de clientes e parceiros, mais elas exploram maneiras de alavancar esse valor. Quando os clientes interagem com uma organização, ou quando as organizações interagem com parceiras, um rastro de artefatos de dados é deixado para trás. Artefatos de dados que documentam o tempo e o conteúdo das transações, bem como quaisquer alterações dos dados, descrevem como as entidades interagem com as organizações. À medida que mais interações com todos os tipos de organizações ficam mais automatizadas, aumenta a quantidade e a frequência dos artefatos de dados.

As organizações que coletam artefatos de dados descobrem que nem todos são úteis, pelo menos não para aquela organização. Porém, conforme os dados se tornam cada vez mais valiosos, muitas organizações expandem o escopo dos dados que coletam, com a intenção de vendê-los para outras organizações. À medida que os dados se tornam uma fonte de receita direta e indireta, a coleta e a gestão de dados deixam de ter um papel de apoio, passando a ser uma preocupação de planejamento estratégico.

Por exemplo, as campanhas políticas costumam gastar enormes quantias de dinheiro para comprar informações demográficas sobre consumidores que compraram tipos específicos de produtos. Os candidatos políticos que apoiam fortemente as questões ambientais veem valor na identificação de pessoas que compram produtos "verdes", porque elas provavelmente são apoiadores em potencial. As identidades podem então ser usadas para pedir doações para a campanha.

DICA

As vendas excessivas de dados levaram a preocupações e frustrações com relação à privacidade pessoal. A maioria das pessoas acaba percebendo que as atividades online têm consequências. Toda vez que você fornece seu endereço de e-mail ou número de telefone para alguém, seus dados provavelmente acabam sendo usados por alguma outra organização (ou provavelmente diversas). Sempre tenha cuidado sobre quais dados você permite que os outros usem.

Nem sempre é ruim compartilhar ou trocar dados. Em alguns casos, é importante que seus dados sejam compartilhados entre empresas e organizações. Por exemplo, compartilhar o histórico completo de revisões de seu carro pode facilitar a obtenção de serviços mais confiáveis. Com esses dados, você pode levar o carro para qualquer provedor de serviços e não ter de ficar lembrando quando foi a última vez que trocou o óleo ou fez o rodízio dos pneus. As técnicas que apoiam o compartilhamento benéfico e responsável de dados entre as organizações podem ser valiosas para empresas e consumidores.

Verificando os dados

Um dos obstáculos para perceber o valor total dos dados é a dependência da qualidade que eles têm. Dados de qualidade são valiosos, enquanto os incompletos ou não confiáveis são quase sempre inúteis. O pior é que, para limpar os dados de baixa qualidade, talvez seja necessário um orçamento que será maior do que as receitas que serão potencialmente geradas. A única maneira de reconhecer o valor verdadeiro dos dados é garantir que sejam válidos e representem entidades do mundo real.

Há tempos a verificação de dados é um dos maiores custos associados com sua coleta e uso. As campanhas que dependem de endereços físicos ou eletrônicos terão efeitos mínimos se os endereços-alvo estiverem errados em sua maior parte. Os dados ruins podem vir de muitas fontes, incluindo o envio maldoso de dados, uma coleta malfeita ou, ainda, uma modificação maliciosa em seu conteúdo. Um aspecto importante no uso dos dados é alocar controles que verifiquem a fonte de qualquer dado coletado, além da conformidade com os requisitos da coleta.

Uma maneira simples de verificar os dados em um ambiente distribuído é realizar uma validação simples na fonte e novamente no servidor quando o dado é armazenado em um repositório. Embora possa parecer excessivo fazer a validação dupla, a prática fará com que seja fácil captar erros dos usuários e garantirá que os dados recebidos pelo servidor estejam limpos.

DICA

A validação dupla dos dados possibilita que as aplicações dos clientes captem rapidamente os erros, como dígitos demais em um número de telefone ou um campo em branco, enquanto o servidor trabalha com tarefas mais complexas de validação. Talvez o servidor precise de acesso a outros dados relacionados para garantir que sejam válidos antes de armazená-los em um repositório. A validação pelo servidor pode incluir coisas como a verificação de que as quantidades de um pedido estejam disponíveis em um armazém e os dados não sejam alterados por agentes maliciosos durante a transmissão feita pelo cliente.

Um dos motivos para a verificação de dados ser tão importante é que as organizações estão usando cada vez mais seus dados para orientar as iniciativas da empresa. Alinhar as atividades da empresa com as expectativas baseadas em dados com erros levará a resultados indesejados, ou seja, as decisões terão a mesma qualidade dos dados sobre os quais se baseiam. O ditado "lixo entra, lixo sai" ainda é válido.

Entendendo e Cumprindo os Requisitos Regulatórios

A era da informação apresenta muitas novas oportunidades e o mesmo tanto (se não mais) de desafios. A vasta quantidade de dados disponíveis para as organizações de todos os tipos turbina o processo avançado de tomada de decisão e levanta algumas questões sobre privacidade e ética. Os grupos de proteção ao consumidor há tempos vêm declarando suas preocupações sobre como os dados pessoais estão sendo usados. Em resposta aos abusos descobertos e ao reconhecimento de possíveis abusos futuros, vários governos ao redor do mundo estão aprovando regulações e legislações para limitar a forma como os dados são coletados e usados.

Embora a coleta de algumas informações sobre um consumidor possa parecer algo inocente, não leva muito tempo até que os dados acumulados apresentem um quadro das características e dos comportamentos pessoais de alguém. Conhecer o comportamento passado de alguém facilita, relativamente, a previsão das ações e das escolhas futuras dessa pessoa. Prever as ações traz valor para o marketing, mas também impõe um perigo para a privacidade individual.

Classificando as pessoas

A preocupação é a de que os dados pessoais têm sido usados, e continuarão, para classificar as pessoas com base em seus comportamentos passados. Isso pode ser ótimo para os objetivos de marketing e vendas. Por exemplo, qualquer varejista pode identificar pessoas que estão noivas e, assim, direcionar propagandas e cupons para itens relacionados a casamento. Esse tipo de propaganda direcionada é geralmente mais produtivo do que o marketing geral. O orçamento para as propagandas pode estar concentrado em mercados-alvo que trarão maior ROI [retorno sobre o investimento].

Por outro lado, saber demais sobre as pessoas pode ser uma violação de privacidade. Um exemplo disso foi o resultado da análise astuta da Target Corporation. Os analistas da Target conseguiram identificar mulheres grávidas logo no início da gravidez com base na mudança de seus hábitos de compras. Quando identificaram as grávidas, a Target enviou cupons não solicitados para produtos relacionados a bebês. Em um caso, os cupons chegaram por correspondência antes mesmo de a mulher divulgar aos familiares que estava grávida; a família descobriu sobre a gravidez por meio de um varejista. A privacidade é uma questão muito difícil porque ações legítimas podem violar a privacidade de alguém.

CAPÍTULO 1 **Impulsionando os Negócios com Dados e Análise**   11

Identificando criminosos

Outro aspecto da privacidade é quando criminosos, ou outras pessoas que querem operar deliberadamente de forma anônima, escondem a identidade. A privacidade pode ser importante para o público em geral, mas é uma necessidade para a atividade criminosa. A habilidade de negar, ou repudiar, uma ação é crucial para evitar serem descobertos e presos, e para qualquer defesa subsequente. Lavagem de dinheiro e fraude são duas atividades nas quais a privacidade e o anonimato são desejados para ofuscar as ilegalidades.

Por sua vez, para o cumprimento da lei, é necessário haver uma associação entre ações e pessoas. Por isso existem leis para proteger o público em geral, mas que permitem às autoridades conduzir investigações e identificar supostos criminosos.

Proteger a privacidade de cidadãos de bem e ao mesmo tempo identificar criminosos tem se tornado importante para inúmeras organizações. Para permitir que as autoridades lidem com problemas de privacidade online, órgãos legislativos aprovaram diversas leis para atacar diretamente esse ponto.

Examinando algumas leis de privacidade

Veja algumas das leis mais importantes relacionadas à privacidade que provavelmente você encontrará e talvez seja levado a cumprir:

» **Lei de Proteção à Privacidade Online Infantil (COPPA)**[1]: Aprovada nos EUA em 1998, a COPPA exige que pais ou responsáveis deem consentimento antes que dados de crianças menores de 13 anos sejam coletados ou suas informações particulares sejam usadas.

» **Lei de Portabilidade e Responsabilidade de Seguro de Saúde (HIPAA):** Aprovada nos EUA em 1996, a HIPAA modernizou o fluxo de informações dos seguros de saúde e contém estipulações específicas sobre a proteção da privacidade de informações pessoais de saúde.

» **Lei dos Direitos Educacionais da Família e Privacidade (FERPA):** Aprovada nos EUA em 1974, a FERPA protege o acesso a informações educacionais, incluindo a proteção da privacidade de registros acadêmicos.

» **Regulamento Geral de Proteção de Dados (GDPR):** Aprovada em 2016 (e implementada em 2018), a GDPR é uma regulação abrangente da União Europeia (UE) que protege os dados particulares de cidadãos europeus. Todas as organizações, não importa onde estejam, devem seguir a GDPR para realizar negócios com os cidadãos da UE. Os cidadãos europeus devem ter o controle de seus próprios dados, sua coleta e seu uso. [No Brasil, a Lei Geral de Proteção de Dados (LGPD) foi aprovada em 2018.]

---

1 N.R. No Brasil, a Lei Geral de Proteção de Dados (LGPD) cuida do assunto em seu artigo 14. Ela estipula que informações sobre crianças e adolescentes só podem ser coletadas com expressa autorização de um responsável legal.

» **Lei de Proteção do Consumidor da Califórnia (CCPA):** Aprovada nos EUA em 2018, CCPA foi chamada de "versão light da GDPR", deixando a entender que ela tem muitos dos requisitos da GDPR. A CCPA exige que todas as organizações que façam negócios protejam a privacidade dos dados do consumidor.

» **Lei de Prevenção à Lavagem de Dinheiro (AML):** A AML é um conjunto de leis e regulações que auxilia as investigações conduzidas pelas autoridades ao exigir que transações financeiras estejam associadas com identidades válidas. A lei impõe exigências de procedimento sobre instituições financeiras que basicamente dificultam muito transferir dinheiro sem deixar um rastro que seja facilmente auditável. [No Brasil, é a Lei 9.613/98.]

» **Conheça seu Cliente (KYC):** Essas leis e regulações trabalham junto com a AML para garantir que as empresas invistam um esforço sensato para verificar a identidade de cada cliente e parceiro comercial, ajudando a desencorajar a lavagem de dinheiro, propinas e outras atividades criminosas relacionadas às finanças, que usam o anonimato.

Prevendo o Futuro com Dados

Os dados podem revelar diversos segredos. Aqueles coletados por meio de suas interações regulares com clientes e parceiros comerciais podem ajudá-lo a entendê-los e atender da melhor forma suas necessidades e desejos. Presumindo que você tenha adotado medidas para proteger a privacidade pessoal e tenha permissão de coletar e usar os dados, analisá-los pode beneficiar sua organização e seus clientes (e parceiros também).

Uma maneira comum de usar os dados é desenvolver modelos de análise que ajudam a explicá-los, revelando informações escondidas, e até prever comportamentos futuros. A análise de dados [data analytics] trata de usar métodos formais para desvendar segredos que seus dados estão escondendo. Tais segredos não estão escondidos de propósito — apenas se perderam nas montanhas de dados coletados. Sem uma abordagem estruturada para examiná-los, talvez você deixe passar alguns dados valiosos que podem levar ao aumento das receitas.

Classificando as entidades

Entidade é qualquer objeto que seus dados descrevem, como um cliente, um fornecedor, um produto, um pedido ou qualquer outra coisa que tenha características que possam ser descritas pelos dados. Em termos tradicionais de banco de dados, uma entidade corresponderia a um registro, ou uma linha. O conceito de linha também se aplica ao conceito de planilha. Pense em uma planilha de clientes. Cada linha contém todos os dados que descrevem um único cliente. A Figura 1-1 mostra uma coleção de clientes em formato de tabela.

CAPÍTULO 1 **Impulsionando os Negócios com Dados e Análise** 13

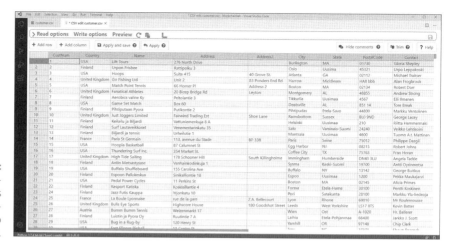

FIGURA 1-1: Entidades-clientes apresentadas como tabela.

PAPO DE ESPECIALISTA

Os clientes estão armazenados em um arquivo de texto CSV (comma-separated value, ou valor separado por vírgulas), chamado `customer.csv`, e são apresentados no Visual Studio Code usando o Edit como extensão CSV. Para aprender mais sobre o Visual Studio Code e suas extensões, veja o Capítulo 4.

Perceba que cada cliente tem um conjunto de características, como nome, endereço e contato, armazenadas em colunas separadas. Os modelos de análise de dados usam essas diferentes características, também chamadas de *atributos*, para examinar como diferentes entidades estão relacionadas.

Um tipo de análise é examinar os atributos de diferentes entidades para ver se alguns podem ajudar a agrupar as entidades ou sugerir alguma relação. Por exemplo, imagine que tenha perguntado a um grupo de pessoas qual é seu time favorito de futebol. Seria de se esperar que a maioria das pessoas que respondessem "Flamengo" provavelmente morasse perto do Rio de Janeiro. No entanto, nem sempre podemos fazer associações tão simples. Se a pergunta fosse feita em 1990, nem todos que respondessem "Flamengo" morariam no Rio de Janeiro. Durante a década de 1990, a TV a cabo estava se popularizando, e os jogos transmitidos eram sempre das capitais, como São Paulo ou Rio de Janeiro. Assim, muitas pessoas que não moravam no Rio de Janeiro torciam [e ainda torcem] para o Flamengo.

Esse é um exemplo de que não se pode confiar incondicionalmente nos modelos analíticos. A análise de dados pode fornecer um valor incalculável, mas ela também precisa de cuidados e diligência para desenvolver modelos que apresentem resultados confiáveis ao longo do tempo.

Presumindo que você invista o suficiente para desenvolver bons modelos, os modelos de classificação podem ajudar a identificar entidades similares. Informações parecidas auxiliam as organizações a desenvolverem campanhas e serviços específicos de marketing para fazer com que clientes e parceiros tenham a sensação de estarem sendo tratados individualmente. Você aprenderá sobre os diversos modelos de classificação no Capítulo 7 e desenvolverá alguns no Capítulo 10.

Eu sei o que você fará no próximo verão

Embora a capacidade de classificar entidades para identificar grupos de similaridade possa ser valiosa, a análise também pode fazer previsões. O comportamento passado é um forte indicador do comportamento futuro. Os seres humanos tendem a repetir ações e decisões, então é possível usar modelos que identifiquem padrões para prever ações futuras. A capacidade de prever ações futuras pode ter um valor imensurável para as organizações. Caso uma organização identifique alguns itens que tendem a ser comprados juntos com frequência, ela pode usar essa informação para fazer sugestões adicionais de compras.

Sem dúvidas você já viu resultados frequentes de análises de produtos quando está comprando online. Quando seu site favorito recomenda a compra de um item adicional, e parece fazer sentido, é porque outras pessoas compraram o mesmo conjunto de produtos no passado. Como o site sabe disso? Ele usou a análise.

Um dos modelos comuns de análise que você verá no Capítulo 7 e desenvolverá no Capítulo 11 é a regressão. Não se preocupe com o nome agora (ou com os cálculos). A regressão é meio que fazer o cálculo melhorado da inclinação de uma reta. Um *modelo de regressão* basicamente examina seus dados e cria uma reta (ou uma curva) que relaciona os dados que você viu. Após fazer o gráfico dos dados, é possível usá--lo para adivinhar o que acontecerá com base em novas entradas de dados.

Vejamos como isso pode ser útil. A Figura 1-2 mostra um modelo de regressão linear desenvolvido com dados da audição e dados resultantes de pontuação. Este exemplo foi tirado de outro, que você usará para desenvolver este modelo no Capítulo 11.

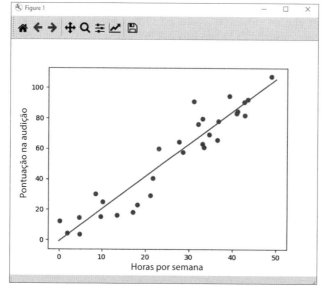

FIGURA 1-2: Modelo de regressão linear usando dados sobre as horas de prática e a pontuação na audição.

Vamos à explicação que você verá novamente no Capítulo 11: imagine que você esteja ajudando alunos de música a se preparar para o teste para a banda de honra. Você coletou dados históricos sobre quantas horas por semana cada aluno praticou, se foi aceito na banda de honra e qual resultado cada um obteve na audição. Como era de se esperar, há uma correlação linear entre as horas de prática e o resultado da audição: quanto mais o aluno praticou por semana, melhor o resultado obtido em sua audição. Um modelo de regressão linear pode prever o resultado da audição de qualquer aluno se sabe quantas horas ele praticou por semana. Caso haja um aluno que pratica trinta horas por semana, espera-se que ele obtenha um resultado de cerca de sessenta pontos no teste.

Os modelos de regressão podem ajudar a prever ações futuras com precisão. Usar dados para saber quais serão os próximos passos pode valer ouro nas decisões empresariais.

Tomando decisões com base nos modelos

Os modelos de análise podem ajudar as organizações a tomar decisões surpreendentes e ganhar muito dinheiro. Eles também podem levá-las a tomar decisões ridículas e perder rios de dinheiro. O segredo é conhecer a qualidade dos modelos.

Este livro fala sobre o desenvolvimento de modelos de análise usando dados do blockchain. Você aprenderá sobre a tecnologia do blockchain e os dados nos Capítulos 2 e 3, mas não se esqueça de que, embora a qualidade de seus dados seja importante, é crucial desenvolver o modelo certo para obter um resultado de qualidade. Nunca confie em sua primeira escolha de um modelo ou apenas em um único modelo. Sempre faça comparações de tipos e configurações de modelos para encontrar a combinação certa que trará os resultados com a maior qualidade possível.

LEMBRE-SE

Se aprender apenas uma coisa com este livro, espero que seja exigir uma verificação mensurável de cada modelo desenvolvido. Você deve conseguir fornecer métricas para cada modelo, indicando sua precisão e se ele realmente funciona. Nunca lance um modelo para sua unidade de negócios sem uma verificação completa. Sua organização usará seus modelos para tomar grandes decisões. Dê o seu melhor para oferecer boas ferramentas.

Mudando as Práticas Empresariais para Criar os Resultados Desejados

Classificar seus clientes ou desenvolver modelos para prever o que acontecerá pode ajudar sua organização a ser mais ágil em atender as necessidades. Você pode usar a análise para ajudar a planejar melhor e estar pronto para o que vier. Mas com um pouco de trabalho extra, é possível fazer muito mais com os resultados da análise. Em vez de apenas estar pronto para o que possa acontecer, podemos usar os resultados da análise para alterar as atividades atuais e afetar os resultados futuros.

A *análise preditiva* faz a previsão de quais podem ser os resultados futuros. O próximo passo na maturidade analítica é a análise prescritiva. Com a *análise prescritiva*, o modelo identifica as mudanças que podem ser feitas agora para alcançar um resultado desejado. Por exemplo, a análise prescritiva pode dizer quantas mesas arrumar em um restaurante ou quais caixas abrir em um supermercado para atingir os objetivos de vendas. Essa análise dá à organização a vantagem de realizar mudanças operacionais com base em sua compreensão dos dados que levam à realização de seus objetivos.

Definindo o resultado desejado

Na seção anterior, você aprendeu como usar modelos analíticos para fazer previsões de resultados futuros. Pode haver um valor imensurável na previsão, mas também é possível usar a análise para definir o resultado e mostrar como chegar lá. Pense nisso. Uma coisa é prever as vendas da semana que vem, mas não seria legal estabelecer os objetivos de vendas da próxima semana e deixar que seus modelos analíticos lhe digam como chegar lá? Isso é possível com bons modelos de análise.

A análise preditiva basicamente apresenta uma equação: $y = mx + b$ (sim, é fácil e é a mesma equação usada para o cálculo angular de uma reta). Seu modelo fornece valores para m e b. Seus dados dão um valor para x, e você faz o cálculo para encontrar y. Álgebra simples.

A análise prescritiva é um pouco diferente. Ela faz a pergunta: "Se eu escolher um valor para y, qual valor de x me levará para lá?" Ou seja, você escolhe um valor para y (quem sabe seu objetivo para as vendas da próxima semana) e faz o cálculo para encontrar x. Depois que souber o valor de x (talvez ele represente o número de ligações de prospecção que precisa fazer), saberá o que será necessário para alcançar y (seu objetivo de vendas). Em sua essência, ainda é álgebra simples.

Muito embora a álgebra seja simples, colocar a análise prescritiva em prática pode ser complicado. Em álgebra, a igualdade é reflexiva, o que significa que é possível ler da esquerda para a direita ou da direita para a esquerda. Tecnicamente, os modelos deveriam funcionar da mesma forma, mas nem sempre é o caso. A análise prescritiva pode dar um certo grau de orientação para alcançar os resultados, mas sempre será necessário seguir essas orientações com um pé atrás. Experimente as recomendações de seu modelo, então avalie os resultados. Ajuste suas mudanças e tente novamente. O melhor uso da análise prescritiva é uma boa sugestão, mas não é um modo infalível de atingir resultados.

Desenvolvendo modelos para simulação

Um dos desafios na análise prescritiva é a natureza iterativa e flexível de usar modelos dessa maneira. A análise preditiva é bem simples e direta. Você pode determinar os resultados futuros dentro de uma margem de erro conhecida. Ao girar esse modelo e usá-lo com propósitos prescritivos, nunca podemos ter certeza de que o modelo está considerando todas as influências que afetam o resultado. Os resultados mensurados pelo modelo preditivo podem incluir atributos não amostrados (características) que acontecem mesmo que não os mensuremos. Caso isso ocorra, mudar apenas um atributo pode não trazer o resultado esperado.

Como a análise prescritiva é mais do que apenas girar 180º um modelo preditivo, você terá de rodar seu modelo diversas vezes com seu conjunto de dados, mudando um único atributo por vez. Desenvolver um modelo que seja flexível o suficiente para responder a mudanças múltiplas de atributos é a base da simulação. Você está simulando a natureza da realidade, que abarca atributos múltiplos que mudam, além de certo grau de incerteza não mensurada.

Empenhar-se para desenvolver uma boa simulação pode valer a pena. Uma simulação sólida é flexível o suficiente para mudar à medida que novas entradas mostram tendências diferentes e ainda dão resultados confiáveis. Uma simulação que lhe diz como atingir seus objetivos é ainda melhor do que saber o futuro.

Alinhando operações e avaliando resultados

A melhor resposta ao ter bons modelos analíticos é mudar as operações com base nas saídas de seu modelo. Se seu foco é entender o negócio, prever o clima de amanhã ou usar seus modelos para direcionar as decisões, a análise agregará valor apenas se você fizer as mudanças com base no que aprende.

Usar modelos analíticos, especialmente os que foram desenvolvidos com dados de blockchain, é o propósito deste livro. Ao progredir capítulo a capítulo, você deverá dar mais valor aos ricos dados à sua disposição e a como usá-los para aprimorar sua organização. Curta a viagem!

NESTE CAPÍTULO

» **Sondando o ecossistema blockchain**

» **Examinando os tipos de blockchain**

» **Resolvendo problemas empresariais com atributos blockchain**

» **Alinhando o blockchain com casos de uso empresariais**

Capítulo 2

Entrando de Cabeça na Tecnologia Blockchain

B lockchain é uma das tecnologias mais discutidas de nosso tempo. É comumente descrita de várias maneiras, incluindo "uma tecnologia disruptiva e um divisor de águas", um "ledger distribuído de transações" e um "novo tipo de banco de dados". Embora essas breves descrições sejam diferentes, há certa verdade em todas, porém, nenhuma capta a real essência do blockchain. Resumindo, *a tecnologia blockchain* é uma nova abordagem radical para entregar confiança e segurança nas trocas de valores sem depender de uma terceira parte em quem temos que depositar nossa confiança.

Nossa, disse tudo! Provavelmente você já ouviu que o blockchain dá suporte para transações entre participantes em um ambiente no qual não é necessário confiar nas outras partes. Na maioria das vezes, ao transferir algo de valor de uma parte para outra, usamos uma terceira parte em quem devemos depositar nossa confiança (alguém em quem confiamos para cuidar do dinheiro ou qualquer coisa que esteja sendo transferida). Por exemplo, ao pagar um fornecedor, usamos um banco (preenchendo um cheque) ou uma operadora de pagamento por cartão. Tanto o vendedor como o comprador confiam no banco ou na operadora de cartões, então podemos confiar que a transação será efetuada completamente, como esperamos. Obviamente, também podemos pagar com dinheiro vivo, mas até mesmo essas transações dependem de um governo para garantir o valor do dinheiro que usamos. A tecnologia blockchain possibilita que compremos algo de alguém que não conhecemos (ou não confiamos) e ainda acreditar que a transação será efetuada como esperamos, sem termos de depender de uma terceira parte.

O blockchain faz muito mais do que apenas lidar com pagamentos — ele pode gerenciar a transferência de qualquer ativo de um dono para outro. Esse ativo pode ser criptomoeda, imóvel, carro, azeite de oliva premium, ou qualquer coisa de valor no mundo real ou virtual. E o bom é que todas as informações sobre como essas transferências de propriedade são feitas ficam no blockchain para uma avaliação posterior.

Neste capítulo, você aprenderá tudo sobre a tecnologia blockchain, algumas das diferentes opções disponíveis e como utilizá-la da melhor forma para resolver problemas empresariais.

Explorando o Cenário do Blockchain

Das coisas que já se leu em livros e artigos, a tecnologia blockchain é a que causa disrupção em tudo e resolve todos os problemas de uma empresa — e as duas coisas ao mesmo tempo! Essa visão sobre a onipotência do blockchain concede um poder um pouco exagerado ao que ele pode, de fato, fazer. Ele pode causar disrupção na maneira como muitas transações empresariais são realizadas, mas não mudará tudo. Da mesma forma, essa nova tecnologia pode resolver alguns problemas empresariais que incomodam há muito tempo, mas não pode ser usada em tudo. O segredo é entender o que ele pode fazer e o que pode fazer muito bem.

Gerenciando a transferência de propriedade

Quando algo de valor passa de um dono para outro, isso é referido como *transferência de propriedade*. Uma das coisas que o blockchain pode fazer bem é gerenciar esse tipo de transferência para itens de valor sem depender de intermediários para concluir a transferência. É possível transferir a propriedade doando ou vendendo algo para alguém. Ao vender algo, você troca o que vendeu por algum pagamento. Conseguir transferir a propriedade sem um intermediário pode causar a disrupção de vários modelos de negócios. Por exemplo, ao usar um serviço de transporte compartilhado e pagar com um cartão de crédito ou débito, a empresa prestadora do serviço geralmente paga uma taxa por transação. Mas fique tranquilo, ela repassa esse custo para você! Deixar de lado essa operadora de cartão significa que seu transporte poderia ficar mais barato.

Sem ainda entrar em detalhes, a tecnologia blockchain permite que você e a prestadora de serviços de transporte compartilhado confiem que a transferência do pagamento pelo transporte aconteça sem ter de confiar um no outro. A possibilidade de pagar por esse serviço sem exigir que o motorista ou o usuário confiem um no outro pode ser disruptivo para as operadoras de cartão.

20 PARTE 1 **O Beabá da Análise e do Blockchain**

Muitos intermediários, como bancos, operadoras de pagamentos, corretoras, empresas de transferência internacional de dinheiro e até distribuidoras de música, poderiam perder receitas para o blockchain. Todos esses intermediários cobram uma taxa por gerenciar as transferências que a tecnologia blockchain poderia simplificar.

Fazendo mais com o blockchain

O blockchain começou como uma forma de gerenciar as transações de criptomoedas em um ambiente não confiável. Desde então, ele se consolidou de modo a dar conta de transferências de valores de diversos tipos e cresceu a ponto de ser um componente viável de uma infraestrutura integrada de empreendimento. Um empreendimento usa muitos componentes de software e hardware para oferecer serviços a seus clientes e parceiros. A tecnologia blockchain não é apenas mais uma ideia legal — agora ela tem o poder de melhorar os processos empresariais. Provavelmente você verá cada vez mais empresas usando o blockchain para ajudar em suas operações. Antes de analisar as vantagens do blockchain e sua nova maneira de lidar com dados, é bom explorar o cenário existente do blockchain para ter uma noção de onde ele pode ser benéfico.

Entendendo a tecnologia blockchain

Em seu nível mais básico, *blockchain* é uma lista de blocos conectados uns aos outros, onde cópias da lista inteira são distribuídas entre um conjunto de participantes, chamados de *nós de rede*. Cada bloco contém um conjunto de transações e está conectado com o bloco imediatamente precedente. Cada transação descreve a transferência de certa quantia de um dono para outro, e cada uma delas pode ter mais informações, porém o foco é a transferência de valor.

A forma como novos blocos são adicionados à cadeia garante que todas as cópias da cadeia de blocos (e por isso é chamado de blockchain) sejam iguais. A distribuição das cópias dos dados para diferentes locais sempre foi difícil. Enviar cópias de dados para múltiplos destinatários não é difícil, mas mantê-las todas iguais é muito difícil. Manter os dados distribuídos sincronizados é outra coisa que a tecnologia blockchain faz muito bem.

Comparando o blockchain com algo que você conhece

Uma forma de pensar em um blockchain é como se fosse uma grande planilha compartilhada entre muitos nós. Cada linha na planilha representa uma transação que registra a quantia nas colunas proprietário de origem e proprietário de destino, às vezes contendo outras colunas com dados adicionais. Periodicamente, um grupo de linhas, chamado de *bloco de linhas*, é acrescentado na parte de baixo de cada cópia da planilha. Não dá para voltar e editar nenhuma linha na planilha, mas é possível acrescentar novas linhas. Essa analogia é simples, mas dá uma ideia de como as transações no blockchain são similares à boa e velha planilha.

Uma das primeiras dificuldades na manutenção das cópias da tabela é como controlar o acréscimo de novas linhas e impedir que as linhas existentes sejam alteradas. Uma análise completa da integridade do blockchain está além do escopo deste livro, mas a seguir há um panorama de alto nível sobre como o blockchain garante a integridade.

Usando criptografia com o blockchain

A tecnologia blockchain se baseia no conceito de unir blocos por meio de um hash criptográfico. A função de um *hash criptográfico* aceita quaisquer caracteres como entrada e cria uma saída com comprimento fixo representando a entrada. Calcular o valor de um hash é fácil, mas encontrar sua entrada original é extremamente difícil. Caso a entrada tenha qualquer alteração, a função hash calculará um valor de hash diferente.

Os nós do blockchain calculam o valor do hash de um bloco e armazenam esse valor no próximo bloco da cadeia. Esse processo une os blocos e também detecta alterações neles. Se qualquer dado em qualquer bloco sofre uma alteração, o valor hash do bloco muda e invalida o link do próximo bloco (lembre-se de que era o valor de hash do bloco original). Qualquer alteração quebra a cadeia.

Conseguindo consenso entre os nós da rede

Os nós da rede blockchain enviam transações, então os nós especiais, chamados de *mineradores*, juntam as transações em blocos e competem com outros mineradores para serem os primeiros a resolver um desafio matemático que deixe o bloco fácil de ser verificado por todos os outros nós. O primeiro minerador a resolver o enigma ganha uma pequena recompensa pelo trabalho.

Cada bloco pode definir um método diferente usado por seus nós para verificar os blocos, porém, todos os nós em uma rede específica do blockchain usam o mesmo método de verificação de blocos. Os métodos usados no blockchain para verificar a validade de novos blocos são chamados de *algoritmos de consenso*. Um desses algoritmos comuns é o *Proof of Work (PoW — Prova de Trabalho)*, que pede aos mineradores para investirem energia solucionando enigmas matemáticos em troca de um prêmio.

Independentemente do tipo de consenso usado no blockchain, mais de 50% dos nós devem concordar que um novo bloco enviado seja o denominado verdadeiro. Quando há concordância da maioria, todos os nós acrescentam o novo bloco em sua cadeia de blocos. Por meio do consenso e de garantias de que nenhum dado anterior foi modificado, a tecnologia blockchain garante que todas as cópias do blockchain sejam idênticas e possam ser confiadas.

Avaliando a árvore genealógica do blockchain

A tecnologia blockchain tem apenas uma década de idade, mas seu efeito já está sendo sentido em muitos negócios. Em apenas poucos anos, as implementações do blockchain consolidaram-se ao longo de suas três gerações. Classificar o desenvolvimento por geração ajuda a revelar a breve história do blockchain e para onde ele pode estar indo. Perceba, contudo, que alguns desenvolvimentos se sobrepõem e outros podem se encaixar em mais de uma categoria.

Apresentando a primeira geração do blockchain

A tecnologia blockchain foi apresentada com a publicação do artigo de Satoshi Nakamoto, *Bitcoin: A Peer-to-Peer Electronic Cash System* [*Bitcoin: Um Sistema de Dinheiro Eletrônico Peer-to-Peer*] em 2008. O artigo propunha uma abordagem totalmente nova para lidar com o dinheiro eletrônico. Ele descreveu um repositório estruturado de dados que consistia de uma cadeia de blocos especiais, chamada de cadeia de blocos — blockchain. Tal abordagem inovadora possibilitou que muitos participantes, que não confiam um no outro, trocassem dinheiro sem depender de uma autoridade central. Os objetivos da primeira geração do blockchain focavam a gestão de transações entre os participantes que não confiam um no outro. Confiança, e não desempenho, foi a questão central.

Acrescentando recursos ao blockchain na segunda geração

O Bitcoin fez exatamente o que se esperava que faria e apresentou uma nova forma de trocar valores. Com ele, muitas pessoas físicas e pequenas empresas puderam interagir diretamente com clientes ou entre si sem ter de envolver bancos ou operadoras de pagamentos. Não demorou até que outras implementações ao blockchain surgissem, cada uma com sua própria criptomoeda. Conforme o blockchain ganhava popularidade, desenvolvedores e pesquisadores começaram a buscar novas maneiras de usar a tecnologia inovadora. Eles descobriram que, com apenas algumas mudanças, a tecnologia blockchain poderia fazer muito mais do que negociar criptomoedas.

Apenas cinco anos após a publicação do artigo de Nakamoto, Vitalik Buterin, cofundador da *Bitcoin Magazine*, publicou um white paper propondo o uso do Ethereum, uma implementação nova e mais funcional do blockchain que poderia fazer muito mais do que apenas a troca de criptomoedas. Buterin tinha um plano para o Ethereum e montou uma base de interesse e apoio financeiro para essa nova geração do blockchain. A Fundação Ethereum, uma organização sem fins lucrativos na Suíça, foi fundada, e Buterin se tornou o principal desenvolvedor do Ethereum.

CAPÍTULO 2 **Entrando de Cabeça na Tecnologia Blockchain** 23

O Ethereum foi projetado para ser diferente das implementações anteriores no blockchain. As duas diferenças principais são seu contrato inteligente e a criptomoeda nativa, o ether. No Ethereum, é possível acessar os dados do blockchain apenas ao executar um contrato inteligente. Esses contratos dão uma rica funcionalidade e integridade aos dados do blockchain, e possibilitam que a tecnologia do blockchain faça muito mais do que as implementações da primeira geração. Com o lançamento do Ethereum, os blockchains puderam realizar inúmeras transações empresariais além de apenas realizar pagamentos, como a automatização de muitas decisões empresariais ou até mesmo a realização de transações completas automaticamente. Imagine um aplicativo de transporte compartilhado que envia um carro autônomo (sem motorista) para transportá-lo até seu destino e, depois, transfere o pagamento pelo serviço automaticamente de sua conta para a conta dele mesmo — tudo de forma automática! Esse é apenas um exemplo do que é possível no Ethereum.

Escalando a terceira geração para aplicações corporativas

O Ethereum foi um avanço importante no blockchain para a aceitação geral das empresas. Apesar da atratividade mais ampla do blockchain e suas aplicações em potencial, a tecnologia central ainda não tinha muitos recursos corporativos. A maioria das implementações do blockchain pressupunha acesso aberto ao público, nenhuma necessidade de autenticação e uma ênfase na confiança entre as partes. As empresas dependem de softwares com limitação para acesso a informações sensíveis, que permitem integração com aplicações existentes e sejam capazes de atender requisitos de performance.

Infraestruturas corporativas de TI podem ser extremamente complexas e não podem ser mudadas rapidamente para acomodar uma nova tecnologia radical. Para haver uma boa integração em um ambiente corporativo, a nova tecnologia deve ser flexível o suficiente para "ser legal" com as aplicações e os componentes antigos. As implementações de primeira e segunda gerações no blockchain tenderam a ser inflexíveis e difíceis de modificar. Por exemplo, a maioria dos blockchains não facilita a substituição do algoritmo de consenso. Algumas implementações mais antigas do blockchain permitem que você use apenas o algoritmo de consenso que os desenvolvedores criaram no blockchain. Por exemplo, o algoritmo PoW pode ser popular nas implementações públicas do blockchain, mas não é uma boa escolha para os blockchains de empresas. O PoW exige recursos muito avançados de computação para lidar com o ambiente sem necessidade de confiança, mas as empresas geralmente têm certa confiança entre os participantes. Quando há uma confiança limitada em um ambiente de blockchain empresarial, outros algoritmos de consenso podem ser uma escolha melhor. No entanto, os blockchains mais antigos talvez não forneçam uma maneira fácil de fazer a mudança para um algoritmo de consenso mais apropriado.

A terceira geração do blockchain tentou resolver problemas de desempenho, ampliação e integração com outros blockchains, aplicações e dados antigos. Essa geração não começou com um artigo ou uma nova implementação. Ela passou a existir lentamente conforme diversos fornecedores começavam a atender as necessidades de empresas e integrações. Tais implementações incluem Cardano, Nano, IOTA, Hyperledger Fabric e Enterprise Ethereum.

Vislumbrando o futuro

A próxima geração do blockchain, a quarta, está se aproximando rapidamente. Muitos especialistas em blockchain concordam que o próximo passo para o crescimento dessa tecnologia está de mãos dadas com a *inteligência artificial (IA)*. Uma vez que organizações de todos os tamanhos estão começando a usar o blockchain para transações e o armazenamento de dados de troca de valores, há um cache crescente de dados bastante inexplorados. Esses dados contêm registros valiosos de atividades transacionais. O próximo grande passo para o blockchain é alavancar o valor dos dados armazenados na cadeia, que é o foco deste livro.

Encaixando o blockchain nas empresas atuais

A tecnologia blockchain é vista como disruptiva devido à promessa de remover os intermediários e mudar a maneira como as empresas operam. É uma baita promessa, mas é possível. Remover até mesmo alguns dos intermediários nos processos atuais das empresas apresenta o potencial de modernizar — e economizar — os fluxos de trabalhos em todos os níveis.

Por outro lado, fazer a mudança de um processo empresarial para incluir a tecnologia blockchain não é algo simples. Para a implementação abrangente dessa tecnologia, são necessários novos produtos empresariais e de software que integrem os softwares existentes e os dados. O desafio de sair de um conceito e chegar à implementação é a maior dificuldade atual na adoção do blockchain.

Encontrando um bom uso

O primeiro passo na implementação exitosa da tecnologia blockchain em qualquer ambiente é encontrar um caso de uso em que a tecnologia se adequou bem. Não faz sentido nenhum entrar de cabeça no blockchain só porque é novo e legal. É necessário que ele faça sentido para você e sua organização. Isso parece óbvio, mas você ficaria surpreso em saber quantas organizações querem correr atrás do "objeto brilhante" que é o blockchain.

CAPÍTULO 2 **Entrando de Cabeça na Tecnologia Blockchain**

O blockchain tem muitos benefícios, mas três dos mais comuns são a transparência dos dados, a desintermediação do processo e o histórico perene de transações. Os melhores casos de usos para o blockchain geralmente se concentram em um desses benefícios. Se tiver de ficar procurando muito na tecnologia do blockchain para ver como ela pode atender às necessidades de sua organização, talvez seja melhor esperar até que uma necessidade clara apareça.

Acredito que as implementações mais bem-sucedidas do blockchain são aquelas que começam com objetivos claros e alinhados com o blockchain. Por exemplo, imagine que um fornecedor de frutos do mar queira rastrear seus produtos até a fonte para saber se foram pescados ou capturados em seu habitat natural por meio de métodos humanos e sustentáveis. Um aplicativo de blockchain possibilitaria a gestão dos frutos do mar saindo do ponto de coleta até a compra final do consumidor. Qualquer participante nessa sequência, incluindo o consumidor, pode escanear uma etiqueta nos frutos do mar e descobrir quando e onde foram capturados ou pescados.

Para aumentar a probabilidade de um projeto exitoso de blockchain, comece com uma descrição clara de como a tecnologia se alinha com os objetivos do projeto. Tentar encaixar o blockchain em um caso de uso mal colocado levará à frustração e ao fracasso total.

Integrando componentes antigos

Após decidir que o blockchain é uma boa escolha para seu ambiente, o próximo passo será determinar se ele se encaixa no fluxo de trabalho. A menos que esteja desenvolvendo um novo aplicativo ou um fluxo de trabalho, você terá de fazer a integração com os softwares e a infraestrutura existentes.

Caso esteja criando algo novo, as únicas considerações serão referentes a como seu aplicativo armazena os dados necessários. Será tudo armazenado no blockchain? Talvez não faça muito sentido fazer isso. Por exemplo, o blockchain é ótimo para lidar com dados transacionais e manter trilhas de auditoria permanentes das alterações nos dados. Você precisa disso para as informações do cliente?

Talvez descubra que apenas parte dos dados de seu aplicativo deve ser armazenada no blockchain. (Agora que estamos na era do blockchain, as bases de dados antigas são chamadas de *repositórios fora da cadeia*.) Se esse for o caso, seu aplicativo terá de se integrar com o blockchain e o repositório fora da cadeia.

Em muitos casos, as pessoas fazem a integração da nova funcionalidade do blockchain com aplicações e dados antigos. Tal trabalho de integração pode incluir a introdução de novas funcionalidades do blockchain e mover as funcionalidades existentes para um ambiente blockchain. Embora essa tarefa possa parecer muito simples, fazer a integração com sistemas antigos envolve muitas implicações sutis.

Sistemas antigos definem as noções de identidade, o escopo da transação (a definição de quanto trabalho é realizado em uma única transação) e as expectativas de desempenho. Como seu novo aplicativo fará a associação de identidades antigas com as contas do blockchain? Como será a conformidade com a noção de transações tradicionais de seus aplicativos existentes? Caso seu aplicativo tenha suporte para reverter uma transação, como o blockchain fará isso? E, por fim, a integração do blockchain manterá um desempenho suficiente ou deixará seu aplicativo antigo mais lento? Os usuários do aplicativo antigo terão de esperar as transações do blockchain ou poderão realizar o trabalho como faziam antes da implementação do blockchain?

Expandindo para toda a empresa

A última questão na seção anterior nos leva direto a um dos maiores obstáculos atuais na adoção do blockchain. Fazer com que o desempenho atinja níveis exigidos pelas empresas é uma busca constante que ainda não foi resolvida. A maioria dos aplicativos corporativos usa sistemas antigos de gestão de banco de dados para armazenar e recuperar dados. Esses repositórios de dados existem há décadas e se tornaram eficientes para lidar com enormes quantidades de dados.

De acordo com Chengpeng Zhao (CEO da exchange de criptomoedas Binance), uma implementação de blockchain deve conseguir dar suporte a 40 mil transações por segundo, de modo a ser viável como tecnologia central em uma exchange de criptomoedas. Atualmente, apenas 4 implementações populares de blockchain afirmam ser capazes de mais de mil transações por segundo (Futurepia, EOS, Ripple e NEO). O blockchain público mais popular, Ethereum, atualmente dá conta de cerca de 25 transações por segundo. Lançamentos futuros do Ethereum, no entanto, estão focando o aumento substancial da capacidade de processamento de transações. A tecnologia está melhorando, mas ainda há um longo caminho até que esteja pronta para o volume exigido pelas empresas.

O desempenho não é o único fator limitante ao avaliarmos o blockchain para uma empresa. A integração com artefatos antigos e a facilidade da infraestrutura do blockchain em se encaixar na infraestrutura da TI existente na empresa também são pontos de preocupação. Será que todos os nós do blockchain precisam de novos hardwares físicos ou virtuais? Os novos nós conseguem rodar nos servidores existentes? E a conectividade da rede? A infraestrutura existente de rede terá suporte para a nova rede do blockchain? Essas são algumas das muitas perguntas que as empresas devem fazer antes de implantarem um projeto de integração de blockchain.

Entendendo os Tipos Primários de Blockchain

Em 2008, o Bitcoin foi a única implementação do blockchain. Naquela época, Bitcoin e blockchain eram sinônimos. Hoje, há centenas de implementações diferentes de blockchain. Cada nova implementação surge para atender a determinada necessidade, e cada uma é única. Porém, os blockchains tendem a compartilhar muitos atributos com outros blockchains. Antes de examinarmos as aplicações e os dados do blockchain, será de utilidade observar suas semelhanças.

Categorizando as implementações de blockchain

Uma das maneiras mais comuns de avaliar os blockchains é considerar a *visibilidade de dados* subjacente, ou seja, quem consegue ver e acessar os dados do blockchain. E tão importante quanto isso, quem poderá participar na decisão (consenso) para acrescentar novos blocos ao blockchain? Os três modelos primários são o público, o privado e o híbrido.

Abrindo o blockchain para todo mundo

A proposta original para o blockchain, oferecida por Nakamoto, descrevia um blockchain público. Afinal, essa tecnologia trata de fornecer transações confiáveis entre participantes que não necessariamente confiam entre si. Compartilhar um registro de transações entre os participantes de uma rede pública gera uma clássica rede que não depende de confiança entre as partes. Se qualquer um puder participar da rede, não haverá critérios nos quais basear a confiança. É quase como que lançar uma nota de R$20 pela janela e confiar que apenas a pessoa que você tem em mente pegue a nota.

As implementações do *blockchain público*, incluindo o Bitcoin e o Ethereum, dependem de um algoritmo de consenso que dificulta minerar os blocos, mas facilita validá-los. PoW é o algoritmo de consenso mais comum em uso atualmente para os blockchains públicos, mas isso pode mudar. O Ethereum está no processo de transição para o algoritmo de consenso *Proof of Stake* —*PoS [Prova de Participação]*, que exige menos poder de computação e depende de quanta moeda no blockchain um nó possui. A ideia é que um nó com mais moedas no blockchain será afetado negativamente se ele participa com um comportamento antiético. Quanto mais participação você tiver em algo, maiores serão as chances de que cuidará da integridade disso.

Como os blockchains públicos são abertos a todos (qualquer um pode se tornar um nó na rede), não é necessária uma permissão para participar. Por esse motivo, um blockchain público é também chamado de *blockchain sem permissão*. Esses tipos de blockchain são usados, na maioria das vezes, para novos aplicativos que interagem com o público em geral. Um blockchain público é como uma loja de varejo, onde qualquer pessoa pode entrar e comprar.

Limitando o acesso ao blockchain

O oposto de um blockchain público é um blockchain privado, como o Hyperledger Fabric. Em um *blockchain privado*, também chamado de *blockchain com permissão*, a entidade que é dona e controla o blockchain garante e revoga o acesso aos dados do blockchain. Como a maioria dos empreendimentos gerencia dados sensíveis ou particulares, os blockchains privados são comumente usados porque podem limitar o acesso a tais dados.

Os dados no blockchain ainda são transparentes e estão prontamente disponíveis, mas sujeitos às exigências de acesso da entidade dona. Algumas pessoas argumentaram que os blockchains privados violam a transparência de dados, que é a intenção original da tecnologia blockchain. Embora os blockchains privados possam limitar o acesso aos dados (e ir contra a filosofia do blockchain original no Bitcoin), a transparência limitada também permite que empresas considerem a tecnologia blockchain para novos aplicativos em um ambiente privado. Sem a opção do blockchain privado, a tecnologia provavelmente nunca seria considerada para a aplicação corporativa.

Combinando o melhor dos dois mundos

Um caso de uso clássico do blockchain é um aplicativo de cadeia de suprimentos, que gerencia um produto desde sua produção até seu consumo final. A cadeia de suprimentos começa quando um produto é fabricado, colhido, capturado ou de outra forma provisionado para ser enviado para um consumidor futuro. O aplicativo, então, rastreia e gerencia cada transferência de posse conforme o produto percorre seu caminho até o local físico onde o consumidor o compra.

Os aplicativos de cadeia de suprimento gerenciam a movimentação do produto, processam os pagamentos em cada estágio na movimentação pelo ciclo de vida e criam uma trilha auditável que pode ser usada para investigar as ações de cada dono ao longo da cadeia de suprimentos. A tecnologia blockchain é bem adequada para dar suporte à transferência de posse e manter um registro indelével de cada passo no processo.

Muitas cadeias de suprimento são complexas e consistem em muitas múltiplas organizações. Em tais casos, os dados sofrem na medida em que são exportados de um participante, transmitidos para o próximo e, depois, importados para o novo sistema. Um único blockchain simplificaria o ciclo de exportação/transporte/importação e auditoria. Um benefício adicional dessa tecnologia nos aplicativos de cadeia de suprimentos é a facilidade com que a *procedência* de um produto (um rastreio dos donos até sua origem) fica prontamente disponível.

Muitas cadeias de suprimento atuais são compostas por diversos empreendimentos que entram em acordos para trabalharem juntos em benefício mútuo. Embora os participantes em uma cadeia de suprimentos sejam parceiros comerciais, eles não confiam totalmente uns nos outros. Um blockchain pode fornecer o nível de confiança transacional e de dados de que os empreendimentos precisam. A melhor solução é um blockchain semiprivado, quer dizer, o blockchain é público para os participantes da cadeia de suprimentos, e para ninguém mais. Esse tipo de blockchain (sob a posse de um grupo de entidades) é chamado de *híbrido* ou *de consórcio.* Os participantes têm em conjunto o blockchain e concordam com as políticas para governar o acesso.

Descrevendo os atributos do blockchain básico

Cada tipo de blockchain tem pontos fortes e fracos específicos. Qual usar depende dos objetivos e do ambiente-alvo. Você precisa saber por que precisa do blockchain e o que espera obter dele antes de tomar uma decisão informada sobre qual tipo seria o melhor. A melhor solução para uma organização pode não ser a melhor para outra. A Tabela 2-1 mostra uma comparação entre os tipos de blockchain e razões pelas quais escolher um ou outro.

TABELA 2-1 **Diferenças nos Tipos de Blockchain**

Atributo	Público	Privado	Híbrido
Permissão	Sem permissão	Com permissão (limitado aos membros da organização)	Com permissão (limitado aos membros do consórcio)
Consenso	PoW, PoS, e assim por diante	Participantes autorizados	Varia; pode usar qualquer método
Desempenho	Lento (devido ao consenso)	Rápido (relativamente)	Geralmente rápido
Identidade	Praticamente anônimo	Identidade validada	Identidade validada

As diferenças básicas entre cada tipo de blockchain são o algoritmo de consenso usado e se os participantes são conhecidos ou anônimos. Esses dois conceitos estão relacionados. Um participante desconhecido (e, portanto, completamente não confiável) exigirá um ambiente com um algoritmo de consenso mais rigoroso. Por outro lado, se os participantes da transação são conhecidos, será possível usar um algoritmo de consenso menos rigoroso.

Contrastando implementações populares

Há dezenas de implementações de blockchain disponíveis hoje, e em breve haverá centenas. Cada nova implementação de blockchain tem como alvo um mercado específico e oferece atributos únicos. Não há espaço neste livro para falarmos nem mesmo sobre um número razoável de implementações de blockchain, mas você deve conhecer as mais populares.

Lembre-se de que, neste livro, você está aprendendo sobre a análise de dados no blockchain. Embora organizações de todos os tamanhos estejam começando a popularizar o poder da análise, os empreendimentos foram pioneiros e têm a abordagem mais experimentada para extrair valores dos dados.

PAPO DE ESPECIALISTA

O site What Matrix disponibiliza uma comparação abrangente dos principais blockchains corporativos. Visite www.whatmatrix.com/comparison/Blockchain-for-Enterprise [conteúdo em inglês] para obter informações atualizadas sobre o blockchain.

A seguir, veja as principais implementações corporativas de blockchain e alguns pontos positivos e negativos (a classificação se baseia no site do What Matrix):

» **Hyperledger Fabric:** A implementação de blockchain que é o carro-chefe da Fundação Linux. É um projeto de código aberto apoiado por um consórcio diverso de grandes corporações. Sua arquitetura modular e vasto suporte garantem seu lugar no topo das avaliações de blockchain para empreendimentos.

» **VeChain:** Atualmente mais popular que a Hyperledger, tem o maior número de casos de uso em empreendimentos entre os produtos avaliados pelo What Matrix. Tem suporte para duas criptomoedas nativas e afirma que seu foco é a colaboração eficiente entre empreendimentos.

» **Ripple Transaction Protocol:** Um blockchain com ênfase nos mercados financeiros. Em vez de atrair casos de uso gerais, atende organizações que querem implementar aplicativos para transações financeiras no blockchain. Foi o primeiro blockchain disponível comercialmente com foco em soluções financeiras.

» **Ethereum:** A implementação de blockchain público de uso geral mais popular. Embora não seja tecnicamente uma solução para empreendimentos, está em uso em diversos projetos de prova de conceito.

Essa lista é apenas uma breve visão geral de uma pequena amostra de implementações de blockchain. Se você está apenas começando a aprender sobre a tecnologia blockchain de forma geral, comece com o Ethereum, que é uma das implementações mais fáceis de aprender. Depois disso, pode passar para outro blockchain que esteja mais alinhado com sua organização.

Alinhando Atributos do Blockchain com Exigências Empresariais

A tecnologia blockchain é revolucionária porque disponibiliza recursos que não são encontrados em outras tecnologias. Ela não resolve todos os problemas computacionais nem deve fazer parte de todos aplicativos. De fato, os atributos singulares do blockchain resolvem apenas um pequeno subgrupo dos muitos problemas enfrentados pela maioria dos empreendimentos. Infelizmente, organizações demais escolhem adotar a tecnologia blockchain e, depois, tentam achar um lugar onde aplicá-la. Uma forma muito melhor é compreender o que o blockchain faz bem, então, identificar problemas não resolvidos no empreendimento para os quais a tecnologia blockchain seria uma boa opção.

Avaliando os atributos centrais

Nesta seção, veremos alguns atributos oferecidos pelo blockchain.

Transferindo valores sem a necessidade de confiança entre as partes

Uma das forças singulares da tecnologia blockchain é o suporte para a transferência de itens de valor entre entidades que não confiam uma na outra. Na realidade, essa é a grande atração do blockchain. É preciso confiar apenas no protocolo de consenso, não em outro usuário. Suas transações são realizadas de forma verificável e estável, então você pode confiar que estão sendo feitas de maneira correta e segura. Esse recurso elimina a necessidade de uma terceira parte agir como intermediário. Na economia atual, a maioria das transferências de valores inclui pelo menos um intermediário, como um banco, para cuidar dos detalhes da transação.

Reduzindo custos pela eliminação do intermediário

Visto que o blockchain permite que as entidades não confiem entre si para interagirem diretamente, ele elimina o intermediário. Esteja você considerando transferir dinheiro de uma parte para outra ou dando um produto como pagamento, praticamente todas as transações precisam de um intermediário, que são entidades como banqueiros, importadores, atacadistas ou até agentes de mídia.

O blockchain possibilita que produtores interajam diretamente com consumidores. Por exemplo, os artistas podem oferecer sua arte diretamente para os compradores, sem a necessidade de um intermediário ou um agente. A eliminação do intermediário acaba com as taxas pagas por seus serviços ou substitui essas taxas por processos automatizados que reduzem muito os custos, e essa economia pode ser passada diretamente ao consumidor. Embora haja um pequeno custo na realização das transações no blockchain, é geralmente menor do que o cobrado pelo intermediário. Isso é bom para produtores e consumidores.

Aumentando a eficiência com a interação direta

Taxas menores não são o único benefício da eliminação do intermediário. Sempre que você remove um ou mais passos em um processo, aumenta a eficiência. Eficiência maior geralmente significa menos tempo necessário para a finalização de um processo. Por exemplo, imagine que um músico decida lançar seu último single diretamente para seus fãs usando um modelo de entrega blockchain. Os fãs podem consumir o conteúdo no momento em que é lançado. Com um agente, o conteúdo deve ser entregue, aprovado, embalado, então finalmente lançado. Embora o atraso para as mídias digitais possa ser mínimo, o blockchain pode eliminar quaisquer atrasos introduzidos pelo intermediário.

O contraste fica ainda mais evidente quando observamos a entrega de produtos físicos feitos pelo blockchain. Imagine que você mora no norte ou no sul e compra morangos provenientes de Minas Gerais; já pensou quantas vezes foram manuseados até serem comprados? Muitos processadores se colocam entre você e o produtor. O blockchain pode reduzir o número de pessoas que participam na cadeia de suprimentos para praticamente qualquer coisa.

Mantendo um histórico completo de transações

Outra concepção do blockchain é sua imutabilidade. Como não podemos mudar os dados, qualquer coisa escrita no blockchain fica lá para sempre. "O que acontece no blockchain fica no blockchain." Essa é uma boa notícia para qualquer aplicação que se beneficiaria de um histórico de transações prontamente disponível.

Vamos rever o exemplo dos morangos. Talvez você vá ao supermercado hoje e compre morangos com uma etiqueta "Morangos fresquinhos de MG". Você realmente não faz ideia se realmente vieram de MG (o maior produtor de morangos do Brasil) ou dos EUA (o segundo maior exportador de morangos do mundo). Porém, com o blockchain, seria possível rastrear uma bandejinha de morangos até seu produtor. Você saberia exatamente de onde seus morangos vêm e quando foram colhidos. Esse nível de histórico de transações existe para cada transação no blockchain. Sempre é possível encontrar o histórico completo de qualquer transação.

CAPÍTULO 2 **Entrando de Cabeça na Tecnologia Blockchain** 33

Aumentando a resiliência com a replicação

Cada nó completo em uma rede de blockchain deve manter uma cópia do blockchain inteiro. Portanto, todos os dados no blockchain são replicados em cada nó completo, e nenhum nó depende dos dados que outros nós armazenam. Caso diversos nós colapsem ou fiquem indisponíveis, outros usuários da aplicação não serão afetados. Essa resiliência significa que uma tolerância a falhas está incorporada na arquitetura do blockchain. Além disso, ao distribuir o blockchain inteiro para muitos nós, que estão sob posse de organizações diferentes, praticamente se elimina a possibilidade de uma organização controlar os dados.

Qualquer aplicação que se beneficia de uma alta disponibilidade e liberdade de posse pode ser uma boa escolha para o blockchain. Muitas aplicações de bancos de dados fazem grandes esforços para replicar seus dados de modo a oferecer a tolerância a falhas, e o blockchain já tem isso incorporado logo de cara!

Dando transparência

A última categoria principal dos atributos do blockchain está diretamente relacionada com o fato de que o blockchain inteiro é replicado em cada nó completo. Cada um desses nós pode ver o blockchain inteiro, fornecendo, assim, uma transparência sem igual. Embora os dados armazenados nos blocos sejam geralmente criptografados, os dados em si ficam disponíveis para qualquer usuário de qualquer nó. Caso os dados não estejam criptografados, qualquer um com acesso ao nó poderá acessá-los. Se estiverem criptografados, o usuário com a chave apropriada de descriptografia poderá acessar os dados no blockchain de qualquer nó e, então, descriptografá-los.

A transparência no blockchain possibilita a confiança na integridade dos dados. Qualquer nó pode (e consegue) verificar rotineiramente a integridade de cada bloco e, consequentemente, o blockchain inteiro. Qualquer modificação nos dados "imutáveis" do blockchain fica imediatamente evidente e fácil de ser consertada.

Examinando as exigências primárias comuns das empresas

Agora que já conhece alguns dos atributos centrais do blockchain, é importante também ter uma noção clara das exigências primárias de sua empresa. O único uso apropriado do blockchain se dá quando seus atributos estão alinhados com a exigência de uma empresa. Embora várias dessas exigências sejam diferentes entre os empreendimentos, há algumas em comum:

- **Controlar e registrar transações:** Essa exigência é o processo de usar aplicações e sistemas de dados para promover, controlar e registrar as atividades exigidas para realizar as operações de uma empresa. O ato de registrar atividades documenta algumas ações que mudam o estado dos dados armazenados do empreendimento.

- **Reduzir ou eliminar custos excessivos:** Uma busca constante dos empreendimentos que querem se manter nos negócios é monitorar os custos de operação, identificar e reduzir (ou eliminar) o desperdício.

- **Buscar eficiência:** A eficiência do processo pode entregar o resultado duplo de reduzir os custos e aumentar a qualidade. Ambos os resultados são desejáveis para uma operação empresarial lucrativa.

- **Preservar históricos para análise:** Compliance, investigações de incidentes e análises exigem a existência de dados transacionais históricos. Coletar, gerenciar e arquivar esse tipo de dados demanda planejamento e recursos constantes.

- **Proteger a disponibilidade por meio da redundância:** Os ativos de sistemas de informação de um empreendimento têm valor se são acessíveis quando necessário por pessoas autorizadas. A organização deve adotar planos para armazenar e manter cópias redundantes de dados cruciais para quando os dados principais ficam inacessíveis.

- **Expor dados sem comprometer a privacidade:** Essa exigência empresarial geralmente é a mais problemática. A maioria dos empreendimentos coloca um alto valor em seus dados, podendo ser dados sensíveis regulados ou de propriedade intelectual. Compartilhar os dados de um empreendimento tem valor, mas também é arriscado. O compartilhamento de dados de forma que beneficie a organização e seus usuários geralmente é um jogo delicado de equilíbrio.

Associando os atributos do blockchain com as exigências empresariais

Enquanto lia a lista da seção anterior, talvez você tenha percebido como cada uma das exigências das empresas corresponde — de forma bem bonitinha — à lista anterior dos atributos do blockchain. Tal correlação foi intencional. Talvez você também tenha pensado em diversas exigências empresariais que não estavam na lista. Tudo bem. O objetivo das duas listas anteriores foi mostrar que algumas exigências das empresas se alinham bem com os atributos do blockchain.

A Tabela 2-2 faz uma combinação das listas anteriores e mostra como a tecnologia blockchain pode resolver problemas comuns que os empreendimentos têm.

TABELA 2-2 Exigências Empresariais e Atributos do Blockchain

Exigência Empresarial	Atributo do Blockchain
Controlar e registrar transações	O blockchain se destaca na transferência de valores em ambientes que não necessitam de confiança entre as partes.
Reduzir ou eliminar custos excessivos	Ao eliminar o intermediário, o blockchain pode reduzir custos gerais e incrementais de processamento de transações.
Buscar eficiência	O blockchain aumenta a interação direta entre os participantes da transação e automatiza muitos passos nas transações, diminuindo o tempo de liquidação e reduzindo o tempo ineficiente de espera.
Preservar históricos para análise	Uma vez que os dados existentes no blockchain não podem ser alterados, um registro histórico de transações é garantido.
Proteger a disponibilidade por meio da redundância	Cada nó da rede blockchain mantém uma cópia do blockchain, então a falha de qualquer outro nó não tem efeito algum na capacidade geral da rede para acessar os dados.
Expor dados sem comprometer a privacidade	A tecnologia blockchain promove a transparência nos dados. Como todos os nós mantêm cópias do ledger, os dados ficam disponíveis para qualquer usuário autorizado.

Analisando Casos de Uso do Blockchain

Há muitos exemplos de casos de uso da tecnologia blockchain. Nesta seção, veremos alguns. Veja se consegue pensar em um bom caso de uso do blockchain em sua própria organização.

Gerindo itens físicos no ciberespaço

Um dos primeiros casos de uso do blockchain em grande escala foi na gestão de cadeias de suprimento. O processo de gerir produtos saindo do produtor inicial até chegar no consumidor é caro e consome muito tempo. Com as aplicações de rastreamento de produtos de hoje, pode ser difícil para os consumidores saberem muito sobre os produtos que consomem. Alguns produtos, como eletrônicos e eletrodomésticos, podem ter etiquetas descritivas que identificam o lugar e a hora da fabricação, porém a maioria dos produtos que consumimos não disponibiliza esse tipo de informação.

Implementar a gestão da cadeia de suprimentos traz muitos benefícios. O primeiro é a transparência. Produtores, consumidores e qualquer pessoa entre eles podem ver como cada produto viajou do lugar em que foi produzido ou adquirido até onde foi, por fim, comprado, e o tempo necessário para chegar lá. Inspetores e auditores regulatórios podem garantir que cada participante na cadeia de suprimento cumpra os padrões exigidos.

36   PARTE 1 **O Beabá da Análise e do Blockchain**

Essa transparência aumentada ocorre enquanto se elimina o desnecessário intermediário. Cada transferência no processo ocorre entre participantes ativos, e não por mediadores.

DICA

O rastreamento adequado de produtos físicos no blockchain depende de uma associação precisa entre o produto físico e o identificador digital. Por exemplo, recentemente despachei minha mala quando peguei um avião comercial. O agente estava em uma conversa ativa com outro agente e trocou minhas etiquetas com a de outro viajante. A etiqueta dele foi colocada na minha mala, e vice-versa. Quando cheguei, a companhia aérea descobriu que minha mala, que estava com a etiqueta de outra pessoa, tinha ido parar no México. Sempre se lembre de que o blockchain apenas *representa* o mundo físico — mas não é o mundo físico.

Lidando com informações sigilosas

Os serviços de saúde se tornaram um dos temas mais populares em conversas que vão desde política, até pesquisa e gastos. Parece que todo mundo está interessado em aumentar a qualidade dos serviços de saúde ao mesmo tempo em que reduz seus custos. A disponibilidade de grandes quantidades de dados digitais possibilitou avanços nessa área.

Pesquisadores podem analisar grandes quantidades de dados para explorar novos planos de tratamento, aumentar a eficácia geral de remédios e procedimentos existentes, e identificar oportunidades para cortar custos. Esse tipo de análise é possível apenas com acesso a enormes quantidades de históricos médicos do paciente. O maior problema para os pesquisadores é que o *registro eletrônico de saúde (RES)* de um paciente provavelmente está armazenado como fragmentos espalhados em diversas clínicas e bancos de dados. Embora existam esforços contínuos para combinar esses dados, a privacidade é uma preocupação crescente (voltamos ao problema de confiança), e o progresso é lento.

A gestão do RES se encaixa bem para um aplicativo de blockchain. Armazenar o RES de um paciente em um blockchain Ethereum pode remover os silos dos dados fragmentados sem ter de confiar em cada entidade que forneça ou modifique partes do RES. Armazenar um RES dessa forma também ajuda a esclarecer a cobrança dos custos e o pagamento pelos serviços médicos. Com um histórico médico abrangente em um único lugar, os fornecedores de serviços médicos e os planos de saúde podem ter a mesma visão do tratamento de um paciente. O histórico completo facilita descobrir o que deve ser cobrado.

Outra vantagem que os aplicativos de blockchain podem oferecer no domínio da saúde é a gestão de fármacos. Os RESs no blockchain dão informações para que os médicos vejam um histórico completo e tenham uma visão atual dos medicamentos prescritos para um paciente. Isso permite também que pesquisadores, auditores e até fabricantes farmacêuticos examinem efeitos e possíveis efeitos colaterais de seus produtos. Ter os RESs disponíveis, mas protegidos, pode fornecer informações valiosas para aumentar a qualidade dos serviços de saúde.

Realizando transações financeiras

Os serviços financeiros são interações que envolvem alguma troca de moeda. A moeda pode ser de curso legal, também chamada de moeda *fiduciária*, ou ser criptomoeda, como Bitcoin ou a moeda padrão do Ethereum, ether (ETH). Os aplicativos de blockchain fazem um bom trabalho ao realizar trocas puras de moedas ou a troca de moedas por um produto ou serviço. Os serviços financeiros podem focar a realização de pagamentos, porém há mais nuances nas muitas transações que envolvem dinheiro.

Outro campo rico para o blockchain no domínio de serviços financeiros é o das transações imobiliárias. Assim como nas transações bancárias, o Ethereum possibilita conduzir as transações sem um intermediário. Compradores e vendedores podem trocar moeda pela escritura diretamente. Contratos inteligentes podem validar todos os aspectos da transação enquanto ela ocorre. Os passos que normalmente exigem um advogado ou um processador de empréstimos podem ocorrer automaticamente. Um comprador pode transferir fundos para comprar uma propriedade após os requisitos legais terem sido cumpridos, como a validação da disponibilidade da escritura e o preenchimento dos documentos exigidos pelo governo. O vendedor recebe o pagamento pela propriedade no mesmo instante em que a escritura é transferida para o comprador.

NESTE CAPÍTULO

» **Descrevendo os dados do blockchain**

» **Examinando dados comuns nos blocos**

» **Relacionando dados do blockchain com dados comuns de aplicações**

» **Associando os dados do blockchain com processos empresariais**

Capítulo 3

Identificando Dados Valiosos no Blockchain

Muitas descrições da tecnologia blockchain a relacionam com técnicas de armazenamento de dados bem conhecidas. Uma das mais populares diz que um blockchain é basicamente um ledger [livro-razão] distribuído de transações. Essa descrição até que é verdadeira, mas está simplificada demais. Um blockchain armazena, sim, as transações como um livro-razão e é distribuído, mas contém informações muito mais interessantes. Caso um blockchain apenas armazenasse transações, não seria grande coisa, porque seria apenas um pouquinho mais do que uma planilha distribuída.

Um blockchain é muito mais que isso, ele contém um registro indelével do estado atual dos dados (valores atuais) e um registro histórico completo de como os dados chegaram ao estado atual. Os repositórios tradicionais geralmente armazenam apenas os estados finais dos dados. Conforme alterações vão sendo feitas, tais mudanças sobrepõem quaisquer valores anteriores. Os repositórios de dados mais sofisticados mantêm registros de auditoria, que geralmente são notas externas que registram as mudanças nos valores.

Adicionalmente, os aplicativos de blockchain podem criar entradas de registros que documentam eventos que ocorrem com a execução de contratos inteligentes. A habilidade de registrar atividades pode fornecer uma visão de como os dados mudam, e não apenas o fato de que mudaram. Por fim, cada bloco em um blockchain armazena informações sobre as funções — e parâmetros de entrada — em um contrato inteligente demandadas por um aplicativo.

Neste capítulo, você aprenderá sobre os diferentes tipos de dados disponíveis em um ambiente blockchain e como identificar dados que podem ser úteis para a análise.

Explorando os Dados do Blockchain

Nesta seção, você descobrirá quais dados são armazenados nos blocos em um blockchain. Embora cada implementação de blockchain difira em detalhes menores, os conceitos geralmente são consistentes em todos os tipos de blockchain.

Visto que a proposta deste livro é apresentar os conceitos mais importantes da análise de blockchain, não falarei sobre detalhes técnicos específicos de cada um. Em vez disso, você aprenderá sobre os atributos específicos da implementação de blockchain público mais popular, o Ethereum. Caso não use o Ethereum, não se preocupe — os conceitos aqui se aplicarão facilmente a qualquer outra implementação de blockchain.

PAPO DE ESPECIALISTA

A principal diferença entre os tipos mais populares de blockchain é o modo como eles fazem transações. O Bitcoin usa o *modelo de Quantias de Transações não Gastas — Unspent Transaction Output (UTXO)*, no qual cada transação gasta um pouco do que sobrou de uma transação anterior e depois cria uma nova quantia, que é o saldo restante (não gasto) após processar uma transação. A outra abordagem principal para fazer transações é o *modelo de Conta/Balanço*, que o Ethereum usa. Nesse modelo, cada conta tem um balanço registrado, e as transações adicionam ou subtraem do saldo. Ele é similar ao livro-razão tradicional. Neste livro, dou ênfase ao Ethereum e ao modelo de Conta/Balanço.

Entendendo o que está armazenado nos blocos do blockchain

Como mencionei no Capítulo 2, o blockchain é apenas um grupo especialmente desenvolvido de blocos que estão ligados, ou encadeados, uns aos outros. Cada cabeçalho de bloco contém o hash do bloco anterior, formando o link que cria a cadeia. A partir de muitas descrições, parece que os blocos em um blockchain são basicamente a mesma coisa que os dados em um banco de dados ou em outro repositório de dados. No entanto, tal visão não é precisa. O blockchain armazena muito mais do que valores de dados, e é por isso que a análise de blockchain é tão interessante. Há muitas informações em um blockchain, mas você precisa saber como obtê-las.

Cada bloco consiste em um cabeçalho com informações e uma coleção de transações. Na maioria das implementações do blockchain, os mineradores selecionam as transações que querem incluir nos blocos. No Ethereum, caso um minerador seja o primeiro a minerar aquele bloco, ele seleciona as transações com base na recompensa potencial. Outras implementações do blockchain usam métodos diferentes para criar blocos. O Hyperledger Fabric, por exemplo, usa nós de organização, em vez de mineradores. Como um mecanismo de consenso diferente é usado, ele não depende de mineradores concorrentes para criar blocos válidos. O *Hyperledger Fabric* é desenvolvido com um design modular que facilita a substituição dos componentes, incluindo o mecanismo de consenso. Ele usa um mecanismo de consenso chamado, por padrão, Kafka, mas isso pode ser alterado se você deseja. O Kafka depende dos nós atuais para eleger um líder, e esse líder tem a autoridade de criar blocos de transações.

Registrando dados transacionais

Independentemente da abordagem usada para criar novos blocos, eles geralmente contêm transações ou códigos de contratos inteligentes. Como a tecnologia blockchain foi introduzida para gerenciar criptomoedas, é compreensível que os dados de transação foquem a transferência de posse entre os endereços. Nesta seção, veremos um bloco para analisar as informações de seu cabeçalho e uma lista de transações.

O *Etherscan* é um site popular que permite examinarmos a rede do Ethereum ao vivo, a *mainnet*. A Figura 3-1 mostra uma parte do cabeçalho do bloco do Etherscan. O bloco que examinaremos tem o número 8976776. Observe que há 95 transações nele.

FIGURA 3-1: Analisando as informações do cabeçalho do bloco no Etherscan.

Para encontrar o bloco 8976776 no Etherscan, acesse `https://etherscan.io/` [conteúdo em inglês] e insira o número do bloco no campo All Filters. Depois, clique ou toque no ícone de pesquisa (a lupa).

CAPÍTULO 3 **Identificando Dados Valiosos no Blockchain** 41

PAPO DE ESPECIALISTA

O Etherscan faz muito mais do que disponibilizar uma forma de espiar os dados na mainnet do Ethereum. É possível examinar e recuperar dados na mainnet, nas testnets populares, incluindo Ropsten, Kovan, Rinkeby e Goerli, e na cadeia Energy Web Foundation (EWF). Se você criar uma conta e pedir uma chave de API gratuita, poderá usá-la para extrair dados do blockchain.

Para ver uma lista de transações no bloco 8976776, clique ou toque no link 95 Transactions. A Figura 3-2 mostra as primeiras cinco transações no bloco. Podemos ver que cada transação tem uma conta Origem (From), uma conta Destino (To) e uma Quantia (amount). Nos termos mais simples, cada transação registra uma quantia na coluna Valor (Value) que está sendo transferida de uma conta Ethereum para outra.

FIGURA 3-2: Lista de transações em um bloco do Etherscan.

Clique ou toque na quarta transação na Figura 3-2 para abrir a página de detalhes de transação do Etherscan mostrada na Figura 3-3. Essa página inicial mostra informações gerais sobre a transação no Ethereum. O campo Destinatário (To) mostra que o endereço-alvo é Contrato (Contract), o que significa que essa transação é o resultado de um pagamento a um contrato inteligente.

FIGURA 3-3: Analisando uma transação no Etherscan.

42 PARTE 1 **O Beabá da Análise e do Blockchain**

DICA

No Ethereum, a única forma possível de acessar os dados armazenados no blockchain é por meio de um contrato inteligente. Usamos o endereço desse contrato (onde o código do contrato inteligente está armazenado no blockchain) para executá-lo ou utilizar uma de suas funções. As funções de um contrato inteligente contêm instruções para acessar os dados no blockchain.

Clique ou toque em Clique para Ver Mais (Click to See More), no canto inferior esquerdo, para exibir a página com os detalhes estendidos da transação com informações adicionais sobre a função de pagamento de contrato inteligente mostrada na Figura 3-4. Você pode ver que essa transação é resultado de executar a função `cancelOrder()` do contrato. Nos capítulos posteriores, você aprenderá mais sobre os contratos inteligentes e os detalhes de transações, mas por ora, saiba que a tecnologia blockchain mantém um registro de cada alteração nos dados, o que apresenta um ótimo lugar para obter a análise de dados.

FIGURA 3-4: Explorando detalhes adicionais da transação no Etherscan.

Dissecando as partes de um bloco

Antes de começar a extrair dados de um blockchain para análise, é preciso aprender um pouco mais sobre como os dados que você quer são armazenados. A maioria deles fica nos blocos, então é o que analisaremos a seguir.

DICA

Sim, é isso mesmo! A maioria dos dados, mas não todos, que você quer analisar fica armazenada nos blocos. Alguns blockchains, incluindo o Ethereum, armazenam dados em uma base de dados externa ou fora da cadeia (off-chain). Não se preocupe, explicarei isso também.

PAPO DE ESPECIALISTA

Descrevo apenas os detalhes básicos dos blocos e da cadeia do Ethereum. A referência oficial dos componentes do Ethereum está em seu yellow paper [uma versão mais técnica do white paper], disponível em `https://ethereum.github.io/yellowpaper/paper.pdf` [conteúdo em inglês aqui e no próximo site]. Há também uma boa análise externa sobre os componentes estruturais do Ethereum em `https://ethereum.stackexchange.com/questions/268/ethereum-block-architecture`.

Bloco é uma estrutura de dados que contém duas seções principais: um cabeçalho e um corpo. As transações são acrescentadas ao corpo e depois enviadas à rede do blockchain. Os *mineradores* pegam os blocos e tentam resolver um problema matemático para ganhar um prêmio. Mineradores são apenas nós ou pools de nós, com poder computacional suficiente para calcular os hashes dos blocos muitas vezes para resolver o problema.

No Ethereum, o processo de mineração usa um cabeçalho do bloco enviado e um número arbitrário chamado *nonce* (número usado uma vez). O minerador escolhe um valor de nonce, que é parte do cabeçalho do bloco. O resultado precisa bater com um padrão já aceito, que fica mais difícil com o passar do tempo, à medida que os mineradores ficam mais rápidos na mineração de blocos. Se o primeiro resultado da mineração não bate com o padrão, o minerador escolhe outro nonce e calcula o hash no novo cabeçalho do bloco. Esse processo continua até que o minerador encontre um nonce que resulta em um hash que bata com o padrão.

O minerador que encontra a solução a transmite para o resto da rede e recebe uma recompensa em ETH (ether), pelo grande esforço em validar o bloco. Como muitos mineradores trabalham nos blocos ao mesmo tempo, é comum que diversos mineradores resolvam o enigma do hash ao mesmo tempo. Em outros blockchains, esses blocos são descartados como *órfãos*. No Ethereum, são chamados de *tios*. Um bloco-tio é qualquer bloco que foi exitosamente minerado e chega após o bloco ter sido aceito. O Ethereum aceita os blocos-tio e até oferece uma recompensa para o minerador, mas uma menor do que a dada ao bloco aceito.

PAPO DE ESPECIALISTA

O Ethereum recompensa os mineradores que solucionam os blocos-tio ao reduzir a centralização da mineração e aumentar a segurança do blockchain. As recompensas tio dão um incentivo para que os pequenos mineradores participem. De outro modo, a mineração seria lucrativa apenas para os grandes pools, que poderiam, em algum momento, dominar toda a mineração. Encorajar mais mineradores a participar também eleva a segurança ao aumentar o trabalho geral realizado no blockchain inteiro.

O *cabeçalho* de um bloco contém dados que descrevem o bloco e o *corpo* contém todas as transações armazenadas em um bloco. A Figura 3-5 mostra o conteúdo do cabeçalho de um bloco no Ethereum.

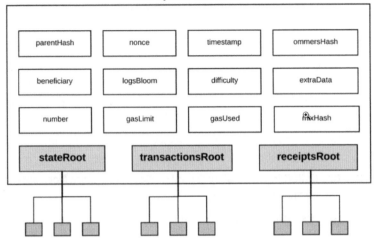

FIGURA 3-5: Cabeçalho de um bloco no Ethereum.

PAPO DE ESPECIALISTA

O Ethereum usa o algoritmo Keccak-256 para produzir todos os valores de hash. O Secure Hashing Algorithm 3 (Algoritmo Seguro de Hash 3 — SHA-3) do National Institute of Standards and Technology (Instituto Nacional de Padrões e Tecnologia — NIST) é um subconjunto do algoritmo Keccak. O Ethereum foi introduzido antes de o padrão SHA-3 ter sido finalizado, e o Keccak-256 não segue o padrão oficial do SHA-3.

Cada cabeçalho de bloco Ethereum contém informações que definem e descrevem o bloco, e registra seu lugar no blockchain. O cabeçalho tem os seguintes campos:

» **Previous hash (Hash anterior):** O valor de hash do cabeçalho do bloco anterior, onde o *bloco anterior* é o último no blockchain quando o bloco atual é adicionado.

» **Nonce:** Um número que faz com que o valor do hash no cabeçalho do bloco atual siga determinado padrão. Se mudar esse valor (ou qualquer valor do cabeçalho), o hash do cabeçalho mudará.

» **Timestamp (Carimbo de data e hora):** A data e a hora em que o bloco atual foi criado.

» **Uncles hash (Hash-tio):** O valor de hash da lista de blocos-tio no bloco atual, que são blocos inativos minerados exitosamente, mas que chegaram logo após o bloco aceito ter sido acrescentado ao blockchain.

» **Beneficiary (Beneficiário):** A conta do minerador que recebe a recompensa por ter minerado o bloco.

CAPÍTULO 3 **Identificando Dados Valiosos no Blockchain** 45

» **Logs bloom (Registros Bloom):** Informações de registros armazenadas em um filtro Bloom (uma estrutura de dados útil para descobrir rapidamente se algum elemento é membro de um grupo).

» **Difficulty (Dificuldade):** O nível de dificuldade para minerar o bloco.

» **Extra data (Dados extras):** Quaisquer dados usados para descrever o bloco. Os mineradores podem colocar qualquer dado que quiserem aqui ou deixá-lo em branco. Por exemplo, alguns mineradores escrevem dados que podem usar para identificar os blocos que mineraram.

» **Block number (Número do bloco):** O número único do bloco (atribuído sequencialmente).

» **Gas limit (Limite de Gas):** O total de Gas para o bloco (você aprenderá sobre isso no final deste capítulo).

» **Gas used (Gas usado):** A quantidade de Gas usada pelas transações no bloco.

» **Mix hash:** Um valor de hash combinado com o valor de nonce para mostrar que o nonce minerado atende às exigências de dificuldade. Esse hash torna mais difícil para atacantes modificarem o bloco.

» **State root (Estado da rede):** O valor de hash do nó-raiz da trie estado do bloco. *Trie* é uma estrutura de dados que armazena dados eficientemente para uma recuperação rápida. A *trie estado* expressa informações sobre o estado das transações no bloco sem ter de ver as transações.

» **Transaction root (Raiz de transações):** O valor hash do nó-raiz da trie, que armazena todas as transações do bloco.

» **Receipt root (Raiz de recibos):** O valor hash do nó-raiz da trie, que armazena todos os recibos do bloco.

O corpo de um bloco do Ethereum é apenas uma lista de transações. Diferentemente de outras implementações do blockchain, o número de transações e, portanto, o tamanho do bloco não são fixos. Cada transação tem um custo de processamento associado e cada bloco tem um orçamento limitado. Os blocos do Ethereum podem conter muitas transações que não custam muito, apenas algumas muito cara, ou qualquer outra que fique entre esses dois extremos. O Ethereum planejou muita flexibilidade quanto ao que os blocos podem conter. A Figura 3-6 mostra o conteúdo de uma transação no Ethereum.

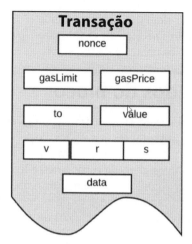

FIGURA 3-6: Conteúdo de uma transação no Ethereum.

As transações no Ethereum contêm os seguintes campos:

- » **Nonce:** Cada conta no Ethereum mantém um registro do número de transações que executa. Esse campo é a última transação, com base no contador da conta. O nonce da transação é usado pela rede para garantir que as transações sejam executadas na ordem correta.

- » **Signature (Assinatura):** A assinatura digital do dono da conta, provando a identidade da conta que está requerendo a transação.

- » **Gas price (Preço do Gas):** O preço unitário que você está disposto a pagar para executar a transação.

- » **Gas limit (Limite do Gas):** A quantia máxima que você está disposto a pagar para executar a transação.

- » **To (Destinatário):** O endereço do destinatário da transação. Para transferências, esse endereço é a conta que receberá a transferência. Para funções de chamada, esse endereço é o do contrato inteligente.

- » **Value (Valor):** A quantia total de ether que você deseja enviar ao destinatário.

- » **Data (Dados):** Os dados reais enviados como o corpo da transação. Cada tipo de transação pode ter dados diferentes, com base em suas funcionalidades. Para as funções de chamada, os dados podem ter parâmetros.

Conforme os usuários enviam pedidos de transações para os nós, estes criam transações e as enviam para o pool de transações. Os mineradores então pegam as transações no pool e constroem novos blocos. Depois que um nó minerador constrói um bloco Ethereum, o processo de mineração começa. O primeiro minerador a completar o processo de mineração acrescenta o bloco ao blockchain e transmite o novo bloco para o resto da rede.

CAPÍTULO 3 **Identificando Dados Valiosos no Blockchain** 47

LEMBRE-SE

Você pode ver o blockchain público do Ethereum acessando o Etherscan em `https://etherscan.io/` [conteúdo em inglês]. O Etherscan permite ver as estatísticas do blockchain, bem como os detalhes da transação.

Decodificando os dados do bloco

O Etherscan apresenta dados de blockchain em um formato legível. Porém, ao fazê-lo, ele oculta alguns detalhes importantes. Os dados do blockchain nem sempre são armazenados em um formato facilmente legível, pelo menos para a maioria das pessoas. Por muitos motivos além do escopo deste livro, as implementações do blockchain armazenam alguns dados como hash, não em um formato bruto. Armazenar os dados como valores de hash torna as operações comuns de busca e análise mais difíceis do que interagir com bancos de dados.

Cada tipo de dados do blockchain tem nuances na maneira como os dados são formatados e armazenados. Por exemplo, os valores dos dados de entrada de uma transação em seu formato bruto, como na Figura 3-7, não são de grande ajuda. Você pode ver isso ao clicar ou tocar em View Input As ⇨ Original (Ver Entrada Como ⇨ Original).

FIGURA 3-7: Formato original dos dados de entrada.

O Etherscan pode decodificar os dados de entrada para você. Clique ou toque no botão Decode Input Data (Decodificar Dados de Entrada) e o Etherscan tentará traduzir os dados de entrada em parâmetros de entrada fáceis de ler para a função chamada. A Figura 3-8 mostra os dados exitosamente decodificados para a função `cancelOrder()`. (Na Figura 3-4, você viu que essa transação chama a função `cancelOrder()` do contrato inteligente.)

FIGURA 3-8: Dados decodificados para a função `cancelOrder()`.

Você não terá esse nível de detalhes em todas as transações. Essa transação é chamada de função em um contrato inteligente registrado. *Registrar* um contrato inteligente significa que o desenvolvedor enviou a interface binária de aplicativo (application binary interface — ABI) para o contrato, juntamente com o bytecode compilado. *ABI* é uma definição dos dados do estado, dos eventos e das funções do contrato inteligente, incluindo cada parâmetro de entrada e retorno das funções. O Etherscan usa a ABI, se disponível, para fornecer mais informações descritivas. Caso não esteja disponível, o Etherscan pode mostrar apenas os dados brutos de entrada.

PAPO DE ESPECIALISTA

Se você explorar a página do Etherscan, verá as abas Event Logs (Registros de Evento), State Changes (Mudanças de Estado) e Comments (Comentários). Não falo sobre elas aqui, mas volto a mencioná-las no Capítulo 6. Os dados da transação não são os únicos que você encontrará em um aplicativo de blockchain. Os desenvolvedores de contratos inteligentes comumente usam eventos para registrar ações importantes em um contrato inteligente. Os dados desses eventos geralmente são de interesse no processo de análise de dados. Você verá esse tipo de dados novamente.

Categorizando os Dados Comuns em um Blockchain

Você já viu a maioria dos dados que usará ao realizar a análise de blockchain. Vimos os dados do cabeçalho do bloco, os dados básicos de transações e os detalhes contidos em algumas transações. Talvez já tenha dado uma olhada na interface de usuário do Etherscan para ver alguns dados de eventos, e até mesmo o efeito que uma transação tem no estado do blockchain. Nesta seção, você aprenderá mais sobre as categorias principais dos dados de aplicativos de blockchain: transação, eventos e estado.

Serializando os dados de transação

O essencial dos dados do blockchain está contido na transação. Uma transação no blockchain registra a transferência de algum valor entre as contas. Informações adicionais podem estar na transação, como dados de entrada que registram os parâmetros de contratos inteligentes, porém nem todas as transações incluem dados adicionais.

Cada transação inclui um timestamp mostrando a data e a hora em que a transação foi minerada, então é possível criar uma lista cronológica de transações e ver como o valor mudou de propriedade em pontos específicos de tempo, e como o valor se moveu entre as contas. Esse movimento é serial. A natureza serial do armazenamento de dados pode gerar informações interessantes, mas também pode ser um obstáculo para a análise dos dados.

Diferentemente dos sistemas tradicionais de armazenamento de dados, como os bancos de dados relacionais, as contagens ou os balanços finais geralmente precisam ser calculados ao longo do tempo. Um banco de dados tradicional pode armazenar o saldo atual de uma conta, embora talvez você tenha de rastrear todas as transações de uma conta no blockchain para chegar ao seu saldo final. Os dados estão disponíveis, mas pode ser mais trabalhoso obtê-los.

O blockchain traz a flexibilidade de rastrear as transações por conta, mas nem sempre ele facilita a busca de um valor único. Por exemplo, imagine que você queira saber o saldo de uma conta específica em determinada data. Descobrir o saldo atual da conta é fácil, porém descobrir o saldo em uma data específica (e hora) exige a serialização das transações para essa conta e o cálculo dos aumentos e das diminuições da conta até a data e a hora em questão.

Caso esteja confortável com bancos de dados e aplicações que acessam os dados de bancos de dados, buscar transações não parece algo tão ruim. No entanto, lembre-se de que um blockchain não é um banco de dados. Os dados em um blockchain não são armazenados de forma a tornar as buscas gerais fáceis e rápidas. Você pode obter as informações que deseja, mas precisa pensar sobre o esforço para obter os dados de uma forma diferente.

O armazenamento de dados de transações serializadas do blockchain fornece a flexibilidade de rastrear e recuperar dados de atividades de diversas formas. Veja alguns tipos de buscas feitas ao rastrear as transações no blockchain:

» Encontrar todas as transações em que uma conta específica enviou fundos.

» Encontrar todas as transações que resultaram em uma conta específica recebendo fundos.

» Encontrar todas as transações que ocorreram entre duas contas específicas.

» Encontrar todas as transações que executaram uma função específica de contrato inteligente.

Após obter os dados desejados, é possível rastrear as transações calculando a mudança do valor (ou seja, rastreando os campos Value e Transaction Fee) para encontrar as informações que está buscando, tais como o saldo em um ponto específico.

Registrando eventos no blockchain

Um dos aspectos mais interessantes dos dados no blockchain estende as informações que você pode obter das transações. Como mencionado, uma transação é a transferência de algum valor como resultado da função de um contrato inteligente. Como a única forma de criar uma transação é executar a função de um contrato inteligente, você pode ter a certeza de que uma transação é o resultado de uma função.

A afirmação anterior pode parecer redundante, mas é extremamente importante. As funções dos contratos inteligentes podem ser simples ou complexas. Quando os contratos inteligentes ficam mais complexos, apenas saber a função à qual uma transação recorreu, juntamente com seus valores de parâmetro de entrada, nem sempre é o suficiente para descrever o que está acontecendo. É preciso haver uma forma de registrar o que acontece dentro das transações.

LEMBRE-SE

O Ethereum e a maioria dos blockchains mais populares a partir da segunda geração têm suporte para as linguagens de contratos inteligentes. EVM (Ethereum virtual machine — máquina virtual do Ethereum) é uma máquina de Turing completa, portanto, com recursos suficientes, um contrato inteligente do Ethereum pode calcular qualquer coisa. Obviamente, no mundo real, as transações acabam ficando sem Gas, mas a questão é que as funções de seu contrato inteligente podem ser tão complexas quanto você queira.

Volte ao Etherscan e explore um pouco mais a fundo as transações do bloco 8976776. Analise a mesma transação na Figura 3-4 (bloco 8976776 -> Lista de transações -> Quarta transação nos detalhes da lista). Clique ou toque na aba Event Logs (Registro de Eventos) no topo da página. A página Event Logs mostra uma lista de eventos que ocorreram durante a função de um contrato inteligente. A Figura 3-9 apresenta os dois últimos eventos para a transação atual.

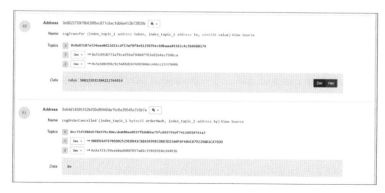

FIGURA 3-9: Eventos do Ethereum no Etherscan.

Observe que esses eventos têm nomes, como `LogTransfer()` e `LogOrderCancelled()`, e parâmetros. Os programadores de contratos inteligentes usam os eventos para criar mensagens que o Ethereum registra e salva. Cada evento facilita o envio de notificações para os aplicativos dos clientes de que certas ações foram realizadas em um contrato inteligente e também o armazenamento de informações importantes relacionadas à transação.

PAPO DE ESPECIALISTA

Os programadores de contratos inteligentes usam os eventos para registrar os detalhes internos de como esses contratos operam. O programador define os eventos e os parâmetros passadas quando os eventos são chamados. Então, durante a execução, o contrato inteligente recorre ao evento quando algo notável acontece no código. Por exemplo, ao usar a linguagem popular Solidity para escrever um código de contratos inteligentes, o comando `emit` recorre ao evento. Sempre que um programador quer enviar uma mensagem para o cliente ou registrar uma ação, a instrução `emit` recorre ao evento para fazer exatamente isso.

A maioria dos programadores de contratos inteligentes usa nomes de eventos para descrever a ação. Assim, é de se esperar que o evento `LogOrderCancelled()` esteja presente, porque um pedido foi cancelado na transação. Os programadores podem criar eventos em qualquer lugar em seu código. O propósito mais comum de um evento é registrar a ocorrência de uma ação, tal como o cancelamento de um pedido. Os parâmetros do evento, `orderHash` e `by`, dão informações de identificação para o pedido que foi cancelado e quem o cancelou. Os eventos nos exigem certo esforço para serem analisados, porém, podem gerar dados interessantes.

Armazenando valor com contratos inteligentes

A última categoria principal associada a um blockchain são os dados de estado. *Dados de estado* são aqueles mais parecidos com os dados tradicionais de bancos de dados. Cada contrato inteligente pode definir um ou mais variáveis, ou estruturas, para armazenar os valores de dados. Esses valores podem incluir coisas como o número de pedido mais alto (para um contrato de entrada de pedido) ou uma lista de produtos (para um contrato de cadeia de suprimento). Os dados de estado possibilitam armazenar dados que os contratos usam cada vez que uma de suas funções é chamada.

Embora os dados de transação sejam armazenados nos blocos do blockchain, o Ethereum armazena os dados de estado em bancos de dados externos (off-chain). Cada bloco armazena um valor de hash que aponta para a raiz da trie estado daquele bloco no banco de dados off-chain, que armazena os dados do estado do bloco. Armazenar dados usando uma estrutura de trie possibilita consultar um valor na trie, e validar a integridade desse valor, sem ter de ler a trie inteira.

LEMBRE-SE

Consulte a Figura 3-5, que mostra o conteúdo do cabeçalho de um bloco, incluindo o hash do estado da rede que aponta para a raiz dos valores de estado daquele bloco (armazenado em bancos de dado off-chain).

Diferentemente dos dados do blockchain, os dados de estado podem ser alterados. Cada vez que uma função é executada em um contrato inteligente, ela pode alterar o valor de um ou mais dados de estado. A transação que causou a alteração é armazenada em um bloco no blockchain e as entradas de registro podem ser criadas por eventos, mas as alterações nos dados de estado são armazenadas no banco de dados off-chain.

PAPO DE ESPECIALISTA

Cada cliente do Ethereum pode selecionar seu próprio banco de dados para armazenar os dados. Por exemplo, o cliente Geth usa o LevelDB, e o cliente Parity usa o RocksDB. Cada banco de dados usa métodos diferentes de acesso, então o cliente do blockchain que você usa para a análise deve ter suporte para um banco de dados familiar.

Buscando Valor nos Tipos de Dados do Blockchain

Agora que já conhece as categorias básicas de dados armazenadas por um blockchain, podemos começar a nos aprofundar no que cada tipo de dados que encontraremos pode significar. Há poucas regras claras a serem seguidas. Cada contrato inteligente estabelece suas próprias regras para definir e manter os dados necessários para realizar seu trabalho.

Explorando os dados básicos de transações

Cada transação contém informações básicas sobre a posse do criptoativo e o custo da transação. Os campos From, To e Value registram, respectivamente, a conta que tem o valor no começo da transação, a conta para onde o valor será transferido e a quantia ou o custo do ativo que está sendo transferido na transação.

O campo Entrada de Dados (Input Data) pode conter informações adicionais sobre a transação. Esse campo é geralmente muito diferente de uma transação para outra. Quando o campo To de uma transação se refere a uma conta regular no Ethereum, o campo Input Data pode conter detalhes adicionais ou de suporte sobre a transação. Nesses casos, a transação serve basicamente para registrar uma transferência de criptomoedas de uma conta para outra. Caso o campo To contenha o endereço de um contrato inteligente, o campo Input Data conterá informações sobre a função à qual a transação recorre e os dados enviados para a função.

Parte do desafio na extração de dados do blockchain para análise é classificar e dar sentido aos dados de entrada. O processo de análise de dados do blockchain é mais do que apenas ler os dados e criar modelos.

Associando significados do mundo real aos eventos

Embora os dados de transação possam revelar o que um cliente pediu e qual valor foi transferido, eles nem sempre podem fornecer muitos detalhes sobre como a transação se desenrolou. Quer dizer, os dados da transação não disponibilizam nada além de um resumo das informações. Se quiser explorar os detalhes sobre o que aconteceu durante uma transação, terá de procurar em outro lugar.

Visto que o código de contratos inteligentes pode incluir cálculos e dados complexos, é geralmente benéfico, e às vezes necessário, armazenar mensagens e dados em pontos dentro da transação. A maioria das transações empresariais complexas envolve múltiplos passos, e o espelhamento do código nos processos do mundo real pode fazer sentido. Por exemplo, se você quisesse importar madeira de outro país para produzir seus móveis, teria de seguir uma sequência geral de passos:

1. **O importador faz o pedido do produto para o exportador.**

2. **O importador solicita uma carta de crédito, em um banco local, em nome do exportador.**

3. **O banco do importador emite uma carta de crédito e a envia para o banco do exportador.**

4. **O exportador envia o produto.**

5. **Com base nas cláusulas da carta de crédito, o exportador pode receber parte do pagamento enquanto o produto está em trânsito. Caso isso ocorra, o banco do exportador faz o pedido do pagamento e o banco do importador faz a transferência.**

6. **Quando o importador recebe o produto, ele notifica o banco, que transfere os fundos restantes para o banco do exportador.**

Acredite se quiser, esse processo está simplificado! Nem cheguei a mencionar as licenças de exportações ou o conhecimento de embarque (bill of lading). Mesmo com esse cenário simples, podemos ver que o processo tem muitos passos. Em um aplicativo real, alguns desses passos podem ocorrer em momentos diferentes e outros podem ocorrer ao mesmo tempo (como no Passo 5). Seria de ajuda se o blockchain armazenasse as informações de status sobre como a transação foi realizada, em vez de armazenar apenas a quantia transferida de uma conta para outra.

Os registros de eventos disponibilizam essa funcionalidade. Nenhum evento ocorre por padrão; os programadores do contrato inteligente devem solicitar cada evento. A maioria dos códigos dos contratos inteligentes inclui, pelo menos, recorrências mínimas aos eventos. Uma ótima prática ao desenvolver um contrato inteligente é recorrer a um evento sempre que um pacote de trabalho de interesse do usuário do aplicativo termina. Essa descrição de quando usar os eventos é vaga e aberta a interpretações.

54   PARTE 1 **O Beabá da Análise e do Blockchain**

É importante saber como o código do contrato inteligente fornecerá os dados para seus trabalhos de análise. Nos Capítulos 5 e 6, você aprenderá como obter o código-fonte do contrato inteligente e usá-lo para criar seu plano de aquisição de dados. Mas, até lá, lembre-se de que analisar os dados no ambiente do blockchain exige familiaridade com muito mais do que apenas esses dados.

Alinhando os Dados do Blockchain com Processos do Mundo Real

Embora seja importante entender os dados disponíveis nas transações, nos eventos e no estado do contrato, você deve compreender o que os dados representam antes de extrair sentido deles. Uma parte importante de qualquer projeto de análise de dados (do blockchain ou dos dados tradicionais) é alinhar os dados com o mundo real. Em um ambiente blockchain, essa compreensão começa com os contratos inteligentes.

Entendendo as funções de um contrato inteligente

Podemos pensar nos contratos inteligentes como sendo programas que contêm dados e funções para manipulá-los. Uma forma de ajudar a compreender os contratos inteligentes é pensar nos dados de estado como substantivos e nas funções, como verbos. Associar os elementos de um contrato inteligente com partes da fala nos ajuda a entender o propósito de cada elemento. Armazenamos dados que representam algo no mundo real, como um pedido, um produto ou uma ordem de crédito.

As funções fornecem ações que os aplicativos exercem nos dados, como criar um pedido, `createOrder()`, enviar um produto, `shipProduct()` ou solicitar uma carta de crédito, `requestLoC()`. A análise de dados se concentra na extração de informações significativas e úteis dos dados. É importante entender os dados disponíveis, juntamente com como foram criados e quais coisas e processos do mundo real eles representam. As funções dos contratos inteligentes fornecem um guia sobre como os dados são adicionados ao blockchain e o que significam.

CAPÍTULO 3 **Identificando Dados Valiosos no Blockchain** 55

Avaliando o registro de eventos dos contratos inteligentes

Um processo inicial em qualquer projeto de análise de dados é a avaliação dos dados disponíveis. Em um ambiente blockchain, esse passo deve incluir a avaliação de quaisquer eventos relacionados aos contratos inteligentes que você examinará. Uma forma de ver os eventos é como documentações de operações internas. Esses artefatos de microtransações geralmente disponibilizam um nível de dados granulares que você não obterá em nenhum outro lugar. Não ignore os registros de eventos — eles podem fornecer sua melhor descrição dos dados de blockchain e o que eles realmente representam.

Classificando os dados de transação e evento por seus efeitos

Após ter um catálogo dos dados disponíveis para você, classifique a importância de cada dado por seu efeito. Um dado tem um efeito maior quando corresponde a algum atributo ou alguma ação da entidade no mundo real. Os dados que representam a mudança do status aprovado de uma carta de crédito provavelmente são mais importantes do que o campo que registra a contagem da página do documento da carta de crédito. Nenhum dado é igual ao outro. Sempre dependerá de você, o analista, concentrar-se nos dados importantes e não passar muito tempo naqueles que tenham pouco valor. Classificar adequadamente o valor dos dados por seus efeitos é uma habilidade importante e que exige muita prática.

NESTE CAPÍTULO

» **Identificando como a análise atinge os objetivos da empresa**

» **Incorporando a análise nas práticas empresariais**

» **Criando seu próprio nó do blockchain**

» **Montando um laboratório de análise de blockchain**

Capítulo **4**

Implementando a Análise de Blockchain nas Empresas

Compreender como os dados do blockchain são armazenados e chegar a eles é apenas o começo do processo de análise. Na verdade, um bom processo de análise começa antes desse ponto. Para encontrar valor em qualquer tipo de dados, é necessário determinar o que estamos buscando. Estabelecer objetivos de análise nos ajuda a evitar o desperdício de tempo e esforço (e, o mais importante, dinheiro) no processo de análise.

Sempre se lembre de que a tecnologia existe para resolver problemas. Um dispositivo novo e legal não valerá muito a menos que atenda a uma necessidade. O mesmo se dá com a análise de dados. Caso os resultados de sua análise não atendam à necessidade de uma empresa, seu esforço terá sido em vão. Para evitar essa situação, o primeiro passo ao lançar qualquer projeto de análise deve ser a articulação de uma declaração clara sobre a justificativa e os objetivos da empresa. Pergunte quais informações está procurando e quais serão os benefícios para a empresa.

CAPÍTULO 4 **Implementando a Análise de Blockchain nas Empresas** 57

Após ter uma direção clara, é necessário montar um laboratório de análise para juntar, transformar e analisar seus dados. Dependendo de onde residem os dados, talvez seja necessário criar seu próprio nó de blockchain também. Neste capítulo, você aprenderá como alinhar a análise com os objetivos empresariais e montar seu próprio laboratório de análise do blockchain.

Alinhando a Análise com os Objetivos Empresariais

A tecnologia do blockchain sozinha não consegue oferecer resultados significativos para a análise. Sendo o blockchain tudo que é, ele não consegue fornecer magicamente mais dados do que as outras tecnologias. Antes de escolher a tecnologia do blockchain para qualquer novo desenvolvimento ou projeto de análise, justifique claramente por que tal decisão faria sentido.

Se já depende da tecnologia blockchain para armazenar dados, a decisão de usar esses dados para análise é mais fácil de ser justificada. Nesta seção, examinaremos algumas razões pelas quais a análise suportada pelo blockchain pode permitir que você alavanque seus dados de maneiras interessantes.

Alavancando novas ferramentas de descentralização

A maior parte deste livro se concentra em acessar e analisar manualmente os dados do blockchain. Embora seja importante entender como exercer controle granular sobre seus dados em todo o processo de análise, ferramentas mais avançadas facilitam a tarefa. O número crescente de soluções descentralizadas de análise de dados representa mais oportunidades de desenvolver modelos analíticos com menos esforço. Ferramentas de terceiros podem reduzir a quantidade de controle que você tem sobre os modelos implantados, mas elas podem aumentar drasticamente a produtividade da análise.

A lista a seguir, de soluções de análise de blockchain, não é completa e provavelmente mudará em breve. Tire uns minutinhos para fazer sua própria pesquisa na internet sobre as ferramentas analíticas de blockchain. Provavelmente encontrará ainda mais softwares e serviços:

58   PARTE 1 **O Beabá da Análise e do Blockchain**

» **Endor:** Uma plataforma de predição com IA baseada no blockchain com o objetivo de deixar a tecnologia acessível para organizações de todos os tamanhos. É tanto um protocolo analítico do blockchain como um mecanismo preditivo que integra dados on-chain e off-chain para análise.

» **Crystal:** Uma plataforma de análise que se integra com os blockchains do Bitcoin e do Ethereum, e foca a análise de transações de criptomoedas. Produtos diferentes da Crystal atendem a pequenos empreendimentos, organizações e agências de segurança.

» **OXT:** Sendo o mais focado dos três produtos listados, é uma ferramenta de análise e exploração de visualização para o blockchain do Bitcoin. Embora não tenha suporte de análise para muitos blockchains, o OXT tenta fornecer inúmeras opções analíticas para o Bitcoin.

Monetizando dados

A economia atual é orientada por dados, e a quantidade de dados que estão sendo coletados sobre pessoas e seus comportamentos é impressionante. Pense sobre a última vez em que acessou seu site de compras favorito. Provavelmente você viu uma propaganda que achou relevante. Essas propagandas direcionadas parecem cada vez melhores em descobrir o que é interessante para você. A habilidade de alinhá-las com as preferências dos usuários depende de um mecanismo de análise que faça a aquisição de dados suficientes sobre o usuário para prever produtos ou serviços de interesse com confiança.

Os dados do blockchain podem representar a próxima fase lógica do valor dos dados para o empreendimento. À medida que mais e mais consumidores percebem o valor de seus dados pessoais, o interesse cresce sobre a capacidade de controlar esses dados. Agora os consumidores querem controlar como seus dados são usados e demandam incentivos ou compensações para que sejam usados.

A tecnologia blockchain pode fornecer um ponto central de presença para os dados pessoais e a habilidade para que o dono desses dados autorize o acesso a eles. Remover dados pessoais de memórias comuns e centrais de dados, como Google e Facebook, tem o potencial de revolucionar o mercado e as propagandas. Organizações menores poderiam acessar informações valiosas de marketing ao pedir permissão para o dono dos dados, em vez de aos grandes agregadores destes. Driblar os grandes players como Google e Facebook poderia reduzir os custos de marketing e permitir que os incentivos fluíssem diretamente para pessoas físicas.

Há um longo caminho a ser percorrido até que deixemos para trás as práticas atuais de uso de dados pessoais, porém, com a tecnologia blockchain, isso é possível. O processo pode ser acelerado por regulações emergentes que protejam os direitos individuais de controlar os dados pessoais. Por exemplo, o Regulamento Geral sobre a Proteção de Dados (GDPR) da Europa e a Lei de Privacidade do Consumidor da Califórnia (CCPA) fortalecem a habilidade individual de controlar o acesso e o uso de seus dados pessoais.

Trocando e integrando os dados

Até aqui, você aprendeu principalmente sobre os dados armazenados no ambiente blockchain. Embora os dados do blockchain sejam o foco deste livro, muito do valor deles repousa na capacidade que têm de se relacionar com dados off-chain. A maioria dos aplicativos de blockchain consulta dados armazenados em repositórios off-chain. Não faz sentido armazenar todos os tipos de dados no blockchain. Os dados referenciais, que geralmente são atualizados para refletir as condições de mudança, podem não ser bons candidatos para o armazenamento no blockchain.

Lembre-se de que a tecnologia blockchain se destaca pelo registro das transferências de valores entre os donos. Todos os aplicativos definem e mantêm informações adicionais que dão suporte e fornecem detalhes para as transações, mas não participam diretamente nas transações. Pode fazer mais sentido armazenar tais informações, como a descrição do produto ou as notas do consumidor, em um repositório off-chain.

Sempre que os aplicativos de blockchain usam dados on-chain e off-chain, os métodos de integração se tornam uma preocupação. Mesmo que seu aplicativo use apenas dados on-chain, é provável que os modelos analíticos se integrarão aos dados off-chain. Por exemplo, os donos nos ambientes blockchain são identificados por endereços. Tais endereços não têm contexto fora do blockchain. Qualquer associação entre um endereço e uma identidade do mundo real provavelmente é armazenada em um repositório off-chain. Outro exemplo da necessidade dos dados off-chain é na análise de tendências de segurança de aeronaves. Talvez sua análise faça a correlação de dados de acidentes e incidentes com base no blockchain com as condições climáticas. Embora cada transação no blockchain contenha um timestamp, você teria de consultar uma base de dados externa de clima para determinar condições climáticas predominantes na hora da transação.

Há muitos exemplos da necessidade de integração entre os dados off-chain com as transações on-chain. Parte da fase de aquisição de dados de qualquer projeto analítico é identificar fontes de dados e métodos de acesso. Em um projeto analítico de blockchain, esse processo representa a identificação de dados off-chain de que você precisa para atingir os objetivos de seu projeto e como obtê-los.

Opções de Pesquisa para Seu Laboratório de Análises

Antes de começar a obter dados em um blockchain para analisar, é preciso configurar um caminho de acesso a eles. Seria possível usar ferramentas analíticas de terceiros, mas você perderia certo controle do processo analítico. Neste livro, você aprende como criar modelos simples do zero, então poderá acessar os dados do blockchain diretamente ao interagir com as funções do contrato inteligente.

Nesta seção, você montará um laboratório que permite escrever software para desenvolver modelos de acesso aos dados armazenados em um blockchain do Ethereum.

A primeira coisa que talvez você perceba ao criar um ambiente de desenvolvimento no Ethereum é que há muitas escolhas. Em geral, isso significa uma boa coisa, mas elas fazem com que o início fique um pouco mais confuso. Lembre-se de que o Ethereum é um ambiente completo de blockchain. Executar o blockchain é uma coisa— desenvolver o código para o blockchain é uma empreitada maior e requer mais ferramentas.

O EVM (Ethereum Virtual Machine — mecanismo virtual do Ethereum), o ambiente de execução dos contratos inteligentes do Ethereum, é implementado em muitas linguagens. Cada implementação permite que o Ethereum seja executado em uma plataforma diferente, dando escolhas a qualquer um que esteja criando um novo nó sobre como executar o EVM. Por exemplo, se o desempenho for a maior prioridade, uma implementação C++ poderá ser a melhor escolha. Mas se o objetivo for o recurso de integrar funcionalidades adicionais ao EVM, uma implementação JavaScript ou Python poderá ser melhor.

A comunidade do código aberto é um grupo mundial de usuários e desenvolvedores que contribuem com projetos onde têm uma participação. Usuários e desenvolvedores do Ethereum se engajam em debates rigorosos sobre qual é a melhor forma de avançar o produto. Esses debates geralmente resultam em opiniões diferentes sobre a melhor maneira de atingir os objetivos. Um dos debates mais comuns é sobre qual interface de usuário é melhor. Uma escola de pensamento é a de que a *interface de linha de comando — command-line interface (CLI)* é a mais flexível e fácil para escrever. Esse tipo de interface de usuário tende a funcionar melhor para ferramentas utilitárias de nível mais baixo. Por outro lado, uma *interface gráfica do usuário — graphical user interface (GUI)* é mais fácil de usar e simplifica tarefas como o desenvolvimento de software. É apenas um exemplo de por que você pode ver tanto a versão CLI como a GUI de ferramentas.

Como resultado de muitas pessoas contribuindo para a comunidade, você encontrará diversos produtos de software que atendem às necessidades de cada passo no processo de desenvolvimento. Há diversas implementações de teste de rede porque um grupo na comunidade Ethereum sentiu que facilitar a criação de uma rede de testes atrairia mais desenvolvedores a essa plataforma. Outros dão ênfase às ferramentas integradas de testes ou decidem estender seus editores e Ambientes de Desenvolvimento Integrado — Integrated Development Environments (IDE) com extensões que dão suporte à linguagem Solidity.

Enquanto analisa as opções disponíveis nas categorias de ferramentas, lembre-se de que cada uma existe porque um grupo de entusiastas do Ethereum viu uma oportunidade de preencher uma lacuna futura. Talvez você queira ler sobre os atributos e os benefícios de alguns produtos concorrentes para ver onde diferem.

DICA

Caso queira participar da comunidade do Ethereum, visite o site `https://ethereum.org/` [conteúdo em inglês]. Na parte inferior da página, você verá uma seção Community (Comunidade) com links oferecendo diversas formas de participação.

As ferramentas que instalará e configurará neste capítulo são as mais usadas por outros desenvolvedores do Ethereum. Você pode encontrar muitas dicas, truques e tutoriais online usando essas ferramentas para o desenvolvimento do Ethereum. O ambiente que criará neste capítulo permitirá que pratique os exemplos deste livro e aprenda outros recursos online, sem ter de começar tudo de novo instalando novas ferramentas.

Instalando o Cliente Blockchain

Agora que está pronto para montar seu laboratório analítico Ethereum, vamos colocar a mão na massa. Você aprenderá como configurar um computador com o Microsoft Windows para que seja uma plataforma de desenvolvimento Ethereum. Muito embora você não desenvolverá contratos inteligentes e aplicativos de blockchain, é preciso ter um ambiente de desenvolvimento para criar os modelos analíticos que acessam seu blockchain.

O Windows não é o único sistema operacional com suporte ao Ethereum. É possível configurar com a mesma facilidade um computador com macOS ou Linux para o Ethereum. Caso tenha um macOS ou um Linux, as ferramentas deste capítulo também funcionarão em seu computador, embora os passos de instalação possam ser um pouquinho diferentes. O site de cada ferramenta dará instruções detalhadas para cada SO.

Comece instalando o cliente Ethereum. Escolhi o Go Ethereum (Geth) como o cliente Ethereum que você usará neste livro. O Geth está escrito na linguagem Go e permite a execução de um nó completo do Ethereum, o que significa que você terá acesso ao blockchain inteiro do Ethereum e também executará um EVM local. O Geth lhe dá o recurso para minerar ETH, para criar transações e contratos inteligentes, e examinar quaisquer blocos no blockchain. Todas as outras ferramentas que você instalará neste capítulo dependerão do Geth para disponibilizar o EVM local e permitir o acesso a todos os blocos do blockchain.

PAPO DE ESPECIALISTA

O site do Geth disponibiliza instaladores para os sistemas operacionais Microsoft Windows, macOS e Linux. Você também pode baixar o código-fonte do Geth e desenvolvê-lo para seu próprio ambiente customizado. Caso esteja interessado em explorar outros dispositivos além dos computadores, faça uma pesquisa na internet e encontrará facilmente instruções sobre como configurar o Geth em smartphones ou em um Raspberry Pi. Essa é a vantagem de usar ferramentas com código aberto.

Comece baixando e instalando o Geth:

1. Abra seu navegador, acesse https://ethereum.github.io/go-ethereum [conteúdo em inglês] e clique ou toque em Downloads no topo da página.

Seu navegador apresentará algo como a Figura 4-1.

FIGURA 4-1: Página de Download do Go Ethereum (Geth).

2. Clique ou toque no botão Geth para seu sistema operacional.

Como neste tutorial estou configurando um computador com o Microsoft Windows, selecionei Geth 1.9.7 for Windows. (Quando configurar seu computador, talvez haja uma nova versão do Geth. Sempre baixe e instale a versão estável mais recente de cada ferramenta.)

3. **Abra o arquivo executável que acabou de baixar.**

4. **Clique ou toque em I Agree (Concordo) na Licença Pública Geral — GNU General Public License.**

LEMBRE-SE

Sempre leia qualquer termo antes de concordar com seu conteúdo.

5. **Marque a caixa de seleção Development Tools (Ferramentas de Desenvolvimento), mostrada na Figura 4-2, e clique ou toque no botão Next (Próximo).**

Esteja certo de que escolheu instalar as ferramentas de desenvolvimento nessa janela antes de continuar.

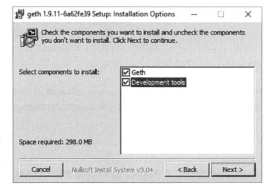

FIGURA 4-2:
Janela Opções de Instalação.

6. **Se quiser instalar o Geth em uma pasta diferente da que é exibida, faça a alteração como desejado.**

7. **Para começar o processo de instalação, clique ou toque no botão Install (Instalação).**

8. **Quando a instalação terminar, clique ou toque no botão Close (Fechar).**

Após ter instalado o Geth, você pode executá-lo para começar o EVM e fazer a sincronização com o blockchain público do Ethereum.

Há muitas opções disponíveis de inicialização do Geth, mas a única de que precisa por ora é `syncmode`, que diz ao Geth quanto baixará do blockchain. Essa opção tem os três valores a seguir:

» **`full`:** Baixa e valida o blockchain inteiro. Essa opção é a que demanda mais tempo e espaço no disco, mas pode fornecer as respostas mais rápidas porque um nó completo nunca precisa solicitar a outros nós os blocos que estão faltando.

» **`fast`:** Baixa e valida os cabeçalhos dos blocos e os dados para as últimas mil transações. Essa opção é uma boa escolha quando você quer conservar algum espaço no disco, mas também armazenar localmente os blocos mais recentes.

» **`light`:** Baixa apenas o estado atual do blockchain e solicita aos outros nós quaisquer blocos que estejam faltando, quando necessários. Essa opção permite que você opere o Ethereum com o mínimo de espaço em disco possível.

Por ora, você usará a opção light do `syncmode` para o Geth. Para iniciar o Geth no modo light, siga estes passos:

1. Abra o prompt de comando ou o prompt PowerShell.

Para abrir um prompt de comando, digite **cmd** na barra de pesquisa no canto inferior esquerdo de sua área de trabalho e clique ou toque na opção Prompt de Comando. Para abrir um prompt PowerShell, digite **PowerShell** na barra de pesquisa e selecione ou toque na opção PowerShell.

2. Mude o diretório atual de trabalho para o diretório de instalação do Geth.

Caso tenha instalado o Geth no local padrão, digite o seguinte e pressione Enter:

```
cd 'C:\Program Files\Geth\'

ou

cd 'C:\Arquivos de Programas\Geth\'
```

3. Digite o seguinte e pressione Enter:

```
.\geth --syncmode "light"
```

Esse comando abre o Geth no modo light. Esteja certo de que digitou dois hifens antes de `syncmode`. A Figura 4-3 mostra o comando Geth para inicializar um nó light no Ethereum.

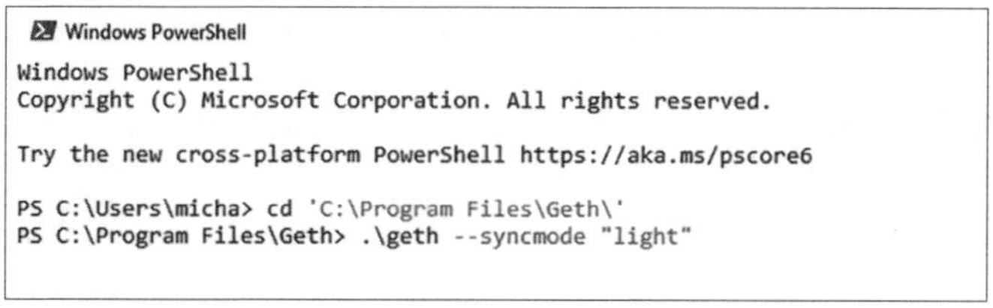

FIGURA 4-3:
Comando
de iniciali-
zação do
nó light do
Geth.

```
Windows PowerShell
Windows PowerShell
Copyright (C) Microsoft Corporation. All rights reserved.

Try the new cross-platform PowerShell https://aka.ms/pscore6

PS C:\Users\micha> cd 'C:\Program Files\Geth\'
PS C:\Program Files\Geth> .\geth --syncmode "light"
```

CAPÍTULO 4 **Implementando a Análise de Blockchain nas Empresas** 65

Quando o Geth inicializa, ele estabelece uma conexão com a rede Ethereum e começa a sincronizar o blockchain atual. O Geth mostra mensagens em cada estágio de seu processo de inicialização para que você veja o que está acontecendo. A Figura 4-4 mostra como são essas mensagens.

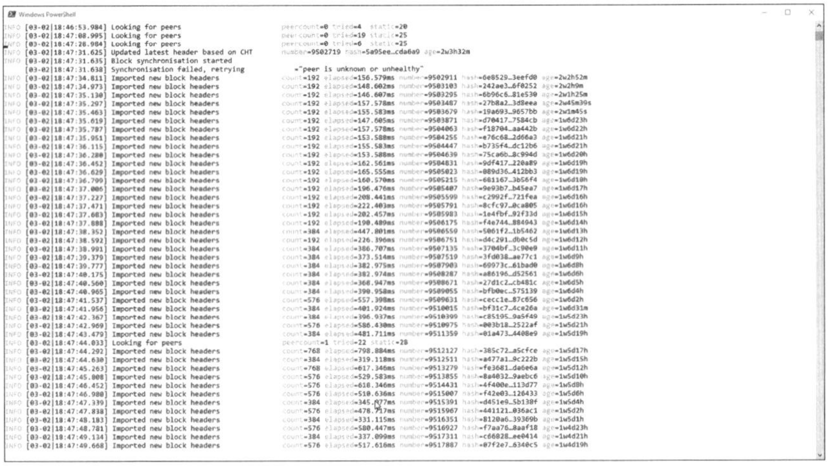

FIGURA 4-4: Mensagens com o Geth em execução.

Após o Geth ter se sincronizado ao blockchain, você estará pronto para usar o cliente blockchain do Geth para obter e analisar dados ao vivo do blockchain.

Instalando o Blockchain Teste

À medida que desenvolve e avalia os modelos analíticos, é importante não implantar qualquer código no blockchain ao vivo nem inicializar rotinas de longa execução até que tenha certeza de que tudo está funcionando corretamente. É preciso antes testar seu código em algum ambiente que não esteja ao vivo. Você precisará de um blockchain para usar durante o processo de desenvolvimento e testes. Os clientes Ethereum, incluindo o Geth, por padrão, conectam-se ao blockchain Ethereum público e principal, mas você pode se conectar a outros blockchains também. É possível alterar facilmente as configurações de conexão para fazer o desenvolvimento e os testes.

Várias ferramentas facilitam a criação e o gerenciamento dos blockchains teste. Escolhi o Ganache para nosso ambiente blockchain de testes. De acordo com o site (https://truffleframework.com/ganache — conteúdo em inglês), "Ganache é um blockchain pessoal para o desenvolvimento do Ethereum que você pode usar para implantar contratos, desenvolver seus aplicativos e executar testes". O Ganache inclui um conjunto útil de ferramentas para explorar o conteúdo do blockchain.

66   PARTE 1 **O Beabá da Análise e do Blockchain**

PAPO DE ESPECIALISTA

Você não está limitado aos executáveis pré-desenvolvidos do Ganache. Como ele é um produto de código aberto, você também pode baixar seu código-fonte e desenvolvê-lo para seu próprio ambiente personalizado.

Para baixar e instalar o Ganache, siga os passos:

1. **Abra seu navegador e acesse `https://truffleframework.com/gana-che` [conteúdo em inglês].**

   Seu navegador mostrará uma imagem como a da Figura 4-5.

FIGURA 4-5: Página de download do Ganache.

2. **Clique ou toque no botão Download (Windows) para baixar o instalador para Windows.**

3. **Abra o arquivo executável que acabou de baixar.**

4. **Para começar o processo de instalação, clique ou toque no botão Install (Instalar).**

   O Ganache abrirá quando a instalação terminar.

5. **Decida se habilitará as análises e clique ou toque no botão Continue (Continuar).**

   Como essa é a primeira vez que está abrindo o Ganache, será perguntado sobre o rastreamento Google Analytics, como mostrado na Figura 4-6. Você não precisa fazer isso, mas permitir a análise ajuda a equipe de desenvolvimento do Ganache a aprender como as pessoas o utilizam de formas diferentes.

CAPÍTULO 4 Implementando a Análise de Blockchain nas Empresas   67

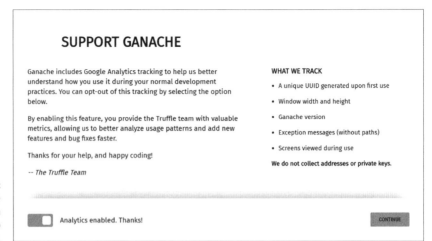

FIGURA 4-6: Janela de suporte da análise do Ganache.

6. **Quando o Ganache abrir, clique ou toque em Quickstart.**

   Você verá a janela principal de Contas (Accounts) com informações básicas do servidor e uma lista de contas, como mostrado na Figura 4-7. Como o propósito da instalação do Ganache é criar seu próprio blockchain, você precisará de pelo menos uma conta para acessar o blockchain. O Ganache cria dez contas para você, com o saldo de 100.0 ETH em cada uma. É possível criar mais contas e alocar a quantia necessária de ETH para testarem quaisquer contratos inteligentes que escrever.

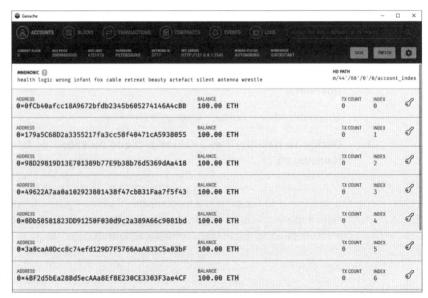

FIGURA 4-7: Janela de contas do Ganache.

68 PARTE 1 **O Beabá da Análise e do Blockchain**

Basta isso para criar seu próprio blockchain Ethereum no Ganache. Obviamente, esse blockchain é local para seu computador e não é distribuído para outros nós. E como não há outros nós nessa rede, não há mineradores. Esse blockchain é configurado para se *autominerar*, o que significa que quaisquer novas transações são processadas imediatamente. Essa configuração facilita o teste de seus modelos e contratos inteligentes que acessam outros contratos inteligentes sem ter de pagar aos mineradores para processar suas transações.

Quando estiver pronto para começar a desenvolver softwares para o Ethereum, você precisará dizer ao seu cliente e às outras ferramentas qual blockchain usar. Vejamos onde seu novo blockchain no Ganache está localizado. No Ganache, clique ou toque no ícone de configurações (a engrenagem) no canto superior direito para abrir a janela Ganache Settings. A Figura 4-8 apresenta a aba Server (Servidor) da janela Ganache Settings.

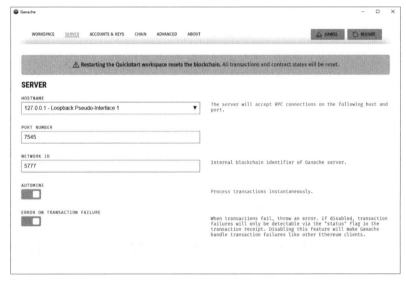

FIGURA 4-8: Aba Server da janela de configurações do Ganache.

Você consegue ver onde outras ferramentas podem encontrar seu blockchain. Os valores Hostname (nome do Host), Port Number (Número da Porta) e Network ID (ID na Rede) mostram do que você precisa sempre que quer que outra ferramenta use esse blockchain. Você não precisa desses valores ainda, mas agora sabe onde encontrá-los.

Perceba também a configuração Automine (Automineração), que está habilitada por padrão. Antes de implantar seu software em um blockchain ao vivo, você pode desabilitar essa configuração e inserir um número de segundos de atraso entre a adição de novos blocos ao blockchain. Especificar manualmente um atraso entre as criações de blocos ajuda a simular o efeito dos mineradores que você encontrará em um blockchain ao vivo. O teste ficará mais complexo, mas também mais realista.

DICA

Antes de fechar a janela Settings (Configurações), veja as configurações nas outras abas: Workspace (Área de Trabalho), Accounts & Keys (Contas e Chaves), Chain (Cadeia), Advanced (Avançado) e About (Sobre). O guia Ganache Quickstart tem detalhes sobre essas configurações. Disponível [com conteúdo em inglês] em `https://truffleframework.com/docs/ganache/quickstart`.

Instalando o Ambiente de Testes

O processo de desenvolvimento de software é composto por múltiplos passos. Além de escrever o código-fonte, você precisa compilar o código, implantá-lo em um ambiente de testes, testar o código e avaliar como se dá o desempenho dele perante suas especificações. Depois, é necessário corrigir quaisquer falhas e repetir o processo de teste até ficar satisfeito com a operação do código.

Depois de completar os testes, é preciso transicionar seu software de um ambiente de testes para um ambiente real, ao vivo. Para isso, você precisa enviar seus contratos inteligentes para um blockchain ao vivo e alocar qualquer outro código onde seus clientes possam acessá-lo. Todas as tarefas relacionadas aos testes e à aplicação devem ser o mais repetidas e automatizadas possível. Uma estrutura abrangente de testes ajuda a padronizar essas tarefas e deixar todo o processo de desenvolvimento mais gerenciável.

Escolhi o Truffle como o ambiente de testes que você usará nos exemplos deste livro. Talvez tenha percebido que a rede de testes Ethereum, o Ganache, é parte do Pacote Truffle. Um dos motivos de eu ter escolhido tanto o Truffle quanto o Ganache é devido à fácil integração dessas ferramentas. No restante desta seção, você aprenderá como instalar o Truffle.

Preparando-se para instalar o Truffle

Antes de instalar o Truffle, é preciso ter certeza de que seu computador atende aos pré-requisitos. Abra seu navegador e acesse `https://truffleframework.com/docs/truffle/getting-started/installation` [conteúdo em inglês] para ver os requisitos de instalação do Truffle, mostrados na Figura 4-9.

FIGURA 4-9: Requisitos de instalação do Truffle.

O principal requisito para o Truffle é ter instalado o NodeJS versão 8.9.4 ou superior. NodeJS é um projeto de código aberto que fornece um ambiente de execução de códigos escritos em JavaScript. O JavaScript foi originalmente projetado para rodar em navegadores de internet, mas o NodeJS facilita a execução do código JavaScript fora de um navegador.

É fácil descobrir se o NodeJS está instalado. Abra o prompt de comandos ou a janela do PowerShell, digite o comando `node` e pressione Enter. Você terá uma mensagem simples no prompt > ou uma mensagem de erro, dizendo que o NodeJS não está instalado. A Figura 4-10 mostra a mensagem de erro que você verá no PowerShell do Windows, caso ele não esteja instalado.

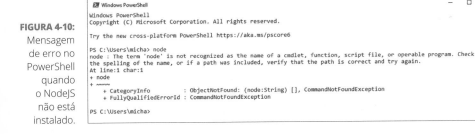

FIGURA 4-10: Mensagem de erro no PowerShell quando o NodeJS não está instalado.

Se já tiver o NodeJS instalado, pule para a próxima seção, "Baixando e instalando o Truffle". Caso o NodeJS não esteja instalado, siga estas instruções:

1. Abra seu navegador e acesse `https://nodejs.org/en/` [conteúdo em inglês].

Você verá algo parecido com a Figura 4-11. O site do NodeJS detecta seu sistema operacional e sugere as versões adequadas. Como estou usando o Microsoft Windows, vi os links para o Windows.

FIGURA 4-11:
Página de download do NodeJS.

2. **Clique ou toque no botão para a versão desejada para baixar o instalador do Windows.**

   Você pode baixar a versão mais recente ou a versão recente e mais estável (suporte em longo prazo, ou LTS — long-term support). Escolhi a versão LTS para os exemplos deste livro. (Ao configurar seu computador, talvez haja uma nova versão do NodeJS. Você deve baixar e instalar a versão LTS mais recente.)

   LEMBRE-SE

   Se quiser instalar o NodeJS em um computador que não tenha o Microsoft Windows ou se quiser desenvolver sua própria versão, clique ou toque no link Other Downloads (Outros Downloads). O link o levará a uma página com opções para baixar o código-fonte ou os pacotes de instalação para diversos SOs.

3. **Abra o arquivo executável que acabou de baixar.**

   Clique ou toque no botão Next (Próximo) para iniciar o processo de instalação.

4. **Leia o termo de usuário final, aceite-o e clique ou toque em Next.**

5. **Selecione as opções de instalação do NodeJS nas próximas três janelas:**

   a. *Insira um destino de instalação (ou aceite o padrão) e clique ou toque em Next.*

   b. *Na janela Custom Setup (Configuração Customizada) que aparece, clique ou toque em Next para aceitar os padrões.*

   c. *Na próxima janela, selecione ou toque na opção Automatically Install the Necessary Tools (Instalar Automaticamente as Ferramentas Necessárias) e clique ou toque em Next.*

72 PARTE 1 **O Beabá da Análise e do Blockchain**

6. **Para instalar o NodeJS, clique ou toque em Install (Instalar).**

7. **Para completar a instalação do NodeJS, clique ou toque em Finish (Concluir).**

8. **Instale as ferramentas do NodeJS.**

    Pressione ou toque em qualquer tecla nas próximas duas janelas para executar os scripts e instalar as ferramentas adicionais do NodeJS.

É possível verificar se o NodeJS está instalado com um único comando. Abra o prompt de comandos ou a janela PowerShell, digite o comando a seguir e pressione Enter:

```
node --version
```

Desta vez, ao executar o comando node, você deve ver uma mensagem mostrando a versão instalada do NodeJS. A Figura 4-12 mostra a mensagem da versão no PowerShell do Windows.

FIGURA 4-12: Mensagem da versão do NodeJS.

Após a instalação do NodeJS, estará pronto para instalar o Truffle.

Baixando e instalando o Truffle

O ambiente do NodeJS facilita encontrar e baixar novos pacotes, incluindo o Truffle. O processo de instalação do Truffle exige que você insira apenas um único comando.

Para instalar o Truffle, abra o prompt de comandos ou a janela do PowerShell, digite o comando a seguir e pressione Enter:

```
npm install -g truffle
```

A Figura 4-13 mostra esse comando e os resultados. O Truffle é instalado e está quase pronto para ser usado.

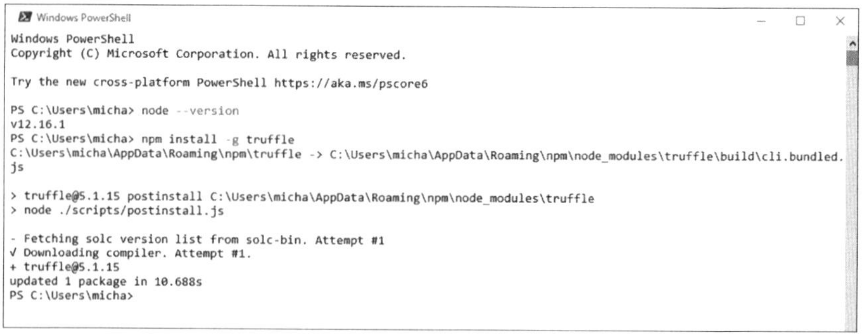

```
Windows PowerShell                                                                    —  □  ×

Windows PowerShell
Copyright (C) Microsoft Corporation. All rights reserved.

Try the new cross-platform PowerShell https://aka.ms/pscore6

PS C:\Users\micha> node --version
v12.16.1
PS C:\Users\micha> npm install -g truffle
C:\Users\micha\AppData\Roaming\npm\truffle -> C:\Users\micha\AppData\Roaming\npm\node_modules\truffle\build\cli.bundled.
js

> truffle@5.1.15 postinstall C:\Users\micha\AppData\Roaming\npm\node_modules\truffle
> node ./scripts/postinstall.js

- Fetching solc version list from solc-bin. Attempt #1
√ Downloading compiler. Attempt #1.
+ truffle@5.1.15
updated 1 package in 10.688s
PS C:\Users\micha>
```

FIGURA 4-13:
Instalando o
Truffle.

O Truffle organiza as atividades de desenvolvimento em projetos, assim você pode trabalhar em múltiplos projetos com requisitos diferentes de configuração. Por exemplo, seria possível configurar um blockchain diferente de testes para cada um dos diversos projetos. Veremos o básico da configuração de um projeto no Truffle.

Cada projeto deve ter sua própria pasta. A primeira coisa a fazer para configurar um projeto no Truffle é criar uma pasta do projeto. Se preferir baixar os arquivos do projeto, em vez de criar um novo projeto vazio, acesse o site da Alta Books, www.altabooks.com.br, digite o título do livro e baixe o arquivo para um diretório de sua escolha. Para criar um novo projeto vazio chamado bcAnalytics, por exemplo, abra o prompt de comando ou a janela do PowerShell, digite o comando a seguir e pressione Enter:

```
mkdir bcAnalytics
```

Torne a pasta do novo projeto seu diretório atual digitando o seguinte comando e pressionando Enter:

```
cd bcAnalytics
```

Então, para inicializar seu novo projeto no Truffle, insira o seguinte comando e pressione Enter:

```
truffle init
```

A Figura 4-14 mostra esses comandos para inicializar um novo projeto no Truffle.

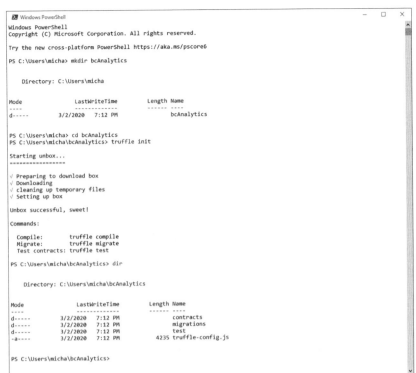

FIGURA 4-14: Inicializando um novo projeto no Truffle.

Pronto! Agora você já tem um novo projeto no Truffle chamado bcAnalytics. É tudo o que fará agora. Você pode usar o Explorador de Arquivos (File Explorer) ou o comando `dir` para ver a pasta do bcAnalytics, os arquivos e as novas pastas que o Truffle criou. Quando começar a escrever seus próprios contratos inteligentes, você aprenderá mais sobre como o Truffle os usa para definir projetos, mas por ora está pronto para instalar a última ferramenta para completar seu ambiente de desenvolvimento no Ethereum.

Instalando o IDE

Agora que todas as peças fundamentais estão no lugar, você está praticamente pronto para começar a escrever o código. A parte mais visível do desenvolvimento de softwares é a escrita do código-fonte. Muitos desenvolvedores consideram essa tarefa como o primeiro passo produtivo no processo de desenvolvimento de softwares, mas isso está longe de ser verdade. Antes de começar a escrever qualquer código, é necessário planejar e projetar de forma cuidadosa e completa seu aplicativo ou aplicação.

Você economizará muito mais tempo no processo de desenvolvimento ao planejar antes de qualquer outra coisa. O planejamento reduzirá o número de vezes que terá que refazer o código quando o que escreveu pela primeira vez não fizer tudo de que precisava.

Após ter um plano minucioso e saber qual código precisa escrever para cumprir com os objetivos de seu aplicativo, você estará pronto para começar a escrever o código-fonte que se tornará seu aplicativo final. Embora possa usar qualquer editor de texto para escrever códigos em Solidity, há muitas ferramentas disponíveis que facilitam suas atividades de desenvolvimento. Um ambiente de desenvolvimento integrado (integrated development environment — IDE) é um supereditor que não apenas permite a criação e a edição de códigos, mas também disponibiliza muitos recursos de suporte conforme você digita, como preenchimento automático de código e ajuda com sintaxe. Um bom IDE pode economizar muito do seu tempo e ajudá-lo a escrever um código melhor.

DICA

Use um editor ou um IDE com o qual se sinta confortável. Experimente diversas opções antes de definir qual ferramenta usará.

Para os exercícios deste livro, você usará o IDE Microsoft Visual Studio Code para escrever o código-fonte. Para baixar e instalar o Visual Studio Code, siga estes passos:

1. **Abra seu navegador e acesse `https://code.visualstudio.com/` [conteúdo em inglês].**

   Seu navegador mostrará algo como a Figura 4-15.

FIGURA 4-15: Página de download do Microsoft Visual Studio Code.

76 PARTE 1 **O Beabá da Análise e do Blockchain**

2. **Clique ou toque no botão Download for Windows.**

   Se quiser instalar o Visual Studio Code em um computador que não esteja usando o Microsoft Windows, clique ou toque na seta para baixo perto do botão Download for Windows. Você verá uma lista de links para baixar o arquivo de instalação do Visual Studio Code para macOS, Windows e Linux.

3. **Abra o arquivo executável que acabou de baixar clicando no botão Next (Próximo) na janela de configuração, Setup — Visual Studio Code.**

4. **Leia e aceite os termos da licença, clique ou toque em Next.**

5. **Selecione as opções de instalação do Visual Studio Code nas próximas três janelas.**

   a. *Insira o destino da instalação (ou aceite o padrão) e clique ou toque em Next.*

   b. *Na janela Select Start Menu Folder (Selecione a Pasta no Menu Iniciar), clique ou toque em Next para aceitar os padrões.*

   c. *Na próxima janela, se quiser colocar um atalho para o Visual Studio Code em sua área de trabalho, selecione ou toque na opção Create a Desktop Icon (Criar um Ícone na Área de Trabalho). Depois, clique ou toque em Next.*

6. **Para instalar o Visual Studio Code, reveja suas opções de instalação (veja a Figura 4-16) e clique ou toque em Install (Instalar).**

   Suas configurações devem estar iguais às da Figura 4-16, com exceção do local de destino.

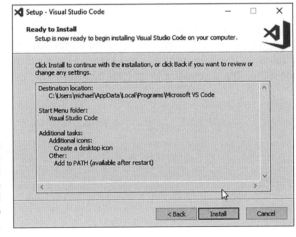

FIGURA 4-16: Janela de opções de instalação do Visual Studio Code.

CAPÍTULO 4 **Implementando a Análise de Blockchain nas Empresas** 77

7. **Quando terminar a instalação do Visual Studio Code, clique ou toque em Finish (Concluir) para completar o processo de instalação e abrir o IDE do Visual Studio Code.**

O IDE do Visual Studio (VS) Code está instalado. A Figura 4-17 mostra a página inicial padrão e a janela de Boas-vindas (Welcome). Essa janela contém muitas informações úteis para começar a usar o IDE VS Code.

FIGURA 4-17: Área de trabalho do IDE do Visual Studio Code.

DICA

Se fechar a janela Welcome, sempre poderá abri-la novamente no menu Help (Ajuda). É a opção no topo do menu Help.

Ainda há outro passo para concluir a instalação de seu ambiente de desenvolvimento no Ethereum. Para usar o destaque de sintaxe, o preenchimento automático e outros recursos do VS Code, é necessário instalar uma extensão para que o VS Code entenda a Solidity. A maneira mais fácil de fazer isso é direto do IDE.

Na margem esquerda da página inicial do VS Code, clique ou toque no ícone Extensions (Extensões) — o quadrado dentro do quadrado. Na caixa de texto Search Extensions in Marketplace (Procurar Extensões na Loja), digite **Solidity**. Uma lista de extensões que se relacionam com sua pesquisa aparecerá. Encontre a extensão com o título "Ethereum Solidity Language for Visual Studio Code by Juan Blanco" (Linguagem Solidity Ethereum para o Visual Studio Code Feita por Juan Blanco) e clique ou toque no botão verde Install para a extensão. Quando terminar de instalar a extensão da Solidity, a janela do seu VS Code estará igual à Figura 4-18.

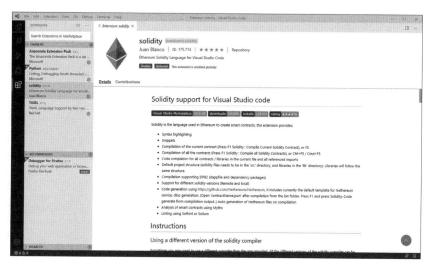

FIGURA 4-18: O IDE do Visual Studio Code com a extensão Solidity.

Parabéns! Você criou com sucesso um ambiente de desenvolvimento de aplicativos com Solidity no Ethereum. Agora está pronto para começar a criar modelos analíticos de blockchain.

NESTE CAPÍTULO

» **Avaliando seu laboratório de blockchain**

» **Examinando as opções de cliente de análise**

» **Acrescentando um cliente de análise ao seu laboratório de blockchain**

» **Criando um blockchain local**

Capítulo **5**

Interagindo com os Dados do Blockchain

No Capítulo 4, você criou um ambiente de laboratório com suporte para o desenvolvimento do blockchain no Ethereum. Com um laboratório totalmente funcional, você pode desenvolver, testar e até implantar seus próprios contratos inteligentes. É possível criar seu próprio blockchain local ou se conectar a um dos diversos blockchains públicos. Você precisa de uma plataforma estável de blockchain para realizar qualquer tipo de análise de blockchain. Em sua essência, o processo analítico é simples: obter dados interessantes de um blockchain, criar um modelo para analisar os dados e executar seu modelo para buscar informações que seus dados possam revelar.

Embora o processo pareça simples, cada passo tem seus próprios obstáculos. É por isso que estamos indo devagar. Passamos bastante tempo explorando quais tipos de dados são armazenados em um blockchain, e espero que você esteja matutando sobre como esses dados poderiam revelar informações interessantes. Independentemente de sua intenção ser realizar a análise em dados de blockchains públicos ou privados, o processo fundamental é o mesmo. Primeiro, explore os dados para identificar dados interessantes. Segundo, crie um modelo para dar sentido a seus dados e obtenha os que forem necessários para seu modelo. Terceiro, use o modelo para realizar o processo de análise e apresentar os resultados. Você aprenderá muito mais sobre cada passo no restante deste livro, mas antes de podermos passar para a criação de modelos, precisamos de uma maneira de obter os dados do blockchain e realizar o processo de análise.

Seu laboratório de blockchain fornece o lado do servidor do repositório de dados, mas você ainda não tem um componente em seu ecossistema para interagir eficientemente com os dados do blockchain. Embora seu ambiente de testes permita testar um código de contrato inteligente, ele não dá uma maneira de acessar e avaliar facilmente seus dados no blockchain. Neste capítulo, você aprenderá como identificar, instalar e configurar um cliente de análise que será usado para criar modelos de modo a analisar os dados de seu blockchain.

Explorando o Ecossistema de Análises no Blockchain

No Capítulo 4, você montou um laboratório de blockcain, que incluía um cliente Ethereum (Geth), um blockchain teste (Ganache), uma estrutura de testes (Truffle) e um IDE (VS Code). Esses componentes lhe dão a habilidade de desenvolver, testar e empregar os contratos inteligentes do Ethereum, e disponibilizar a essência de um aplicativo descentralizado (dApp).

A única peça que está faltando nesse quebra-cabeças é o componente do cliente usuário final. Embora o Truffle permita interagir com o blockchain Ethereum, o processo não é fácil nem elegante. Para desenvolver um dApp viável ou qualquer aplicativo que interaja com um blockchain, você deve acrescentar outro componente ao seu laboratório: uma maneira eficiente de escrever código que grava no blockchain e, o mais importante, lê a partir dele. Você está prestes a aprender algumas ótimas opções que permitem interagir facilmente com os dados do blockchain.

82   PARTE 1 **O Beabá da Análise e do Blockchain**

Avaliando seu laboratório de blockchain

Seu laboratório existente consiste em diversas partes importantes:

» **Geth:** O cliente Geth (Go Ethereum) implementa o EVM em um dispositivo local. EVM é o software que executa o código de contratos inteligentes e transforma um computador ou um dispositivo em um nó do blockchain. Podemos usar o Geth para nos conectar à rede mainnet ao vivo do Ethereum, a qualquer uma das redes públicas de testes ou outra rede do Ethereum (pública ou privada).

» **Ganache:** Este é um dos dois produtos que escolhemos do Pacote Truffle. O Ganache fornece um blockchain local e privado que é muito útil para desenvolver e testar contratos inteligentes. Ele também inclui boas ferramentas, como o explorador de blocos, que você usará para examinar o conteúdo de um bloco que ajuda a criar modelos eficientes de análise.

» **Truffle:** Truffle é um framework de desenvolvimento de contratos inteligentes. Você não usará todos os recursos maravilhosos do Truffle neste livro, mas terá um bom gostinho (de trufa... me desculpem o trocadilho!) de como ele pode ajudar no processo geral de desenvolvimento de contratos inteligentes.

» **Visual Studio Code:** VS Code é um dos vários IDEs que você pode usar para escrever código em muitas linguagens. Escolhi o VS Code porque ele facilita a escrita de programas e scripts em Solidity (para contratos inteligentes), e modelos analíticos (usaremos Python). Ele também lida facilmente com muitas outras linguagens e formatos de arquivos, como os arquivos de texto delimitado.

Talvez você esteja se perguntando o que pode fazer com seu laboratório de blockchain neste momento e por que precisa acrescentar ferramentas de modo a estar pronto para criar modelos analíticos. Tudo o que você tem lhe dá as ferramentas e o ecossistema para desenvolver, testar e empregar contratos inteligentes em um blockchain local ou remoto. Isso quer dizer que você pode criar seu próprio blockchain ou se conectar à rede de outra pessoa e criar transações por meio de seus próprios contratos inteligentes.

Mas você ainda não tem uma maneira conveniente de interagir com os contratos inteligentes. Embora o Truffle permita chamar as funções dos contratos inteligentes a partir do console, não é algo bonitinho. A interface de linha de comando foi disponibilizada por sua simplicidade e valor útil, não por sua elegância de interface de usuário. Para interagir com os dados do blockchain, é necessário ter uma forma mais conveniente de obter os dados e criar transações que acabarão em novos blocos.

O único componente adicional para acrescentar ao seu laboratório de blockchain é um cliente de análises. Chamo-o assim para fazer uma distinção do cliente Ethereum. O Geth, seu cliente Ethereum, implementa o EVM que transforma seu computador ou dispositivo em um nó da rede Ethereum e executa o código de contratos inteligentes. Os clientes Ethereum são clientes sob a perspectiva do blockchain, mas também podem ser vistos como um componente do servidor sob a perspectiva do usuário final.

Identificando as opções de cliente de análise

Há muitas opções disponíveis de clientes de análise. O principal requisito é que o cliente forneça acesso aos dados do blockchain. É um requisito vago e que pode ser atendido de muitas maneiras. Em geral, ao escolher uma opção de cliente, é preciso abrir mão da facilidade de uso ou da flexibilidade. As opções que são fáceis de usar geralmente dão menos escolhas e flexibilidade. Isso faz sentido, porque dar mais opções quase sempre deixa as coisas mais complexas. Mas se quiser o máximo de flexibilidade que permita a criação de modelos detalhados, quase sempre terá de abrir mão de certa facilidade de uso.

Ao realizar análises em qualquer ambiente, geralmente há três opções, cada uma com vantagens, desvantagens e custos:

» **Contrate alguém para fazer o trabalho.** Esta opção é, de longe, a mais cara, porém a mais fácil. Ao terceirizar sua análise, você evitará grande parte dos investimentos no ecossistema e em tempo. Se trabalhar bem com a pessoa ou a empresa que realiza as análises e puder criar especificações detalhadas (se tiver o orçamento), essa pode ser uma boa opção para você.

» **Use uma ferramenta de análise de blockchain existente.** Há uma lista cada vez maior de ferramentas de outros produtos de software que têm suporte para a análise de blockchain. Muitas ferramentas são específicas para as implementações do blockchain (em especial Bitcoin ou Ethereum) e geralmente focam apenas um tipo de dados. Pode ser válido analisar algumas dessas ferramentas para ver se atendem a suas necessidades. A Tabela 5-1 apresenta uma lista parcial dessas ferramentas disponíveis.

» **Desenvolva seus próprios modelos do zero.** Esta última opção é a que uso neste livro. Escrever código para desenvolver seu próprio modelo é sempre a opção mais lenta (com respeito ao tempo investido do design até a implantação), mas dá uma flexibilidade imbatível. Quando você escreve seu próprio código, é possível criar modelos sob medida para suas necessidades. Mesmo com essa última opção, diversas outras estão disponíveis. A decisão certa depende de sua escolha de linguagem e nível de conforto com os recursos disponíveis. A Tabela 5-2 lista diversas bibliotecas populares que você pode usar para escrever seu próprio código para interagir com um blockchain.

84   PARTE 1 **O Beabá da Análise e do Blockchain**

TABELA 5-1   Ferramentas de Análise de Blockchain

Produto	Descrição	Onde Encontrar [conteúdos em inglês]
Chainalysis	Empresa oferecendo diversos produtos com foco na associação entre identidades do mundo real e atividades no blockchain.	`www.chainalysis.com`
CipherTrace	Soluções com suporte a investigações forenses no blockchain.	`https://ciphertrace.com/`
Crystal	Soluções de análise para dar suporte às necessidades de due diligence e compliance.	`https://crystalblockchain.com/`
Neutrino	Provedor de serviços de análises centrado no Bitcoin (adquirido pela Coinbase em 2019).	`https://neutrino.global/`
OXT	Ferramenta de análise centrada no Bitcoin para suporte aos requisitos financeiros.	`https://oxt.me/`
SAS Visual Investigator	Ferramenta de análise para propósitos gerais com suporte para investigações forenses e requisitos de compliance.	`www.sas.com/en_us/software/ intelligence-analytics- visual-investigator.html`

TABELA 5-2   Bibliotecas de Acesso ao Blockchain Ethereum

Biblioteca	Descrição	Onde Encontrar [conteúdo em inglês]
web3.js	A biblioteca mais popular de JavaScript usada para interagir com os contratos inteligentes no Ethereum.	`https://github.com/ethereum/ web3.js/`
ethers.js	Uma alternativa de JavaScript à web3. js, baseada em lições aprendidas com as implantações e as implementações iniciais do Ethereum.	`https://github.com/ethers-io/ ethers.js/`
ethjs	Uma biblioteca leve de JavaScript que oferece um subconjunto de funcionalidades da web3.js ocupando muito menos espaço.	`https://github.com/ethjs/ ethjs`
web3.py	Uma implementação Python da popular biblioteca web3.js; escolhi usar esta, uma vez que Python é uma linguagem popular de análises.	`https://github.com/ethereum/ web3.py`

Escolhendo o melhor cliente de análises de blockchain

Não fique confuso com tantas opções disponíveis. O melhor cliente de análises de blockchain depende de suas necessidades. Antes de ver o tanto de soluções possíveis, tire um tempo para documentar claramente seus objetivos com a análise. Para começar, escreva uma pequena lista de objetivos que descrevam seus motivos para buscar respostas analíticas. Se não conseguir explicar claramente seus motivos para analisar dados, é muito provável que ainda não tenha refletido o suficiente. Você pode economizar muito tempo e dinheiro ao separar mais tempo para apresentar uma declaração de propósito nítida. Após ter feito isso, poderá tomar uma decisão mais adequada sobre qual é o melhor cliente de análises para suas circunstâncias e seus objetivos.

Como o propósito deste livro é explorar o básico da análise de blockchain, você usará as funções das bibliotecas de análise para criar seus modelos. Posteriormente, talvez decida usar um produto customizado ou até mesmo escrever o seu próprio do zero, mas ao realizar os exercícios deste livro, terá uma compreensão mais ampla sobre o que essas ferramentas estão fazendo por você.

Caso já tenha trabalhado com análises, é provável que tenha experiência no pacote estatístico R, na linguagem Python ou em ambos. Como Python é uma linguagem muito popular para a análise de dados, e uma das mais populares bibliotecas de blockchain do Ethereum é escrita em Python, escolhi usar a biblioteca Python, web3.py, como o cliente Ethereum que você usará nos exemplos do livro. Você também usará diversas bibliotecas de análise do Python para não precisar escrever cada modelo do zero. Mostrarei como instalar uma plataforma analítica chamada Anaconda, que vem com a maioria das bibliotecas do Python de que você precisará para criar vários modelos.

Se você já conhece o Python, poderá pular direto para o código que apresento. Caso não conheça, muitos recursos estão disponíveis para ajudá-lo a aprender rapidamente sobre essa linguagem poderosa. A seguir, veja cinco recursos para ajudá-lo a começar (alguns gratuitos e outros, pagos) [conteúdos em inglês]:

» **A Byte of Python:** Um livro online gratuito sobre programação em Python, disponível em `https://python.swaroopch.com/`.

» **Codecademy:** Um curso de 25 horas bem planejado e estruturado. Exige uma assinatura na Codecademy. Acesse `www.codecademy.com/learn/learn-python-3`.

» **Aula de Python do Google:** Um curso educacional do Google, incluindo vídeos, sobre o aprendizado de Python. Acesse `https://developers.google.com/edu/python/`.

- » **Learn Python the Hard Way:** Um livro clássico sobre a programação em Python. Este recurso não é gratuito, mas vale muito o preço. Visite `https://learnpythonthehardway.org/book/`.

- » **Envato Tuts+:** Um tutorial do Python com muitos links para recursos adicionais, disponível em `https://code.tutsplus.com/articles/the-best-way-to-learn-python--net-26288`.

- » **[N. T.]:** Recomendamos o livro *Começando a Programar em Python Para Leigos* — acesse `www.altabooks.com.br` — e o site `https://python.org.br/introducao/`, com muitos links para materiais e cursos em português.

Acrescentando Anaconda e Web3.js ao Seu Laboratório

Nesta seção, você acrescentará a plataforma Anaconda e a biblioteca `web3.py` ao seu laboratório analítico de blockchain. A plataforma Anaconda lhe dará um acesso fácil a uma coleção de ferramentas de software e às bibliotecas Python das quais precisará para os exemplos. A biblioteca `web3.py` permite escrever scripts em Python que chamam as funções dos contratos inteligentes e interagem com os dados do blockchain.

Caso não tenha criado seu laboratório, volte ao Capítulo 4 e siga as instruções para montar seu laboratório básico primeiro. Esta seção presume que você tem, pelo menos, o VS Code e o Ganache instalados.

Verificando os pré-requisitos da plataforma

Instalar os poucos componentes adicionais necessários em seu laboratório analítico de blockchain é fácil. No entanto, você já deve ter o Python instalado em seu computador. Nesta seção, primeiro verificaremos se o Python está instalado, depois, caso necessário, vamos instalá-lo.

LEMBRE-SE

Talvez você veja referências a Python 2 e Python 3. São as versões principais da linguagem Python. Tenha em mente que a versão Python 2.7 foi *descontinuada* (reclassificada como não mais usada) a partir do dia 1º de janeiro de 2020. Isso significa que você não deve instalar qualquer versão menor que 3.0, a menos que tenha algum software antigo específico que precise dela. Para todos os novos projetos, instale apenas a versão Python 3.0 ou superior.

Verificando a versão do Python instalada

Para ver se seu computador já tem o Python instalado, siga estes passos:

1. **Abra o prompt de comando ou o prompt PowerShell.**

   Para abrir um prompt de comando, digite **cmd** na barra de pesquisa no canto inferior esquerdo de sua área de trabalho e clique ou toque na opção Prompt de Comando. Para abrir um prompt PowerShell, digite **PowerShell** na barra de pesquisa e selecione ou toque na opção PowerShell.

2. **Digite o seguinte e pressione Enter:**

   ```
   python --version
   ```

   Esse comando mostrará a versão do Python instalada ou uma mensagem de erro indicando que Python não pode ser encontrado. A Figura 5-1 mostra que a versão Python 3.8.0 está instalada em meu computador.

FIGURA 5-1: Comando de versão do Python.

```
Windows PowerShell
Windows PowerShell
Copyright (C) Microsoft Corporation. All rights reserved.

Try the new cross-platform PowerShell https://aka.ms/pscore6

PS C:\Users\micha> python --version
Python 3.8.0
PS C:\Users\micha>
```

Caso o Python não esteja instalado, siga as instruções da próxima seção para instalá-lo antes de continuar. Caso uma versão menor que 3.0 esteja instalada, instale uma versão mais recente.

PAPO DE ESPECIALISTA

É possível instalar várias versões do Python em um computador. Em muitos casos, você pode instalar Python 2.7 e Python 3.*x* (onde *x* é o número menor de alguma versão maior que 0) em um único computador. Você pode alterar o PATH de seu sistema com base em qual versão quer executar ou usar o comando `python` para executar o Python 2.7 e o comando `python3` para executar o Python 3.x.

Instalando o Python (caso seja necessário)

Siga estes passos para baixar e instalar a linguagem Python em seu computador:

1. **Abra seu navegador, acesse `https://www.python.org` [conteúdo em inglês] e clique ou toque no link Downloads no topo da página.**

   Você verá uma página como a da Figura 5-2.

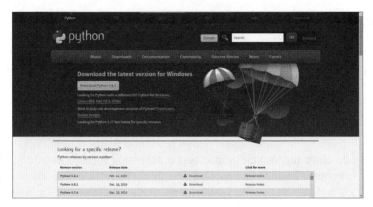

FIGURA 5-2:
Página de download do Python.

2. **Clique ou toque no botão Download.**

   Selecionei Python 3.8.0. (Quando estiver configurando seu computador, talvez haja uma nova versão do Python. Sempre baixe e instale a versão mais recente disponível.)

3. **Abra o arquivo executável que acabou de baixar.**

   A janela de configurações Python Setup aparecerá.

4. **Selecione ou toque na caixa de seleção Add Python to PATH (Adicionar Python ao PATH) — veja a Figura 5-3 — e clique ou toque em Install Now (Instalar Agora).**

FIGURA 5-3:
Janela de configurações do Python.

5. **Quando a instalação terminar, clique ou toque no botão Close (Fechar).**

CAPÍTULO 5 Interagindo com os Dados do Blockchain   89

Instalando a plataforma Anaconda

A *plataforma Anaconda* é um ambiente popular para criar e gerenciar projetos de data science usando as linguagens Python e R. Ao instalar o Anaconda, também são instalados automaticamente mais de 250 pacotes, incluindo praticamente todas as bibliotecas Python das quais você precisa para criar os modelos deste livro. Seria possível instalar cada biblioteca você mesmo, mas é mais fácil por meio da instalação do Anaconda.

Além de obter um monte de pacotes, o Anaconda fornece as interfaces GUI e de linha de comando, uma fácil integração com várias ferramentas analíticas e o poderoso gerenciador de pacotes Conda para instalar qualquer outra coisa necessária.

É fácil instalar o Anaconda. Você usará a versão de código aberto e gratuita do Anaconda chamada Anaconda Distribution. Para baixá-la e instalá-la, siga os passos:

1. **Abra seu navegador e acesse www.anaconda.com/distribution/ [conteúdo em inglês].**

   Você verá uma página parecida com a da Figura 5-4.

FIGURA 5-4: Página de download do Anaconda Distribution.

2. **Clique ou toque no botão Download e, na próxima página, clique ou toque no botão Download abaixo da versão Python 3.x.**

3. **Abra o arquivo executável que acabou de baixar e clique ou toque no botão Next (Próximo) na janela Setup — Anaconda (Configurar — Anaconda).**

4. **Leia e aceite o termo de licença e clique ou toque em I Agree (Concordo).**

5. **Selecione as opções de instalação do Anaconda nas próximas três janelas.**

   a. *Selecione ou toque na opção que indica se o Anaconda deve ser instalado para apenas seu usuário (Just Me) ou todos os usuários (All Users) e clique ou toque em Next.*

   b. *Informe o destino da instalação (ou aceite o padrão) e clique ou toque em Next.*

   c. *Selecione ou toque na opção Register Anaconda as My Default Python 3.x (Registrar Anaconda como Meu Python 3.x Padrão). Depois, clique ou toque em Install.*

6. **Quando acabar a instalação, clique ou toque em Next nas próximas duas janelas e clique ou toque em Finish para completar o processo de instalação e abrir o Anaconda.**

A Plataforma Anaconda está instalada agora. A Figura 5-5 apresenta a área de trabalho padrão do Anaconda Navigator. Essa janela contém links para ferramentas populares e diversas informações úteis para começar a usar o Anaconda.

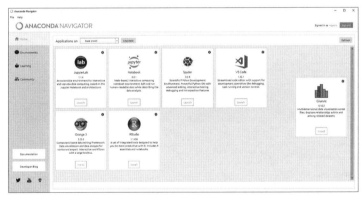

FIGURA 5-5: Área de trabalho do Anaconda Navigator.

DICA

É uma boa ideia configurar uma conta Anaconda Cloud. Após criar e acessar essa conta, você poderá compartilhar pacotes, notebooks e o ambiente completo com outros usuários (ou até com você mesmo, em outros computadores). Acesse `https://anaconda.org/` [conteúdo em inglês] para criar sua conta Anaconda Cloud e aprender mais sobre as vantagens.

Instalando a biblioteca Web3.py

Uma das bibliotecas que o Anaconda não inclui é a que você usará como seu cliente blockchain, a `web3.js`. É fácil instalá-la, precisando apenas de um único comando (PIP Installs Packages). Infelizmente, a funcionalidade `pip` não vem instalada como padrão no Anaconda, então é necessário fazer sua instalação primeiro.

A próxima tarefa para deixar sua biblioteca do blockchain Ethereum no Python disponível é instalar o pacote instalador para o Python, o `pip`, e depois usá-lo para instalar o pacote `web3.py`. Siga os passos para instalar os dois:

1. **Abra o navegador Anaconda. Nele, clique ou toque no botão Launch (Abrir) abaixo do VS Code para abrir o VS Code.**

   Para abrir um prompt de comando, digite **cmd** na barra de pesquisa no canto inferior esquerdo de sua área de trabalho e clique ou toque na opção Prompt de Comando. Para abrir um prompt PowerShell, digite **PowerShell** na barra de pesquisa e selecione ou toque na opção PowerShell.

2. **Clique ou toque em Terminal na barra de menu do VS Code e, depois, em New Terminal, para abrir uma nova janela do terminal.**

3. **Digite o seguinte no prompt da janela do terminal e pressione Enter:**

   ```
   conda install pip
   ```

   A Figura 5-6 mostra os resultados do comando `conda install pip`. Agora que já tem o comando `pip` instalado, você pode usá-lo para instalar a biblioteca `web3.py`.

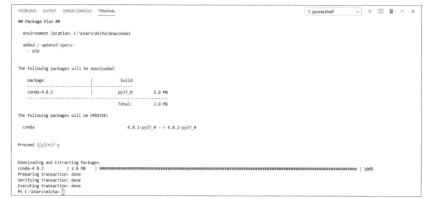

FIGURA 5-6: Comando conda install pip.

4. **Digite o seguinte no prompt da janela do terminal e pressione Enter:**

   ```
   pip install web3
   ```

   A Figura 5-7 mostra o comando `pip` para instalar `web3.py`.

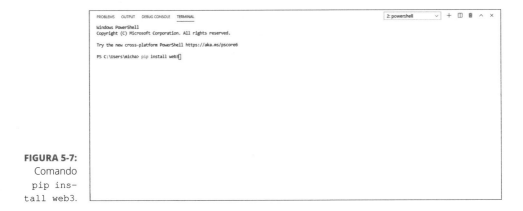

FIGURA 5-7: Comando pip install web3.

Configurando seu projeto analítico de blockchain

Os últimos passos antes que esteja pronto para começar a escrever código em Python para acessar um blockchain são configurar um projeto no VS Code. Siga os passos para criar um novo projeto e configurar o VS Code para o código analítico:

1. **Abra um prompt de comando ou o prompt PowerShell (ou abra um novo terminal no VS Code).**

2. **Para criar um novo diretório de projeto, digite o seguinte e pressione Enter:**

   ```
   mkdir blockchainlab
   ```

3. **Para ir ao diretório do projeto, digite o seguinte e pressione Enter:**

   ```
   cd blockchainlab
   ```

4. **Se ainda não estiver no VS Code, abra-o no navegador Anaconda.**

5. **Abra a pasta blockchainlab:**

   a. *Clique ou toque no botão Open Folder (Abrir Pasta) ou escolha File ⇨ Open Folder na barra do menu.*

   b. *Vá até a pasta blockchainlab que acabou de criar e clique ou toque em Select Folder (Selecionar Pasta) para abri-la no VS Code.*

CAPÍTULO 5 **Interagindo com os Dados do Blockchain**   93

A Figura 5-8 mostra os comandos para os Passos 1-3.

FIGURA 5-8: Comandos para criar um novo diretório de projeto.

Quando estiver no VS Code, é preciso mais um passo para completar a configuração de seu laboratório analítico. Esse último passo não é estritamente necessário, mas estende o VS Code para que ele tenha suporte para qualquer código em Python escrito.

DICA

Muitas extensões do VS Code fornecem um suporte integrado para a linguagem Python, mas por ora você instalará a extensão padrão. Sempre que quiser, será possível substituí-la por uma extensão alternativa, caso encontre outra que forneça a funcionalidade preferida.

Clique ou toque no ícone de extensões (mostrado aqui na margem) no canto esquerdo da página inicial do VS Code. Na caixa de texto Search Extensions in Marketplace (Procurar Extensões na Loja), digite **Python**. Você verá uma lista de extensões que correspondem à sua pesquisa. Encontre a extensão com o título Python from Microsoft e clique ou toque no botão verde de instalação, Install. Após a instalação da extensão Python, clique ou toque na extensão Python na lista de extensões. A janela do seu VS Code deve ficar parecida com a Figura 5-9.

FIGURA 5-9: IDE do Visual Studio Code com a extensão Python.

Parabéns! Você ampliou seu laboratório analítico Ethereum para permitir a interação com os dados do blockchain.

Escrevendo um Script em Python para Acessar um Blockchain

Antes de acessar um blockchain usando Python (ou qualquer outra linguagem), você deve estabelecer algumas coisas. Primeiro, é necessário configurar uma conexão com seu blockchain. Seu cliente de análises (seu código Python) precisará estabelecer uma conexão com um EVM para interagir com o blockchain. Esse processo simples pede apenas dois passos.

Antes de começar, verifique se tem uma conexão disponível com um nó em execução do blockchain. Para nossos objetivos, usaremos o Ganache. Abra o Ganache, depois clique ou toque em Quickstart para criar um EVM na porta 7545, que é a padrão. (Você pode mudar a porta nas configurações do Ganache.)

Com o Ganache rodando, crie um novo arquivo no VS Code com o nome `showSupplyChain.py` e digite o seguinte código Python, que realizará os passos para se conectar com seu blockchain Ganache (e defina algumas variáveis que serão necessárias em breve):

```python
import json
from web3 import Web3

ganache_url = "http://127.0.0.1:7545"
web3 = Web3(Web3.HTTPProvider(ganache_url))

with open('SupplyChain.abi') as f:
  abi = json.load(f)

address = web3.toChecksumAddress('ADDRESS')
```

As primeiras duas linhas importam as bibliotecas `json` `web3.py` e disponibilizam funcionalidades para seu script em Python. As próximas duas linhas definem os números de host e porta para sua instância Ganache (esses valores podem ser encontrados na janela principal do Ganache), depois, criam uma conexão para o Ganache. As duas linhas seguintes carregam a ABI do contrato inteligente a partir de um arquivo (falaremos sobre isso em um instante). Por fim, a última linha atribui o endereço no blockchain onde reside o contrato inteligente que você usará, o que fornece o restante das informações de que a `web3.py` precisa para interagir com seu blockchain.

CAPÍTULO 5 **Interagindo com os Dados do Blockchain** 95

PAPO DE ESPECIALISTA

É possível encontrar o endereço da ABI (mais sobre isso já já) e do contrato de diversas maneiras. Para simplificar as coisas, usaremos o IDE Remix para encontrar os valores. Você poderia usar o Truffle ou outros métodos, incluindo a `web3.py`, porém esses métodos são mais complexos. O IDE Remix é uma maneira conveniente de escrever e implantar contratos inteligentes sem ter de configurar mais componentes de software.

Fazendo a interface com contratos inteligentes

A maioria dos dados interessantes armazenados no Ethereum é resultado das funções de contratos inteligentes. Diferentemente do Bitcoin, que tem a ênfase nas transferências de valor entre as contas, o Ethereum tem suporte para muitos mais dados do que apenas a transferência de uma quantia entre contas. Os contratos inteligentes permitem que os usuários recorram a funções que armazenam dados de estado e gerem eventos armazenados em logs (registros). Ter acesso às informações dos contratos inteligentes é fundamental para acessar os dados armazenados em um blockchain Ethereum.

PAPO DE ESPECIALISTA

Basicamente, há dois tipos de blockchain: blockchains de transações não gastas e de contratos inteligentes. Uma descrição completa de cada tipo está além do escopo deste livro, mas os *blockchains de transações não gastas*, como o Bitcoin, simplesmente acrescentam as transações ao longo do tempo para calcular o saldo atual de qualquer conta. Alternativamente, os *blockchains de contratos inteligentes*, como o Ethereum, armazenam os valores de estado e outros dados complexos, além de registrar as transações individuais. A diferença pode parecer sutil, mas ela muda a forma como vemos os dados no blockchain e os acessamos. Neste livro, o foco é o modelo Ethereum.

Como uma grande parte de sua interação com o blockchain dependerá de dados de estado dos contratos inteligentes e dos eventos, você precisará de uma maneira de definir para o Python quais dados você pode acessar no blockchain. O compilador Ethereum cria uma *interface binária de aplicação — aplication binary interface (ABI)* ao compilar o código-fonte do contrato inteligente em bytecode. ABI é uma estrutura de dados JSON que define as assinaturas de função de um contrato inteligente, suas variáveis de estado e quaisquer eventos suportados. Resumindo, a ABI descreve todos os dados e funcionalidades de um contrato inteligente. Com a ABI de um contrato inteligente, você pode escrever código para interagir com quaisquer dados criados e gerenciados por um contrato inteligente. Você também precisa saber qual é o endereço no blockchain onde o código de seu contrato inteligente está armazenado. Após fornecer o endereço da ABI e do contrato inteligente para a `web3.py`, ela terá todas as informações necessárias para localizar e interagir com os dados do contrato inteligente.

Esse contexto de abordagem do contrato inteligente para os dados pode ser diferente do contexto com que você está habituado. Na maioria das aplicações tradicionais de bancos de dados, o esquema define os layouts de dados. Com o esquema, você pode escrever buscas para obter e atualizar quaisquer dados no banco de dados. A armazenagem do estado do blockchain é muito diferente. Cada contrato inteligente provavelmente armazena e gerencia os dados de forma diferente da utilizada por outros contratos inteligentes. Isso quer dizer que você precisa da ABI para qualquer contrato inteligente cujos dados quer analisar.

Se as ABIs estiverem prontamente disponíveis, a necessidade de uma ABI para o trabalho analítico não será um grande problema. As análises realizadas com os dados de seu próprio contrato inteligente não devem apresentar problemas de disponibilidade da ABI. No entanto, se quiser acessar os dados por meio do contrato inteligente de outra pessoa, precisará solicitar as ABIs do autor do contrato inteligente ou usar a ABI publicada para os contratos inteligentes registrados. De outro modo, você terá muita dificuldade para decodificar os dados do bloco. Neste livro, o foco é acessar os dados por meio das ABIs.

O próximo passo em qualquer script Python para acessar os dados do blockchain é definir a ABI do contrato inteligente e seu endereço. Você usará o endereço do contrato inteligente para executar funções (para obter seus dados) e analisar seus registros (logs).

Encontrando a ABI de um contrato inteligente

Se tiver acesso ao código-fonte de um contrato inteligente, não será difícil encontrar a ABI. Embora possa usar o Truffle para compilar um contrato inteligente e disponibilizar a ABI, apresento a maneira mais fácil de obter as informações de que necessita.

DICA

Esta análise se concentra em contratos inteligentes "feitos na casa", quer dizer, você ou sua organização desenvolveu o contrato inteligente e o código-fonte está disponível para você. Caso o contrato inteligente que você quer não seja seu e o código-fonte não esteja disponível, o próximo passo é determinar se ele está publicado em um repositório compartilhado. Nos capítulos posteriores, você descobrirá como usar as ABIs publicadas de contratos inteligentes, em vez de ter de você mesmo fazer a compilação.

Remix é um IDE online do Ethereum para contratos inteligente que disponibiliza algumas das mesmas funcionalidades do Truffle e do VS Code. Ele não faz tudo que esses dois fazem, mas facilita a implementação do código do contrato inteligente. E como o Remix também facilita obter a ABI e o endereço implantado de um contrato inteligente, você o usará aqui para implementar o contrato inteligente `SupplyChain.sol`.

DICA

Se você ler o *Ethereum For Dummies* (*Ethereum Para Leigos*, ainda sem publicação no Brasil até esta data), reconhecerá o contrato inteligente `SupplyChain.sol`. A versão usada aqui neste livro é uma versão melhorada do contrato inteligente apresentado no livro *Ethereum For Dummies*.

O contrato inteligente `SupplyChain.sol` implementa um único aplicativo de cadeia de suprimento. Você usará esse contrato inteligente para interagir e analisar os dados do blockchain. Siga os passos para usar o Remix para implantar o contrato inteligente `SupplyChain.sol` em seu blockchain Ganache e, depois, usar o Python para executar as funções do contrato inteligente:

1. **Abra seu navegador, acesse https://remix.ethereum.org/ [conteúdo em inglês] e clique ou toque no botão Solidity para selecionar o ambiente de programação Solidity.**

   Seu navegador mostrará algo como a Figura 5-10.

FIGURA 5-10: Página do Remix.

2. **Clique ou toque no ícone para criar um novo arquivo, digite `SupplyChain.sol` e clique ou toque em OK.**

   Se não vir o painel File Explorers (Explorador de Arquivos), clique ou toque no ícone no menu à esquerda.

3. **Abra o arquivo `SupplyChain.sol` no VS Code, copie todo o texto do arquivo e cole o conteúdo do `SupplyChain.sol` na janela em branco do editor Remix.**

DICA

Você pode baixar todo o código usado neste livro no site da editora Alta Books, www.altabooks.com.br. Acesse e digite o título do livro no campo busca.

Agora que tem o código do `SupplyChain.sol` no IDE, o Remix pode compilá-lo e implementá-lo em seu blockchain Ganache nos próximos passos.

4. **Caso o painel Solidity Compiler não esteja disponível, clique ou toque no ícone do compilador Solidity na barra de menu à esquerda (destacado na Figura 5-11).**

FIGURA 5-11:
Página do compilador Remix.

5. **Clique ou toque no botão Compile SupplyChain.sol para compilar seu contrato inteligente.**

6. **Clique ou toque no botão ABI abaixo do botão Compilation Details (Detalhes da Compilação) para copiar a ABI gerada para a área de transferência, como na Figura 5-12.**

FIGURA 5-12:
Copiando a ABI do contrato inteligente `Supply Chain.sol` no Remix.

7. **Abra o VS Code e crie um novo arquivo com o nome SupplyChain.abi.**

   Caso o arquivo `SupplyChain.abi` já exista, abra o arquivo e pressione Ctrl + A para selecionar todo o texto. (Você está prestes a substituir qualquer texto existente.)

8. **Cole o conteúdo da área de transferência (a ABI que copiou do Remix) no editor do VS Code para `SupplyChain.abi` e salve o arquivo, como mostrado na Figura 5-13.**

CAPÍTULO 5 **Interagindo com os Dados do Blockchain** 99

FIGURA 5-13:
Valor da ABI copiado no arquivo Supply Chain.abi.

DICA

9. **Abra o showSupplyChain.py no VS Code. Ou, se ainda tiver o arquivo aberto, apenas mude para a aba showSupplyChain.py.**

    Perceba que, no showSupplyChain.py, as linhas 9 e 10 abrem o arquivo SupplyChain.abi que você acabou de criar e leem seu conteúdo na variável abi. Seu Python deve estar igual à Figura 5-14.

FIGURA 5-14:
VS Code show Supply Chain.py.

10. **Veja se seu blockchain Ganache está rodando.**

11. **No Remix, clique ou toque no ícone deploy & run transaction (implementar e executar transação) — mostrado aqui na margem. Clique ou toque no menu suspenso Environment (Ambiente) e selecione o provedor Web3.**

12. **Na janela External Node Request (Solicitação de Nó Externo), altere o valor Web3 Provider Endpoint para http://localhost:7545.**

    Os Passos 11 e 12 configuram o Remix para se conectar ao seu blockchain Ganache. Seu navegador ficará como na Figura 5-15.

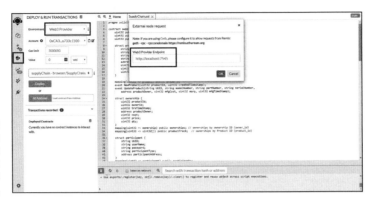

FIGURA 5-15: Conectando o Remix ao seu blockchain Ganache.

13. Clique ou toque em OK para fechar a janela External Node Request.

14. Implante o contrato inteligente SupplyChain.sol em seu blockchain Ganache clicando ou tocando no botão Deploy (Implantar).

15. Copie o endereço implantado do contrato para a área de transferência clicando no botão Copy Value to Clipboard (Copiar Valor para Área de Transferência) próximo à entrada Deployed Contracts (Contratos Implantados) do supplyChain.

    Seu navegador ficará como na Figura 5-16.

FIGURA 5-16: Copiando o endereço do contrato implantado.

DICA

Caso implemente um contrato várias vezes, use o endereço do último contrato implantado (o que está no fim da lista).

16. Retorne ao VS Code e substitua a string ADDRESS na linha 12 pelo endereço implantado do contrato que acabou de copiar do Remix.

    Após substituir a string ADDRESS (na linha 12) pelo valor do endereço implantado do contrato a partir do Remix, seu arquivo Python deverá estar igual à Figura 5-17.

CAPÍTULO 5 **Interagindo com os Dados do Blockchain** 101

```python
import json
from web3 import Web3

ganache_url = "http://127.0.0.1:7545"
web3 = Web3(Web3.HTTPProvider(ganache_url))

web3.eth.defaultAccount = web3.eth.accounts[0]

with open('SupplyChain.abi') as f:
    abi = json.load(f)

address = web3.toChecksumAddress('0xE9D226EC619D087Ac76E76Fc89094ac8aBe34a5d')
# Initialize supplyChain contract
contract = web3.eth.contract(address=address, abi=abi)

productCount = contract.functions.product_id().call()
participantCount = contract.functions.participant_id().call()
transferCount = contract.functions.owner_id().call()

print()
print('Products: ',productCount)
print('Participants: ',participantCount)
print('Ownership transfers: ',transferCount)

# Display the participants
for i in range (0, participantCount):
    print(contract.functions.participants(i).call())

print('Participants: ',contract.functions.participant_id().call())
```

FIGURA 5-17: VS Code show Supply Chain.py (com o endereço do contrato).

Agora que tem todas as peças básicas em seu script do Python, você pode executá-lo! Na realidade, ele ainda não faz muita coisa, mas não deve apresentar erros.

17. **Para executar o arquivo Python, clique ou toque na seta para a direita no canto superior direito da janela de seu VS Code.**

    Executar seu código a partir do VS Code abre o interpretador Python e executa o script atual. A essa altura, seu script não faz nada de divertido — já já isso acontecerá. A janela VS Code deve estar igual à Figura 5-18.

FIGURA 5-18: VS Code após executar pela primeira vez o show Supply Chain.py.

DICA

Caso tenha qualquer erro, revise cuidadosamente seu código Python para ver se não há algo escrito errado. O VS Code tentará ajudá-lo ao sublinhar os erros com uma linha vermelha ondulada. Se vir isso, passe o cursor sobre o erro para obter mais informações sobre ele.

CUIDADO

Seu código funcionará apenas depois de você copiar do Remix a ABI e o endereço atual do contrato. Caso tenha feito o download do código no site da Alta Books e tente executá-lo sem fornecer sua ABI e endereço, ele não funcionará.

Criando um Blockchain Local para Analisar

Só mais alguns passos para ter um laboratório analítico de blockchain totalmente funcional e preenchido! Como você está começando com um blockchain Ganache em branco, uma maneira simples de preenchê-lo com dados é deixar que as funções de seu contrato inteligente façam o trabalho por você. Será necessário usar a funcionalidade do contrato inteligente para interagir com qualquer blockchain, então agora é um ótimo momento para aprender como fazer isso!

Conectando-se ao blockchain

Antes de interagir com os dados armazenados em qualquer blockchain, é preciso conectar seu cliente de análise (seu código escrito usando `web3.py`) ao blockchain. A boa notícia é que você já fez isso na seção anterior. Você usou uma instância em execução do Ganache e o Remix para implantar seu contrato inteligente no blockchain Ganache. É possível implantar outros contratos inteligentes e encontrar seus endereços de outros modos, mas, independentemente do método usado, a lição é que você precisa da ABI e do endereço implantado para quaisquer dados do contrato inteligente que deseja acessar.

As primeiras quatorze linhas do `showSupplyChain.py` (consulte a Figura 5-17) configuram a conexão com seu blockchain. Se quiser usar um blockchain diferente, pode se conectar a ele facilmente alterando o valor de `ganache_url` para refletir o host e o número da porta do blockchain desejado. (Obviamente, se não estiver usando o Ganache, será preciso alterar o nome da variável para que seja consistente com seu uso.)

Uma vez conectado ao blockchain, você pode começar a interagir com seus contratos inteligentes e os dados.

Usando as funções do contrato inteligente

O principal tipo de dados que você usará para a análise são os dados do contrato inteligente. Os dados de transações e eventos podem ser de interesse também, mas por ora focaremos os dados de estado do contrato inteligente. A forma mais direta de acessar esses dados é chamar as funções do contrato inteligente para que façam o trabalho por você.

O primeiro passo para fazer isso é escolher as funções que farão o que você deseja. Por ora, queremos acrescentar dados no blockchain. Se observar o código-fonte do contrato inteligente `SupplyChain.sol`, verá que há três funções que aparentemente fazem isso:

```
function addParticipant(string memory _name, string memory
   _pass, address _pAdd, string memory _pType) public
   returns (uint32)

function addProduct(uint32 _ownerId, string memory _
   modelNumber, string memory _partNumber, string memory
   _serialNumber, uint32 _productCost) public returns
   (uint32)

function newOwner(uint32 _user1Id ,uint32 _user2Id, uint32
   _prodId) onlyOwner( _prodId) public returns(bool)
```

DICA

Ler o código-fonte de um contrato inteligente é uma maneira de encontrar funções úteis. Um modo mais fácil de identificar funções é verificar a documentação do contrato inteligente.

As funções `addParticipant()` e `addProduct()` adicionam novos dados de estado e a função `newOwner()` move um produto para um novo proprietário, criando o rastreamento do produto ao longo da cadeia de suprimento.

Há dois passos envolvidos para usar uma função do contrato inteligente: chamá-la e esperar os resultados. Como fazer essa chamada para acrescentar dados ao blockchain cria uma transação, esta não se completará até que o bloco com sua transação seja minerado. No Ganache, com o recurso habilitado de autominneração, completar as transações e acrescentar um bloco ao blockchain ocorrem instantaneamente. Em um blockchain real, haverá certo atraso.

Aqui estão os dois passos para adicionar um novo produto ao blockchain da cadeia de suprimentos (substituindo as strings NAME, PASSWORD, ADDRESS e TYPE por dados):

```
tx _ hash = contract.functions.
    addParticipant('NAME','PASSWORD',web3.eth.
    accounts[int('ACCOUNT')],'TYPE').transact()

web3.eth.waitForTransactionReceipt(tx _ hash)
```

A primeira linha do código Python chama a função addParticipant() para o contrato anexado, passando os parâmetros de entrada desejados e criando uma transação. A segunda linha espera até que o bloco com a nova transação seja minerado e armazena o recibo da transação em tx_hash.

Para criar rapidamente um blockchain que você pode usar para a análise, disponibilizei um script Python, buildSupplyChain.py, e três arquivos de entrada para definir os participantes, os produtos e os movimentos da cadeia de suprimentos, respectivamente. Usei o Python para abrir os arquivos de entrada e ler seu conteúdo para fornecer parâmetros de entrada para as três funções mencionadas anteriormente. Você pode baixar esses arquivos no site da editora Alta Books, digitando o nome do livro no campo Busca: www.altabooks.com.br. Após ter baixado o arquivo, extraia o conteúdo para sua pasta blockchainlab. Depois, apenas abra o script buildSupplyChain.py no VS Code, altere o valor do endereço do contrato inteligente na linha 15 para o endereço implantado de seu contrato inteligente e o execute.

Obtendo dados para o blockchain

Agora que tem um blockchain Ganache com dados, você pode ler esses dados e exibi-los ou analisá-los. Este próximo passo é um pequeno salto à frente em relação à seção anterior. Você já sabe como chamar as funções de um contrato inteligente, então pode chamar apenas as funções que obtêm dados para ter todos aqueles de que precisa a partir dos valores de estado do contrato inteligente.

DICA

Usar o método da função do contrato inteligente para obter dados depende das funções que cada contrato inteligente contém. Se a função get() não disponibilizar todos os dados do contrato inteligente, você poderá obtê-los de outras maneiras, mas usar as funções fornecidas geralmente é a maneira mais fácil de obter os dados necessários.

O script Python `showSupplyChain.py` completo (disponibilizado no site da editora) mostra como usar as funções do contrato inteligente para obter dados para o blockchain. Usei um loop simples no Python para cada tipo de dados e chamei iterativamente as funções `get()` que retornam os dados desejados. A principal diferença entre acrescentar dados e obtê-los é que você não está criando transações quando apenas os obtém. É por isso que o código usa o método `call()`, em vez do método `transact()`, ao fim de cada chamada de função.

Observe que usei loops simples para participantes e produtos, depois, usei uma estrutura de loop aninhado para iterar todas as transferências de posse para cada produto. A Figura 5-19 mostra o script Python `showSupplyChain.py` completo. Caso tenha executado o script `buildSupplyChain.py`, poderá executar o script `showSupplyChain.py` agora para ver os dados de seu blockchain.

FIGURA 5-19: Script Python `showSupplyChain.py` completo.

No restante do livro, você aprenderá como expandir essa funcionalidade básica para criar e executar seus próprios modelos analíticos de blockchain.

2 Obtendo Dados do Blockchain

NESTA PARTE. . .

Crie um conjunto de dados analíticos a partir dos dados do blockchain.

Explore modelos analíticos populares.

Analise técnicas para atrair dados de alta qualidade ao seu blockchain.

NESTE CAPÍTULO

» Comparando as análises de dados in loco e externa

» Relacionando dados externos

» Decidindo sobre quais dados precisa

» Montando seus modelos analíticos

Capítulo 6

Analisando Dados do Blockchain e Criando o Conjunto de Dados Analíticos

No Capítulo 5, você aprendeu a se conectar a um blockchain Ethereum e ler os dados gerenciados pelos contratos inteligentes. Os dados do blockchain consistem em mais do que apenas os dados de estado dos contratos inteligentes. Nos próximos capítulos, você aprenderá também como identificar e acessar detalhes e registros das transações. Não há apenas uma forma de acessar os dados do blockchain para análise; cada projeto pode ter requisitos diferentes e precisar de tipos distintos de dados.

Um aspecto importante da análise de blockchain é compreender a natureza de seus aplicativos e dados. A tecnologia blockchain não é apenas um novo tipo de banco de dados. Na verdade, armazenar dados em um blockchain que não precisam estar lá é dispendioso. Como é necessária uma taxa para armazenar dados no blockchain, os únicos dados que devem ser armazenados são aqueles que serão beneficiados pela transparência, pela integridade e pela imutabilidade.

Neste capítulo, você aprenderá como obter dados do blockchain e pareá-los com dados armazenados externamente (que não estão no blockchain) para fornecer uma entrada completa para seu modelo analítico.

Comparando Opções Analíticas On-Chain e Externas

Ao criar seu modelo analítico, você tem duas opções básicas: análise em tempo real ou em dois passos. Na análise em tempo real, você lê os dados a partir do blockchain, obtém em outras fontes quaisquer dados relacionados de que precise, então, fornece o conjunto de dados completo para o código que analisa os dados. Por outro lado, na análise em dois passos (que pode conter mais de dois apenas), há primeiramente a obtenção de dados no blockchain e o armazenamento em algum repositório off-chain. O segundo passo, então, usa métodos tradicionais para encontrar dados relacionados para completar os requisitos de entrada para o modelo analítico.

Por exemplo, imagine que esteja analisando os dados de sua cadeia de suprimentos para identificar participantes ineficientes na parte do transporte. Você poderia ler todos os dados de posse para determinar o timestamp de quando uma transportadora coletou e entregou os produtos. Seria possível comparar o desempenho de transportadoras diferentes para os mesmos pontos de coleta e entrega para ver se uma é melhor que a outra.

Um problema com esse tipo de comparação simples é que ela não leva em consideração as anomalias. Caso condições climáticas adversas tenham atrasado a entrega, isso não deveria afetar negativamente o resultado do desempenho de uma transportadora. Nesse caso, você poderia consultar um banco de dados de meteorologia para as datas e os horários da rota de entregas para identificar qualquer evento climático importante. O uso de dados meteorológicos exigiria a consulta em um repositório externo de dados. A maioria dos modelos analíticos que fornecem resultados práticos (aqueles que você pode usar para tomar decisões) provavelmente precisará de mais dados do que apenas os encontrados no blockchain. A integração de dados externos é uma parte importante no desenvolvimento de um modelo eficiente.

Considerando a velocidade de acesso

A escolha de métodos de acesso e a necessidade de dados são processos. Você deve considerar se precisará realizar essa análise diversas vezes ou apenas uma vez, e se precisará de dados externos. Outra coisa a ser considerada é a volatilidade de seu blockchain e dos dados externos. Se os dados mudam com frequência, talvez você precise revê-los constantemente.

Após ter uma boa compreensão sobre as necessidades de seus dados, será preciso avaliar seus recursos da plataforma de análises. Se tiver uma rede de banda larga para transferir todos os dados necessários sob demanda e recursos de processamento para executar seus modelos, você terá a opção de coletar e analisar os dados in loco. Caso esteja de alguma maneira limitado, talvez precise analisar métodos alternativos para economizar na transferência de dados ou no processamento.

DICA

Você não precisa seguir o processo em uma ordem específica, mas é válido determinar qual é sua própria sequência de abordagem e tentar se ater a ela. Embora todos os projetos analíticos de dados sejam únicos, padronizar o máximo possível do processo evitará a necessidade de reinventar a roda.

Independentemente da velocidade que o computador de seu laboratório analítico possa ter, obter dados de um blockchain não será tão rápido ou eficiente quanto obter dados similares de um banco de dados. Os sistemas atuais de gerenciamento de bancos de dados são resultados de diversas décadas de otimização e costumam fazer um bom trabalho ao entregar rapidamente os dados solicitados. Em muitos casos, seus modelos analíticos de blockchain estão baseados em dados do blockchain, então você se verá lendo dados do blockchain e, depois, consultando repositórios off-chain (tais como os bancos de dados) para os dados adicionais necessários para completar a entrada do conjunto de dados.

PAPO DE ESPECIALISTA

Estou usando aqui alguns termos de forma bem vaga. *Repositório de dados* significa qualquer método de armazenamento de dados, como um banco de dados ou apenas um arquivo de texto. *Conjunto de dados* representa qualquer coleção de dados, similar a uma tabela de banco de dados ou uma coleção de tabelas. E *entrada de conjunto de dados* quer dizer uma coleção de dados ou campos que se referem a um dado. Podemos pensar em uma entrada de conjunto de dados como uma linha em um banco de dados tradicional.

A lição desta seção é que o acesso ao blockchain é mais lento do que aos bancos de dados, e provavelmente você precisará acessar ambos para alimentar seu modelo analítico. De fato, é comum precisar de dados extras provenientes de múltiplas fontes externas para completar o quadro de dados. Caso todos os seus recursos externos sejam bancos de dados, o processo de obtenção dos dados é relativamente simples. Infelizmente, no mundo real, a análise geralmente exige dados de outras fontes, incluindo serviços online, arquivos externos e até outras entradas de blockchain. Gerenciar as complexidades de entrada dos dados é um dos primeiros desafios em qualquer projeto analítico.

Comparando análises feitas apenas uma vez com as repetitivas

Um fator decisivo para sua decisão sobre quando processar dados é se o modelo é feito para uma análise única (one-off) ou será executado diversas vezes. Falando de forma simples, se precisa executar um modelo apenas uma vez (talvez para dar uma olhada rápida em seus dados para responder uma única pergunta), provavelmente não precisará investir muito esforço no armazenamento de dados em um repositório externo.

CUIDADO

Nunca acredite em "esta será uma consulta feita apenas uma vez". Após entregar os resultados dessa "consulta única", geralmente você terá um pedido subsequente para executá-la novamente com dados novos. Muito embora as especificações de seu modelo analítico possam afirmar que um modelo em particular será executado apenas uma vez, é uma boa prática tratá-lo como se fosse executá-lo novamente.

Como qualquer processo de coleta de dados no blockchain requer o mínimo de uma passagem por todo o blockchain (você precisa tocar seus dados pelo menos uma vez), não é possível considerar a primeira passagem como um *custo irrecuperável* do modelo. Isso significa que você deve investir tempo e esforço para passar por todos os dados do blockchain pelo menos uma vez, independentemente do que fará com eles. Ao realizar a primeira passagem, talvez apenas processe os dados (analise) e decida armazená-los em outro lugar para análises posteriores. De qualquer forma, sua abordagem dependerá na primeira passagem.

O custo variável do desempenho começa após a primeira passagem. É importante considerar a pergunta "o que vem a seguir?" quando começar a pensar sobre a coleta de dados para um modelo analítico. Tente evitar "voltar à fonte" mais de uma vez. Talvez você ache que estou recomendando que sempre salve os dados em um repositório externo, mas não é esse o caso. Se precisa acessar os dados apenas uma vez, não é necessário armazená-los para mais tarde.

A essa altura, pode ser que esteja pensando que estou recomendando sempre executar os modelos mais de uma vez, mas disse apenas que, às vezes, você acessa os dados apenas uma vez. Se estiver imaginando como ambos podem ser bons conselhos, considere a volatilidade de seus dados. Caso eles mudem frequentemente e os resultados do modelo dependam de dados atuais, mesmo se executar o modelo várias vezes, será importante usar dados novos a cada vez. Isso quer dizer que você acessará seu blockchain frequentemente.

Uma das muitas concessões que você aprenderá a fazer ao analisar os dados é ao decidir entre desempenho, reutilização e tempo para os resultados (prazos). Em geral, você deve tentar cumprir os prazos do projeto. Se puder criar um modelo que seja reutilizado facilmente, executado com eficiência e ainda cumpra com os prazos do projeto, estará no caminho para a criação de modelos eficazes!

Avaliando a integridade dos dados

Nos primeiros estágios do projeto analítico de dados, uma das partes mais difíceis é avaliar seu inventário de dados. O primeiro passo é simplesmente listar os dados disponíveis no blockchain para você. Inicialmente, uma lista de dados que você pode obter diretamente vem das variáveis de estado expostas pelos contratos inteligentes. Essa informação pode ser encontrada na documentação dos contratos inteligentes ou no código-fonte. Uma exploração adicional provavelmente trará mais dados que você pode usar. O segredo é olhar além do óbvio na primeira passagem.

PAPO DE ESPECIALISTA

Se estiver acostumado a ler JSON (um formato comum de dados ao chamar muitas funções do blockchain), pode usar a ABI do contrato inteligente para fornecer informações sobre os dados disponíveis. Prefiro ver o código-fonte do contrato inteligente porque ele não me mostra apenas quais dados existem, mas também como o contrato inteligente usa esses dados.

Embora não tenha falado explicitamente sobre técnicas para obter todos os tipos de dados disponíveis em um blockchain, a Tabela 6-1 lista as formas de dados disponíveis em um blockchain. Em breve, você aprenderá como escrever código em Python para obter cada tipo de dados que vê na tabela.

TABELA 6-1 Tipos de Dados Armazenados em um Blockchain

Dados	Descrição	Exemplo
Transação	Informações armazenadas na transação, incluindo as contas de origem e destino, a quantia e a função (com parâmetros) — se a transação chama uma função do contrato inteligente.	No Capítulo 3, a Figura 3-4 mostra uma transação que chama a função `cancelOrder()` do contrato inteligente e mostra os parâmetros passados para a função.
Estado	Variáveis definidas no contrato inteligente. Você pode obter o valor atual ou o valor de qualquer bloco no blockchain.	O contrato inteligente `SupplyChain.sol` (disponível em www.altabooks.com.br — digite o nome do livro no campo de busca) inclui variáveis de estado que armazenam uma lista de registros de participantes, produtos e posses.
Log de eventos	Nomes de eventos e quaisquer parâmetros fornecidos quando o evento ocorre durante a execução de um contrato inteligente.	No contrato inteligente `SupplyChain.sol` (disponível em www.altabooks.com.br — digite o nome do livro no campo de busca), a função `newOwner()` dispara o evento `TransferOwnership`, fornecendo a identificação do produto, `productId`, e os endereços de origem e destino, `fromOwner` e `toOwner`.

Depois de entender os dados disponíveis a partir das consultas no blockchain, você determinará de quais dados adicionais precisará. Por exemplo, se quiser analisar a eficiência das transportadoras com base nos locais de coleta e entrega, e na duração do transporte, será necessário ter as informações de endereço dos participantes. O contrato inteligente `SupplyChain.sol` não armazena quaisquer informações de endereço físico, então será necessário obter essas informações em outro lugar. Na próxima seção, você aprenderá algumas técnicas para identificar e obter dados externos.

Integrando os Dados Externos

Um bom projeto de aplicativo de blockchain deve limitar os dados armazenados nos blocos. A tecnologia blockchain foca a transparência e a integridade dos dados, não o volume de dados armazenados ou o desempenho. Se tudo que você quiser for armazenar muitos dados, talvez o blockchain não seja a melhor tecnologia a ser usada. Inúmeros produtos de gestão de banco de dados farão isso. A tecnologia blockchain se destaca quando um aplicativo precisa armazenar informações diretamente relacionadas com a transferência de valor entre os donos.

A transação de transferência de posse geralmente demanda apenas um pequeno conjunto de dados para registrar a transação. Pode haver muitos dados de suporte, como dados demográficos ou descritivos, mas apenas os dados necessários para definir uma transação precisam ser armazenados no blockchain. Na verdade, armazenar dados demais nos blocos do blockchain pode aumentar o custo total do uso da tecnologia blockchain.

DICA

Alguns requisitos, como o Regulamento Geral sobre a Proteção de Dados (GDPR) na Europa, determinam que as organizações honrem qualquer pedido do consumidor para remover seus dados pessoais. Para cumprir o "direito de ser esquecido", as organizações devem possibilitar a remoção de qualquer informação pessoal de seus sistemas de dados, incluindo os blockchains. A abordagem atual é limitar os dados armazenados nos blocos do blockchain a hashes de identificadores para registrar (ponteiros para dados off-chain) em bancos de dados externos, em vez de armazenar quaisquer *informações pessoais identificáveis — personally identifiable information (PII)* diretamente no blockchain. Embora você não possa remover o hash do blockchain, é possível remover os dados aos quais ele se refere. Remover as PIIs que estão off-chain cumpre com o "direito de ser esquecido", muito embora os dados no blockchain (ponteiros) ainda existam. Em tais casos, os dados do blockchain não apontam para nenhum dado válido off-chain. Remover os dados off-chain aos quais um dado no blockchain aponta cria uma condição órfã. Um acordo de que os ponteiros de um blockchain órfão são apenas mais um caso em que os dados do blockchain podem estar incompletos para a análise.

Visto que os dados do blockchain provavelmente têm um escopo estreito devido aos objetivos de design ou estipulações, é comum começar com os dados obtidos do blockchain e, depois, encontrar dados relacionados para completar a história. Por exemplo, o contrato inteligente `SupplyChain.sol` define o participante UUID (universally unique identifier — identificador único universal). UUID é um identificador que deveria ser único em todos os aplicativos e usos. Esse UUID poderia ser usado como uma chave para um registro em um aplicativo tradicional de banco de dados. Após recuperar o *struct* de um participante (uma coleção estruturada de dados ou campos) do blockchain por meio da função `getParticipant()` do contrato inteligente, seria possível obter facilmente os detalhes correspondentes de um banco de dados usando uma simples instrução SQL (Structured Query Language — Linguagem de Consulta Estruturada).

Definindo quais dados são necessários

A chave (perdão pelo trocadilho de banco de dados) para descobrir quais dados são necessário reside na compreensão de quais dados você tem e quais estão faltando. Se quiser definir se uma transportadora é eficiente ou não, você precisa dos locais de coleta e entrega, e das métricas de desempenho. O contrato inteligente `SupplyChain.sol` não armazena nenhum desses dados. Um registro struct de posse que registra a transferência da posse de um participante para outro inclui apenas uma referência a cada participante e o timestamp de quando ocorreu a transferência. É possível encontrar o UUID de cada participante, mas é praticamente tudo o que você terá.

PAPO DE ESPECIALISTA

Uma estratégia comum de armazenamento de dados do mundo real em um blockchain é armazenar um identificador único para esses dados, geralmente chamado de *chave*, em um bloco do blockchain. Esse valor da chave é o mesmo que a chave primária de registros de dados armazenados em um banco de dados off-chain. Essa prática permite que os aplicativos relacionem dados on-chain e off-chain de forma transparente. Desde que os dados off-chain possam ser alterados sem afetar a integridade dos dados on-chain, essa abordagem é uma ótima maneira de combinar os dados do blockchain e fora dele. Se a integridade dos dados off-chain for importante, o repositório dos dados off-chain (geralmente um sistema de gerenciamento de banco de dados) deverá garantir que seus dados mantenham a integridade. Essa é uma das claras vantagens dos dados no blockchain — a integridade é o nome do meio do blockchain. (Bem, não é realmente seu nome do meio, mas é um de seus melhores atributos.)

Presumindo que o UUID se refira a um participante definido mais completamente em um banco de dados off-chain, você pode usá-lo para pesquisar dados adicionais para completar o quadro de dados. Sempre presuma que os dados que pode encontrar em um blockchain satisfaçam seus requisitos analíticos. Embora geralmente não seja o caso, se presumirmos que é, significa que ocasionalmente encontrará casos simples nos quais não precisa de dados externos. Na maioria das vezes, no entanto, você precisará consultar alguma fonte de dados externa para obter os dados de que realmente necessita.

Um método comprovado para definir de quais dados você precisará é criar uma simulação. Após entender os requisitos analíticos, crie um modelo que atenderá esses requisitos e defina as entradas de que seu modelo precisará. Depois, mapeie essas entradas com os dados que pode encontrar em seu blockchain. As entradas não mapeadas representam os dados que você pode precisar encontrar em outro lugar. Essas entradas formam o ponto de partida de sua caça ao tesouro dos dados.

Estendendo identidades aos dados off-chain

Uma forma de pensar sobre relacionar os dados on-chain e off-chain é olhar os dados sob a perspectiva de identidade e posse. Suponha que um blockchain armazene alguns dados sobre você. Poderiam ser dados que dão suporte a um aplicativo descentralizado de compras, de acompanhamento médico ou até mesmo de economia de energia. Não importam os tipos de dados, você quer que eles sejam mantidos privados e associados apenas a você. Não quer que eles sejam confundidos com os de nenhuma outra pessoa, e vice-versa.

Você obterá os melhores resultados ao relacionar os dados off-chain com os dados on-chain ao determinar, primeiramente, a identidade dos dados on-chain. Caso os contratos inteligentes do blockchain tenham sido projetados para ter suporte à integração off-chain, cada dado deveria ter um identificador eternamente reconhecido. Em termos simples, deveria haver alguns dados de estado de contratos inteligentes que facilitam relacionar os dados on-chain e off-chain. Se estiver familiarizado com os sistemas relacionais de bancos de dados, saberá que estender as identidades além do blockchain é similar a relacionar dados entre tabelas.

Por exemplo, em um sistema de banco de dados, é comum armazenar pedidos de produtos em pelo menos duas tabelas, orderHeader e orderDetails. A tabela orderHeader contém informações que descrevem o pedido inteiro, como o consumidor que fez o pedido e o endereço de entrega. A tabela orderDetails contém registros múltiplos para cada pedido, e cada registro descreve uma linha no pedido. Ambas as tabelas contêm um campo orderNumber, que o sistema de gerenciamento de banco de dados usa para descobrir quais registros orderDetails pertencem ao registro orderHeader.

PAPO DE ESPECIALISTA

Neste exemplo, o campo orderNumber é a chave primária da tabela orderHeader e uma chave estrangeira na tabela orderDetails. É assim que os sistemas de gerenciamento de banco de dados relacionam, ou juntam, os conteúdos das tabelas.

No contexto de um blockchain, você precisa de algo como o campo orderNumber para identificar os dados, independentemente de onde eles residem. Para os dados pessoais, customerNumber (desde que esse número seja reconhecido em ambos os sistemas), números do passaporte, da carteira nacional de habilitação ou qualquer outro identificador único são necessários para relacionar facilmente os dados on-chain e off-chain.

Se você não tiver um identificador conveniente disponível, como o UUID, talvez tenha de criar sua própria tabela de referência cruzada. Desde que saiba como os dados são relacionados, pode criar sua própria tabela que define a conexão entre os dados on-chain e off-chain. Essa abordagem exige um esforço extra, mas pode ser a única forma de manter a identidade dos dados de que você precisa para criar seu conjunto de dados analíticos.

Encontrando dados externos

Antes de escrever qualquer código para obter dados para seus modelos analíticos, você deve identificar os dados de que precisa e localizar onde residem. Além disso, será necessário avaliar os métodos de acesso disponíveis para os dados desejados e o que é preciso fazer para ter permissão para obter os dados. Nem todos os dados que você quer estão facilmente disponíveis, e alguns que estão exigem uma taxa para acesso.

Ao procurar dados para criar a entrada de seu modelo e os conjuntos de dados para treinamento, o melhor a se fazer para começar é descrever todos os dados necessários e, depois, destacar quais você não tem no momento. O próximo passo dependerá dos dados de que precisará. Dentro das possibilidades, comece procurando os dados externos próximos e facilmente acessíveis. Se puder obter dados off-chain dos bancos de dados de sua própria organização, ou de outros repositórios de dados, provavelmente será muito mais fácil adquirir os dados de que precisa do que ficar dependendo de outras fontes.

O melhor lugar para encontrar dados externos depende do tipo de dados de que precisa. Comece com uma pesquisa na internet buscando os dados que estão faltando nos requisitos de entrada de seu modelo. No ambiente global atual motivado por dados, provavelmente encontrará diversos lugares para obter os dados necessários. A Tabela 6-2 lista apenas algumas fontes de dados externos para começar. (Mas não pare por aqui. É possível encontrar facilmente muitos outros lugares para obter bons dados.)

TABELA 6-2   **Fontes de Dados Externos**

Fonte de Dados	Descrição	Onde Obter
Governo brasileiro	Portal do governo brasileiro de dados abertos.	`www.dados.gov.br`
IBGE	Todos os tipos de informações demográficas sobre cidadãos brasileiros.	`www.ibge.gov.br`
CIA World Factbook [conteúdo em inglês]	Uma vasta gama de informações históricas e atuais sobre 267 países.	`www.cia.gov/library/ publications/the- world-factbook/`
DataSUS	Informações com dados estatísticos de vários indicadores sobre a saúde no Brasil.	`www2.datasus.gov.br`
Registro de Dados Abertos dos Serviços Online da Amazon (Amazon Web Services — AWS) [conteúdo em inglês]	Um repositório de conjuntos de dados públicos disponíveis tratando de uma vasta gama de domínios, desde negócios até ciências e impactos sociais.	`https://registry. opendata.aws/`

(continua)

(continuação)

Fonte de Dados	Descrição	Onde Obter
Google Dataset Search (Pesquisa de Conjuntos de Dados do Google) [conteúdo em inglês]	Mecanismo de busca do Google dedicado a ajudar os usuários a encontrarem conjuntos de dados.	`https://toolbox.google.com/datasetsearch`

Conforme pesquisa nos melhores repositórios de dados para seus modelos, preste atenção aos métodos de acesso e às restrições de uso dos dados. Um grande repositório não é útil se é difícil ou lento para a obtenção dos dados, ou se há restrições para usá-los a ponto de não poder fazê-lo legalmente. Descobrir logo no início como adquirir os dados, suas restrições e os custos lhe poupará muitas frustrações posteriormente.

Identificando Atributos

Na análise de dados, *atributos* são as variáveis que os algoritmos analisam. Por exemplo, ao analisar os efeitos da renda e da educação sobre a probabilidade de pedir um empréstimo, os níveis de renda e educação de uma pessoa — mas não seu sexo — são atributos primários. Pode fazer sentido considerar se o atributo sexo — masculino ou feminino — deveria ser incluído, mas o objetivo original da análise de renda e educação não o considera.

Uma das decisões mais importantes tomadas por um analista é a definição de quais atributos incluir em um modelo. Você deve incluir todos que contribuem para resultados significativos e excluir todos aqueles que não fazem isso. Parece fácil, mas pode ficar complicado. Avaliar profundamente a seleção de atributos e técnicas de avaliação está além do escopo deste livro, mas você aprenderá as maneiras mais comuns de selecionar os melhores atributos.

Descrevendo como os atributos afetam os resultados

O principal motivo para se importar com a seleção de atributos é que a escolha de atributos errados lhe dará resultados ruins. Lembre-se de que os atributos são variáveis que você considera em sua análise. Cada um fornece uma entrada que afeta o resultado. Se estiver tentando determinar o nível de eficiência de transportadoras concorrentes ao fazer o transporte de produtos entre dois locais, o atributo cor de cada caminhão não contribui com qualquer valor para sua análise.

CUIDADO

A cor do caminhão pode não contribuir para essa análise, mas pode ser importante para responder outras questões. Muitas das vans de entrega atuais têm teto branco porque a análise revelou que essa cor pode reduzir drasticamente a temperatura interna durante o verão. E temperaturas internas menores significam redução no consumo de energia e ajudam a proteger os pacotes na van. A importância de cada atributo depende das perguntas que se está fazendo.

Há dois métodos para definir os melhores atributos selecionados para seu modelo. Experimente cada uma das abordagens e use aquela que lhe dá os melhores resultados. À medida que ganhar experiência com o uso de cada método, ficará mais confortável e mais bem preparado para reduzir o número de atributos considerados por seus modelos. E ao reduzi-los, você aumentará a precisão, reduzirá o tempo de treinamento e proporcionará resultados melhores.

Comparando os métodos de filtros e wrapper

As duas abordagens principais para selecionar atributos são os métodos de filtros e wrapper. Os dois têm o mesmo objetivo: identificar os atributos mais significativos para produzir os melhores resultados analíticos. Vamos analisar brevemente cada um.

Filtros de atributos

Os *métodos de filtros* fazem uma pontuação de cada atributo e, na sequência, usam aqueles com pontuação mais alta. Há vários métodos de pontuação, incluindo a correlação de Pearson, LDA, ANOVA e o qui-quadrado. A melhor seleção de avaliação depende de se os dados que um atributo contém e o resultado esperado do modelo são contínuos ou categóricos. Os *dados contínuos* se referem a dados abertos que podem variar ao longo de um limite com valores máximos e mínimos. Os *dados categóricos* podem ser apenas um dos valores de uma lista predefinida (como verdadeiro/falso, sim/não ou um mês do ano).

No *processo de filtros de atributos*, você apenas atribui uma pontuação para cada atributo com base no mecanismo escolhido de pontuação. É feita a classificação dos atributos por pontuação, e você usa apenas aqueles com a pontuação maior. Não há um limite mágico; você precisa observar cada lista de pontuação para definir onde traçar a linha que separará uma pontuação baixa de uma alta.

A filtragem é realizada sempre como um passo do pré-processo. Você seleciona os atributos antes de usar o modelo para analisar os dados.

Wrapper de atributos

Outra maneira comum de selecionar atributos é usar um método wrapper [embrulho]. Esses métodos exigem uma computação intensiva, mas podem oferecer resultados melhores quando a seleção de atributos depende muito dos dados. O processo usado em um *método wrapper* é selecionar arbitrariamente um subconjunto de atributos, executar o modelo com seus dados de treinamento, avaliar a qualidade dos resultados, então, fazer o mesmo com um subconjunto diferente de atributos.

DICA

Selecionar dados de treinamento é outra conversa. Para garantir os resultados mais precisos, seus dados de treinamento devem ser representativos dos dados reais. Caso o conjunto de dados de treinamento não represente de forma precisa o conjunto completo de dados, os resultados de sua seleção de atributos e do modelo geral não serão os melhores.

O método wrapper também depende da habilidade em determinar se um conjunto de atributos selecionados retorna ou não resultados significativos. Se não puder dizer se os resultados são válidos, esse método poderá não ajudar na seleção de atributos.

Criando um Conjunto de Dados Analíticos

Embora seja possível, e às vezes até vantajoso, realizar análises conforme você passa pelos dados do blockchain, analisaremos como criar um conjunto de dados analíticos. Nesta seção, você aprenderá como obter dados de um blockchain Ethereum, relacioná-los com dados externos e criar um novo repositório de dados para usar para análises.

O começo é simples. Você faz a leitura dos dados dos participantes em um blockchain Ethereum e um arquivo de texto com valores separados por vírgula (CSV), e cria um novo arquivo CSV para armazenar o novo conjunto de dados. Você pode desenvolver esse processo básico para obter dados de quantas fontes quiser para criar um conjunto abrangente de dados para seus modelos analíticos. Em cenários mais realistas, provavelmente encontrará dados em bancos de dados ou serviços online. (Nos capítulos posteriores, você verá como obter dados de outras fontes.)

Conectando-se a múltiplas fontes de dados

Cada fonte de dados requer uma conexão única de seu script Python. Você viu como se conectar aos arquivos de texto e ao blockchain. Estabelecer uma conexão com um banco de dados ou um serviço online não é tão diferente. Para este exemplo, criaremos três conexões: blockchain Ethereum, arquivo CSV de entrada que contém os detalhes dos participantes e arquivo CSV de saída para você armazenar o conjunto de dados que criará.

Veja a seguir o código Python para criar as três conexões (você pode encontrar o código completo para `buildDataset.py` no site da editora Alta Books, digitando o nome do livro no campo de buscas: `www.altabooks.com.br`):

```python
from web3 import Web3

# Set up a connection to the blockchain
ganache_url = "http://127.0.0.1:7545"
web3 = Web3(Web3.HTTPProvider(ganache_url))

# Open the participantDetails.csv file to read participant
    details
fileHandleIN = open('participantDetails.csv', 'r')

# Open the dataSet.csv file to store our constructed
    dataset
fileHandleOUT = open('dataSet.csv', 'w')
```

Agora que pode ler dados do blockchain, relacione-os com os dados do arquivo `participantDetails.csv` e armazene a lista completa de dados no arquivo `dataset.csv`.

Criando um conjunto de dados com referências cruzadas

O processo de criação de um conjunto de dados com referências cruzadas envolve os três passos mencionados na seção anterior:

1. **Leia um participante do blockchain usando a função `getParticipant()` do contrato inteligente.**

2. **Encontre os detalhes dos participantes no arquivo `participantDetails.csv`.**

3. **Grave os dados completos dos participantes no arquivo `dataset.csv`.**

Limpando seus dados

Os dados usados no exemplo anterior estão baseados em dados limpos. Uma *entrada de dados limpos* significa que todos os dados de que precisa existem e já estão no formato certo. Na vida real, talvez não encontre os detalhes para um ou mais participantes, e alguns dos detalhes individuais podem estar faltando ou não ter os dados no formato certo. Por exemplo, um código postal pode conter letras, em vez de apenas números. (Ter letras no código postal pode estar certo no Canadá, mas não no Brasil.)

Em outros casos, você encontrará dados que lerá a partir de fontes diferentes que usam escalas ou unidades de base diferentes. Um exemplo comum é quando está pesquisando dados meteorológicos. A temperatura pode ser expressa em Celsius ou Fahrenheit. Não importa qual você usa, mas deve ser consistente. Não dá para comparar e analisar facilmente números expressos com escalas diferentes.

Outro exemplo é a informação de notas em uma escola. Se escolas diferentes usam escalas diferentes de notas, talvez seja difícil comparar e analisar notas em múltiplas escolas. A forma comum de consertar essa disparidade nas escalas é selecionar uma escala comum e transformar todos os dados para essa escala, processo este chamado de *normalização*.

Além dos problemas com escalas, você deve definir como lidar com dados ausentes ou malformados. Cada situação é única, e você terá de tomar decisões com base no status e na importância de cada dado para o modelo. A sensibilidade do modelo escolhido para dados ausentes ou malformados fará muito para ajudá-lo a decidir como lidar com os dados que não estão conformes com os padrões ideais. Conforme você desenvolve os procedimentos para adquirir e assimilar seu conjunto de dados analíticos, tente transformar os dados, conforme apropriado, em um formato padrão para análises.

DICA

Embora seja uma boa ideia limpar os dados à medida que os adquire, evite perder a granularidade original deles no processo. É importante que nenhum processo de limpeza degrade o nível de detalhes contidos em seus dados originais. A limpeza deve deixar seu modelo mais preciso, não o contrário.

Agora que sabe ler os dados de estado de um contrato inteligente, relacione-os com dados off-chain e crie um conjunto de dados mais completo para a análise. No próximo capítulo, você começará a criar modelos analíticos com seus dados do blockchain.

NESTE CAPÍTULO

» **Descobrindo como os dados estão relacionados entre si**

» **Descobrindo padrões interessantes nos dados**

» **Prevendo o futuro**

» **Analisando dados ao longo de períodos**

Capítulo **7**

Criando Modelos Analíticos Básicos de Blockchain

Nos capítulos anteriores, você aprendeu sobre os dados do blockchain, como são armazenados e como colocar suas mãos neles. Claro, é preciso entender seus dados antes de poder começar a dar sentido a eles. Após saber como identificar e obter acesso aos dados de que precisa, o próximo passo lógico é descobrir quais segredos eles podem ocultar. Essa é a grande ideia por trás da análise de dados.

Podemos ver os dados de muitas formas, precisamos apenas decidir qual método empregaremos e, então, criar um modelo para realizar nosso método selecionado. Parece simples, não é? Se abordarmos o problema deliberadamente, pode ser muito simples.

Saber quais são seus objetivos para a análise de dados orienta suas decisões ao selecionar os modelos certos. Lembre-se do dilema de Alice, no livro de Lewis Carroll, *Alice no País das Maravilhas*, quando ela conversa com o Gato:

"Podes dizer-me, por favor, que caminho devo seguir para sair daqui?"

"Isso depende muito de para onde queres ir", respondeu o Gato.

"Preocupa-me pouco aonde ir", disse Alice.

"Nesse caso, pouco importa o caminho que sigas", replicou o Gato.

Assim como Alice, se você não tiver uma ideia do que quer encontrar em seus dados, o processo analítico se tornará pouco mais do que caça e adivinhação. Não é necessário saber, no início, exatamente o que está procurando, mas você precisa ter uma ideia de onde começar a procurar. Deixe que os dados lhe contem uma história, mas faça as perguntas certas e compreenda os resultados.

É possível usar modelos para identificar similaridades que podem não parecer formas óbvias e incomuns como os dados estão relacionados, e até novas maneiras de agrupá-los. Neste capítulo, você aprenderá sobre os tipos mais comuns de modelos analíticos e como cada um pode produzir resultados a partir de seus dados. Após aprender sobre os tipos principais dos modelos de análise, você estará pronto para juntar esse conhecimento sobre dados de blockchain para desvendar os segredos que seu blockchain pode estar escondendo.

DICA

A análise de dados é como uma caça ao tesouro. Uma forma de encontrá-lo é caminhar ao longo de uma praia popular com um detector de metais. Será preciso escanear muita areia, mas de vez em quando, seu detector de metais o alertará para algo sob a superfície. Então você começa a cavar para ver se há algo de valor. Analisar os dados é similar a isso no sentido de que talvez você tenha de ver muitos dados antes de encontrar algo interessante — e, mesmo assim, pode ser apenas uma latinha velha.

Identificando Dados Relacionados

Um dos primeiros tipos de modelos analíticos é identificar os dados relacionados e usar as relações descobertas para fazer previsões de comportamento ou classificação. Por exemplo, se descobrir que todos os peixes tropicais azuis em uma amostra gostam de comer minhocas, é provável que qualquer novo peixe azul que seja introduzido nesse ambiente também comerá minhocas. Nesse exemplo simples, não dissemos nada sobre os peixes não azuis, então nem sempre podemos extrapolar nossas descobertas. Algumas são óbvias, mas outras não. A análise de dados brilha quando ela revela descobertas que não são óbvias. Tais descobertas são aquelas que podemos usar para tomar decisões em busca dos resultados desejados (como lucros mais altos).

Observe que, nas descrições a seguir, uso o termo *entrada de conjunto de dados* como referência a todos os dados que se relacionam a um item ou um objeto específico do mundo real. Em termos de bancos de dados, uma entrada de conjunto de dados seria um registro ou uma linha. Pense em todos os dados que descrevem um peixe, como espécie, cor, tamanho e a posição da barbatana. Juntos, esses dados criam um registro sobre o peixe, ou uma entrada de conjunto de dados sobre ele. Cada dado é chamado de *atributo.* Por exemplo, a espécie de um peixe corresponderia ao campo ou à coluna de um banco de dados.

LEMBRE-SE

Usar termos diferentes pode gerar confusão. Se está acostumado com o termo banco de dados, provavelmente se sentirá confortável com registro (ou linha) e campo (ou coluna). No entanto, como a maioria da literatura sobre análise e mineração de dados usa o termo *atributo*, eu também o uso aqui.

A seguir, veja os principais modelos analíticos que avaliam como os dados estão relacionados:

> » **Modelos de agrupamento (clustering)** mostram como os atributos similares sugerem que as entradas do conjunto de dados estão relacionadas. Por exemplo, esses modelos podem mostrar se a maioria dos consumidores com determinada variação de idade prefere um tipo de smartphone a outro.
>
> » **Modelos de associação** apresentam a probabilidade de múltiplos itens em um conjunto de dados estarem presentes em uma única transação. Um modelo de associação comum pode mostrar se um consumidor que compra leite provavelmente também levará pão na mesma compra. (A propósito, a resposta geralmente é sim.)
>
> » **Modelos de classificação** podem ajudar a identificar grandes agrupamentos de dados com base em atributos selecionados. Os profissionais de marketing usam esses modelos para ajudar a identificar consumidores em potencial após analisar os atributos dos consumidores atuais. Eles pensam que grandes categorias de consumidores, como mães grávidas ou universitários, tendem a comprar itens similares. Eles usam essa informação para fazer recomendações direcionadas para compras adicionais.

No restante do capítulo, você aprenderá sobre as técnicas analíticas mais comuns para identificar dados relacionados.

DICA

Neste livro, crio um aplicativo simples de cadeia de suprimentos que contém informações da fabricação e entrega de TVs. Não se preocupe — você usará seu blockchain nos capítulos seguintes. Este capítulo dá uma visão geral sobre os modelos analíticos comuns usando arquivos de texto como dados de entrada. Os capítulos subsequentes trarão um olhar nos dados da cadeia de suprimentos das TVs e aplicarão diferentes modelos analíticos para descobrir o que os dados do blockchain dizem sobre como essas TVs saem do fabricante e chegam ao revendedor no varejo.

CAPÍTULO 7 **Criando Modelos Analíticos Básicos de Blockchain**   125

Agrupando dados com base em atributos

Na análise de dados, usamos o termo *atributos [features]*. Uma forma de agrupar os dados é pela análise de atributos e pela definição de quais objetos (dados) são similares com base em atributos similares. Por exemplo, as TVs vendidas por um preço menor tendem a ter mais vendas em uma loja específica? Ou as lojas de determinadas áreas (faixa de códigos postais) vendem mais TVs maiores ou menores? Essas perguntas são as que o modelo de agrupamento pode responder.

CUIDADO

Não espere que todos os modelos que experimentados revelarão dados significativos. Muitos deles apenas não apresentam informações úteis. À medida que ganhar mais experiência com o processo analítico, você terá uma percepção melhor de quando usar modelos específicos para os dados que encontrar. Mesmo então, provavelmente terá de ver seus dados de diversas maneiras para encontrar a observação que lhe dará resultados interessantes. Não desanime, continue analisando.

As técnicas de agrupamento geralmente são chamadas de técnicas de *análise não supervisionada* (ou até mesmo de *aprendizado não supervisionado*). Elas são denominadas *não supervisionadas* porque não impõem preconcepções, ou seja, você deixa que os dados lhe digam qual agrupamento existe, em vez de encaixar os dados em agrupamentos predefinidos. As técnicas não supervisionadas analisam os dados e fornecem dicas sobre as estruturas ocultas.

Alguns dados se prestam bem ao agrupamento, enquanto outros parecem não se organizar bem visualmente em agrupamentos bem definidos. As Figuras 7-1 e 7-2 mostram dados que representam as avaliações de clientes sobre uma loja. O eixo x mostra a nota que cada cliente deu, de −3 (abaixo da média) a 3 (acima da média). O eixo y mostra há quanto tempo, em meses, cada cliente faz compras na loja.

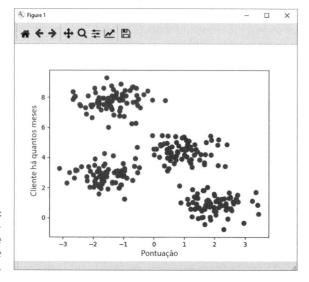

FIGURA 7-1: Dados agrupados de avaliação de clientes.

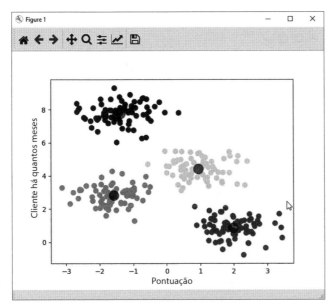

FIGURA 7-2: Dados de avaliação de clientes com centroides e cores.

A Figura 7-1 mostra que os dados parecem estar organizados em quatro agrupamentos. Novos clientes, talvez felizes com os descontos, avaliam a loja como estando acima da média. Aqueles que já são clientes da loja há dois ou três meses e meio ou há mais de seis meses dão avaliações abaixo da média, enquanto aqueles que são clientes entre três meses e meio a seis meses dão notas acima da média. Se a loja desse descontos para novos clientes e, novamente aos três meses, isso poderia explicar os vários agrupamentos.

Embora seja fácil visualizar os agrupamentos óbvios, é importante representá-los matematicamente para usar o modelo para previsão de comportamentos futuros. Uma técnica, o *agrupamento k-means*, calcula o ponto central mais provável, chamado de *centroide*, de cada agrupamento. Os modelos matemáticos dão aos analistas a habilidade de observar comportamentos similares que podem não ser óbvios. Nesse caso, a loja pode explorar mais profundamente por que as notas mudam com base em quanto tempo a pessoa é cliente e, o mais importante, o que pode fazer para aumentar as notas gerais das avaliações. A Figura 7-2 mostra os mesmos dados com centroides e cores diferentes para cada agrupamento identificado.

Outras vezes, os dados não parecem estar claramente agrupados. A Figura 7-3 mostra os pontos espalhados das avaliações dos clientes (eixo x) e o número relativo de avaliações que um cliente fez (eixo y). Não está fácil identificar claramente os agrupamentos neste gráfico, indicando que pode não haver uma forte correlação entre as avaliações e o número de avaliações feitas. Os clientes que dão um número de avaliações abaixo da média geralmente dão notas mais baixas, mas não é fácil prever como os clientes que dão um número de avaliações médio, ou acima da média, avaliarão a loja.

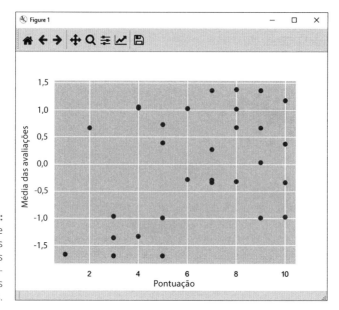

FIGURA 7-3: Dados de avaliações de clientes com agrupamentos fracos.

Independentemente disso, o algoritmo de agrupamento k-means consegue identificar três agrupamentos distintos, mostrados na Figura 7-4.

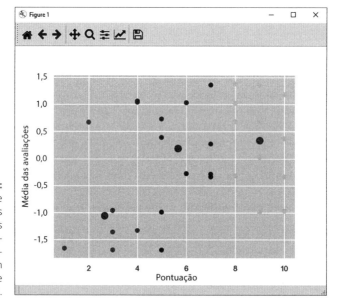

FIGURA 7-4: Dados de avaliações de clientes com agrupamentos fracos e com centroides e cores.

PAPO DE ESPECIALISTA

As técnicas de agrupamento geralmente não são usadas de forma isolada. São usadas durante as fases iniciais de análise ou com outras técnicas. O agrupamento é útil para identificar as combinações que podem não estar óbvias no início. Após a identificação desses agrupamentos, eles podem ser estudados em mais profundidade pelas utilidades de causalidade e previsão.

Definindo o pertencimento de grupo

Você acabou de aprender que as técnicas de agrupamento revelam como os dados se juntam, o que pode ser de grande valor no início da análise de seus dados. No entanto, muitos projetos analíticos exigem mais recursos para usar dados passados para prever o comportamento futuro. As técnicas de *análise de classificação* fornecem uma abordagem matemática para definir resultados prováveis com base em características conhecidas. Por exemplo, podemos usar a classificação para prever a probabilidade de uma pessoa ficar inadimplente em um empréstimo com base em sua renda atual e seu histórico de crédito. A classificação é uma técnica de aprendizado supervisionado. Com o *aprendizado supervisionado*, você define uma série de rótulos, ou grupos, e o modelo decide qual rótulo atribuir para a nova entrada de dados.

CUIDADO

Os modelos de classificação que você cria focam exclusivamente os dados, não as pessoas. No entanto, como as pessoas criam modelos, não é difícil que a parcialidade humana influencie como tais modelos sejam criados e usados. A forma como você usa os resultados analíticos pode levar a decisões que afetam as pessoas. Há uma separação tênue entre a classificação e caracterização. Tome cuidado ao tomar decisões com base nos resultados de classificação. Os modelos de classificação são criados com uma parcialidade humana substancial, como, por exemplo, basear os resultados de inadimplência de empréstimos em raça ou religião, o que pode produzir resultados discriminatórios e até levar a decisões ilegais.

A classificação é uma abordagem à previsão analítica. A abordagem geral para criar modelos de aprendizado supervisionado é usar um conjunto de dados com rótulos conhecidos para *treinar* o modelo e, então, fornecer dados não rotulados para que o modelo sugira um rótulo. Simplificando, seu modelo aprende a dar uma resposta certa ao estudar atributos e resultados conhecidos, e, na sequência, permite testar isso fornecendo um novo objeto com atributos diferentes.

No Capítulo 10, você aprenderá sobre diversos métodos de classificação, mas por ora, ficaremos com uma das abordagens mais simples, uma *árvore de decisão*. A Tabela 7-1 apresenta uma pequena lista de dados históricos de inadimplência em empréstimos. Para este exemplo simples, estamos vendo apenas alguns atributos da pessoa, como o sexo, estado civil, se está empregada ou não, Estado de residência e status de inadimplência em empréstimos. A instituição financeira onde você trabalha quer usar esses dados para prever a probabilidade de as pessoas que pedem um empréstimo ficar inadimplentes.

TABELA 7-1 Dados de Inadimplência em Empréstimo

Sexo	Estado Civil	Empregado?	Estado de Residência	Inadimplente?
Masculino	Solteiro	Sim	SP	Sim
Masculino	Casado	Sim	RJ	Sim
Feminino	Solteiro	Sim	MG	Não
Masculino	Casado	Não	BA	Não
Feminino	Casado	Não	AM	Sim
Feminino	Casado	Sim	RS	Não
Feminino	Solteiro	Não	SC	Sim
Masculino	Solteiro	Sim	RR	Não

Usando os dados da Tabela 7-1, o único atributo que faz um bom trabalho ao prever se uma pessoa provavelmente ficará inadimplente é se ela está ou não empregada. Cada pessoa mora em um Estado diferente, então esse atributo não nos ajuda a prever nada, e os outros atributos estão divididos igualmente com respeito aos resultados. Mesmo a combinação de sexo e estado civil falha em nos ajudar a fazer uma previsão. Apenas o status de emprego da pessoa é um indicador confiável sobre se a pessoa ficará ou não inadimplente em um empréstimo — e isso faz sentido.

As análises do mundo real raramente são tão óbvias assim. Na maioria dos casos, não dá para apenas ver uma tabela de dados e prever resultados futuros. Pelo contrário, há todo o trabalho de criação de modelos que podem ser usados para prever resultados futuros com base em dados históricos. Como já foi mencionado, um dos modelos mais simples de classificação é a árvore de decisão. No Capítulo 10, você aprenderá a criar uma *árvore de decisão* baseada no blockchain, mas o modelo basicamente cria uma árvore com os dados que você fornece, a qual poderá usar para tomar decisões. Se criar uma árvore de decisão com os dados da Tabela 7-1, ela ficará parecida com a árvore da Figura 7-5.

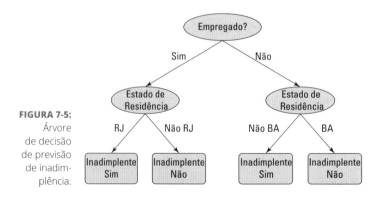

FIGURA 7-5: Árvore de decisão de previsão de inadimplência.

Usando a Figura 7-5, fica fácil observar que o único atributo significativo é o status de emprego. Após definir se o requerente está empregado, todas as outras informações sobre essa pessoa têm o mesmo peso ao determinar se há chances de ela ficar inadimplente.

CUIDADO

Tenha cuidado ao caracterizar os resultados. Esse classificador simples de inadimplência em empréstimos pode definir apenas se há chances (ou não) de que a pessoa não pague as parcelas do empréstimo, com base em informações muito limitadas. Nenhum modelo analítico é perfeito. Nunca baseie suas decisões apenas em modelos analíticos; sempre corrobore os resultados do modelo com outras entradas disponíveis, ou seja, os resultados analíticos devem se alinhar com outros dados.

Uma das partes mais difíceis de usar qualquer modelo analítico é identificar os melhores atributos que produzirão os resultados com maior qualidade. Você descobrirá mais sobre a seleção básica de atributos nos Capítulos 9 a 12. Por ora, sempre se assegure de que os atributos selecionados façam sentido. Por exemplo, incluir o tipo de carro que o requerente de um empréstimo tem poderia indicar o estilo de vida dessa pessoa, mas considerar a cor do interior desse carro provavelmente não é um atributo importante.

DICA

Evite descartar qualquer atributo rápido demais. Muito embora a cor do interior de um carro possa parecer irrelevante, caso a pesquisa de seus dados iniciais mostre uma forte correlação entre a cor do interior do carro com o pagamento do empréstimo, dê um outro olhar a esse atributo. Resultados inesperados podem ocorrer devido a dados ruins, ao modelo inapropriado de seleção ou apenas à dinâmica que você não tinha entendido antes. A análise de dados pode ser difícil porque muitas correlações não ficam óbvias inicialmente, mas o trabalho que você investe na descoberta do que não está óbvio pode ser produtivo.

Descobrindo relações entre os itens

O último tipo principal de análise de dados relacionados vê como objetos diferentes se relacionam entre si. Os métodos anteriores examinaram como os atributos de um único objeto tornaram esse objeto similar a outros. As técnicas de *análise de associação* ajudam a identificar quando os objetos existem rotineiramente juntos em contextos específicos (geralmente, na mesma transação). Por exemplo, suponha que você trabalhe para uma rede de supermercados. Um tipo comum da técnica de análise de associação é a *análise de cesta de compras*, que identifica os itens que um consumidor geralmente compra juntos.

PAPO DE ESPECIALISTA

Um dos primeiros resultados surpreendentes da análise de cesta de compras foi a descoberta de uma forte correlação entre fraldas para bebês e cerveja nas noites de quinta-feira e domingo. Uma pesquisa mais aprofundada descobriu que os pais jovens geralmente ficaram com a tarefa de comprar fraldas na quinta-feira, para estar tudo pronto para o fim de semana, e novamente no domingo, para o preparo da semana que se iniciará. Também era comum que esses jovens pais pegassem um fardo com seis cervejas enquanto estavam no supermercado. Os astutos gerentes começaram a colocar as cervejas entre o corredor de fraldas e o caixa (para os papais não se esquecerem da cerveja). Ignorando a evidente estereotipagem nesse exemplo, como resultado, os supermercados conseguiram aumentar a venda de cervejas.

Os algoritmos mais comuns são simples, mas tediosos. A *técnica a priori* apenas contém itens nas transações e relata as probabilidades de qualquer item aparecer em uma transação. Ela começa com itens individuais, depois reconta o conjunto de dados inteiro usando pares de itens. E continua acrescentando itens ao conjunto de transações até que acabem os dados. Regras adicionais ajudam que o processo evite a recontagem de conjuntos de itens que não são significativos. O algoritmo é tedioso, mas técnicas avançadas para implementá-lo são valiosas. (Há muito mais a respeito do algoritmo a priori, mas já está bom por enquanto.)

Independentemente do tipo de técnica usada, o objetivo da associação é ajudar a identificar situações em que uma escolha tem uma grande chance de ser acompanhada por outra. A capacidade de associar escolhas é a base dos *mecanismos de recomendação* (softwares que analisam escolhas passadas e fazem previsões do que você pode escolher na próxima vez). Organizações enormes, como Netflix, Amazon, Google e praticamente qualquer outra empresa que esteja tentando lhe vender algo, usam mecanismos de recomendação para incitá-lo a comprar mais.

A venda sugestiva não é algo novo. Muito tempo atrás, os estabelecimentos de fast food descobriram que as fritas eram uma adição comum aos sanduíches (e um item de alto lucro). Começaram a pedir que os caixas perguntassem aos clientes "Quer fritas para acompanhar?" Posteriormente, começaram a oferecer combos para facilitar a implementação daquilo que a análise da cesta de compras lhes mostrou.

Hoje, praticamente todos os sites que você visita oferecem recomendações de ações adicionais que você deveria tomar. "Clique aqui para descobrir mais sobre o melhor negócio de todos os tempos!" Os mecanismos de recomendação usam técnicas de associação para analisar suas atividades online (geralmente em tempo real) para definir uma ação comum para você seguir. A precisão excepcional desses mecanismos é o motivo que o faz pensar que estão lendo sua mente. Como os seres humanos são basicamente criaturas de hábito, não é tão difícil assim observar normas gerais e prever um próximo passo provável. Esse é o poder das técnicas de associação.

Prevendo os Resultados Futuros

As organizações se voltam à análise de dados por muitos motivos. Embora ter uma melhor compreensão de seus dados seja um motivo convincente para usar a análise, isso não ajuda muito, a menos que tome decisões úteis com base naquilo que aprende. Seu objetivo pode ser identificar características semelhantes entre os atributos de seus produtos ou clientes. Tal descoberta poderia levá-lo a adicionar, alterar ou remover serviços para atender às preferências dos clientes. Além disso, seria possível identificar previamente relações desconhecidas entre seus produtos ou serviços, e usar isso para fazer sugestões para eles.

Embora a descoberta possa ser um resultado valioso da análise de dados, um de seus usos mais comuns é a previsão. Como você aprendeu na seção anterior, os seres humanos tendem a ser criaturas de hábitos. Na verdade, a natureza geralmente prefere resultados repetidos e previsíveis. Exemplificando, muito tempo atrás, o clima costumava ser visto como um conjunto de circunstâncias em constante mudança que não podia ser facilmente compreendido. Então, à medida que mais meteorologistas começaram a estudar o clima passado e o que levou a eventos climáticos específicos, uma previsão confiável se tornou possível. Hoje, a previsão do clima é um pouco mais do que a criação de modelos a partir de dados históricos, fornecendo condições atuais e pedindo ao modelo que faça a previsão do que acontecerá.

PAPO DE ESPECIALISTA

Se você é um entusiasta de meteorologia, provavelmente já ouviu os meteorologistas fazerem menção a diferentes modelos preditivos, como o modelo europeu ou o modelo de Pesquisa e Previsão Climática (Weather Research and Forecast). Cada tipo se refere a um modelo de análise de dados (e a algumas fórmulas matemáticas) que usa dados meteorológicos históricos para prever eventos futuros. Cada modelo produz resultados levemente diferentes, porque os dados de entrada são analisados de formas um pouco distintas. Assim como pedir conselhos a um amigo, nenhum modelo será sempre perfeito, e alguns funcionam melhor do que outros em situações específicas.

Você já viu um tipo de modelo preditivo: a árvore de decisão. Uma árvore de decisão é um modelo simples e funciona bem com dados categóricos. *Dados categóricos* têm uma variação limitada de valores de dados, como sim/não, verdadeiro/falso ou pequenas listas, como os dias da semana ou os meses do ano. Outro tipo de dados que você encontrará são os *dados contínuos*, que quase sempre são e podem ser valores com uma grande variação. Exemplos desse tipo de dados incluem temperatura, salários, medidas e quaisquer valores com limites de variação.

DICA

Alguns valores, como avaliação de produtos, podem ser interpretados como categóricos ou contínuos. Como a maioria das avaliações está limitada a valores 1, 2, 3, 4 ou 5, poderíamos interpretar tais dados como um intervalo ou valores distintos. Modelos diferentes lidam com os dados diferentemente, então a habilidade de interpretar os dados como tipos diferentes nos dá mais flexibilidade ao selecionarmos os modelos.

CAPÍTULO 7 **Criando Modelos Analíticos Básicos de Blockchain** 133

O objetivo da *análise preditiva* é criar e treinar um modelo que preveja precisamente resultados futuros com base em informações disponíveis. É necessário analisar dados históricos existentes, fazer suposições para criar uma fórmula para esses dados, então, aplicá-la em novos dados para prever algum resultado. O processo começa com a análise dos dados que você tem. É por isso que vimos as técnicas de agrupamento. Se você puder identificar quaisquer agrupamentos de dados, conseguirá usar essa informação para identificar atributos interessantes.

Após identificar os atributos para seu modelo, você passa para uma fase na qual encontra uma fórmula que melhor representa os dados existentes (históricos). Esse processo é chamado de *treinamento do modelo*. Nessa fase, você continua mexendo na fórmula para que se adapte da melhor forma a seus dados em treinamento. Após o treinamento do modelo, você estará pronto para alimentá-lo com novos dados para ver como ele prevê resultados futuros.

Nas próximas seções, você aprenderá como evitar armadilhas comuns e criar modelos mais precisos.

Selecionando atributos que afetam o resultado

Um dos fatores primários na criação de um bom modelo analítico é selecionar todos os atributos que afetam mais diretamente o resultado e excluir quaisquer atributos que não o fazem. Na prática, é um equilíbrio difícil de ser alcançado. A análise de dados se concentra no estudo de como os dados históricos podem ajudar a prever resultados futuros, e nem sempre fica óbvio até onde os atributos individuais influenciam os resultados. Não é suficiente apenas usar a intuição ao avaliar a importância de um atributo. Você precisa de um método confiável.

É possível selecionar os atributos de duas formas principais: métodos de filtros e métodos de wrapper [embrulho]. Os *métodos de filtros* são mais rápidos, mas podem não ser os mais precisos, então são uma boa escolha quando a criação rápida de um modelo é mais importante do que sua precisão. Os *métodos de wrappers* criam os modelos iterativamente, incorporando técnicas de aprendizado de máquina para determinar quais atributos afetam os resultados o máximo possível. Os métodos de wrappers são mais lentos e caros, em termos de computação, mas produzem conjuntos mais precisos de seleção de atributos.

Filtrando atributos rapidamente

Os métodos de filtros de seleção de atributos, como o teste *qui-quadrado* e o *ganho de informações*, avaliam o efeito que cada atributo tem no resultado. Os *métodos de filtros de seleção de atributos* são geralmente mais rápidos e fáceis de calcular; você só precisa de acesso aos dados armazenados em cada resultado e o resultado registrado. A ideia é comparar cada atributo com o resultado para definir se um atributo é estatisticamente significativo ao resultado. Por exemplo, no exemplo anterior de inadimplência em um empréstimo da Tabela 7-1, o Estado de residência do requerente do empréstimo não tinha efeito no fato de se haveria a probabilidade de o requerente não pagar o empréstimo.

Os métodos de filtros são maneiras simples de definir se atributos individuais contribuem, de forma substancial, ao resultado conhecido no conjunto de treinamento. Caso não contribua, presume-se que ele não deve ser um componente das próximas previsões. O principal inconveniente desses métodos é que geralmente não avaliam o efeito de atributos compostos. Por exemplo, o atributo de Estado de residência pode não ser significativo por si só, porém, pode ser quando considerado com o estado civil. Determinar o efeito de atributos compostos e dependentes exige mais trabalho.

Seleção de atributos wrapper para alta precisão

As abordagens de seleção de atributos wrapper, como a *seleção de atributos forward [passo à frente]* e a *eliminação de atributos backward [passo atrás]*, empregam o aprendizado de máquina para definir conjuntos de atributos que mais afetam os valores de resultado. As principais abordagens da *seleção de atributos wrapper* são começar com um conjunto vazio de atributos e criar um conjunto de atributos mais influentes, ou começar com todos os atributos e eliminar iterativamente aqueles que não afetam muito o resultado. De qualquer forma, o objetivo é ter, no final, um conjunto de atributos que afetam ao máximo as previsões do modelo.

Os métodos de wrapper exigem mais tempo e esforço, mas geralmente fornecem uma seleção mais precisa de atributos do que os métodos de filtros. Os métodos de filtros são mais comuns na fase inicial da análise, quando a maior parte da atividade está focada na pesquisa dos dados. As fases posteriores focam a criação de modelos precisos com mais chances de serem beneficiados pelos métodos de wrapper.

Superando os melhores palpites

A maioria das perguntas sempre tem aqueles ótimos palpites como resposta, e as previsões nos ambientes empresariais não são diferentes. A análise de dados tem êxito quando seus modelos preveem resultados com uma probabilidade maior do que apenas ótimos palpites. Presuma que em qualquer dia comum, 25% das pessoas que visitam o site de uma loja online compram pelo menos um produto. (A propósito, é uma ótima média!) Isso quer dizer que você atribuirá a cada consumidor uma probabilidade de compra de 0,25.

Contudo, ao usar análise de dados, você descobre que os clientes que acessam seu site e compraram mais de três vezes no último mês têm 80% de chances de realizar uma compra nesta visita. Veja bem, é esse cliente que você deve focar. O objetivo é desenvolver modelos que lhe permitam identificar os clientes com mais

CAPÍTULO 7 **Criando Modelos Analíticos Básicos de Blockchain** 135

chances de comprar com você. São eles os clientes que mantêm seu negócio. A análise de dados possibilita observar os dados demográficos de um cliente e os dados de atividades (atributos), chegando a conclusões sobre as chances de colocarem dinheiro em seu bolso.

PAPO DE ESPECIALISTA

Você aprendeu sobre a análise e como ela pode fazer previsões, um atributo geralmente chamado de *análise preditiva*. Outro aspecto fascinante que não trago para esta análise é a *análise prescritiva*, em que você analisa os dados e cria estratégias para afetar os resultados. Por exemplo, é possível identificar formas para potencialmente transformar os visitantes de seu site em clientes pagantes, em vez de apenas prever quais comprarão com você.

A ideia subjacente à superação do melhor palpite é demonstrar que seu modelo é melhor. Uma forma comum de fazer isso é estabelecer uma *hipótese nula* e uma *hipótese alternativa*. Suponha que seu modelo examine o efeito de estar empregado na análise do requerente do empréstimo para ver se há chances de ficar inadimplente. A hipótese nula afirma que estar ou não empregado não tem efeito no não pagamento de empréstimos. A hipótese alternativa afirma que estar ou não empregado é um bom indicador de se a pessoa ficará inadimplente. Para definir se estar ou não empregado é um bom discriminador, apenas avalie cada hipótese e veja se os resultados são diferentes. Claramente, a função emprego afeta, sim, o não pagamento de um empréstimo (a partir da Tabela 7-1), então devemos rejeitar a hipótese nula. Portanto, a hipótese alternativa é aceita, e a função emprego é um bom atributo em potencial para seu modelo.

Os melhores modelos analíticos não apenas superam o melhor palpite, mas fazem isso com a maior precisão possível. Diversos modelos superam os melhores palpites com frequência. É importante analisar o máximo possível de modelos e opções para encontrar a melhor solução.

DICA

A melhor solução é quase sempre a melhor por enquanto. Os modelos de aprendizado supervisionado dependem de dados de treinamento. Conforme seus dados mudam ao longo do tempo, a precisão do modelo pode ser alterada, para melhor ou pior. É importante retreinar modelos com dados atuais para garantir a precisão contínua mais alta.

Criando confiança

Os modelos analíticos de dados dão resultados, mas sempre com uma ressalva. As previsões nunca são garantidas. Há um nível de incerteza na previsão de qualquer resultado. Até onde se pode confiar em uma previsão é chamado de *confiança* da previsão.

Quando avaliamos quaisquer dados, provavelmente vemos alguns que parecem não se encaixar. Os dados que não se encaixam com a maioria dos restantes formam um conjunto denominado de *discrepâncias (outliers)*. Essas discrepâncias podem existir por diversos motivos. Talvez a mensuração foi falha, o comportamento do objeto era incomum ou outra coisa esquisita tenha acontecido. Não importa o motivo para as discrepâncias, sua existência pode ter um efeito negativo na criação e no uso de um modelo. A confiança pode ajudá-lo a lidar com discrepâncias e desvios na precisão do modelo. Como os dados do mundo real não são perfeitos e simétricos, sempre existirão desvios das projeções de resultados de qualquer modelo. Definir um valor de confiança possibilita que um modelo ainda seja preciso, mesmo se fornece uma precisão que não se concretiza.

Os *níveis de confiança*, ou *intervalos*, geralmente são expressos em porcentagens. Um nível de confiança de 95% significa a expectativa de que o modelo fornecerá resultados corretos em 95% das vezes. Isso não é mau, mas um nível de confiança de 99% (ou até mais alto, como 99,99%) é preferido. Criar e treinar um modelo que faz previsões com um nível de confiança maior que 99% exige muito trabalho, mas tal modelo pode ser uma ferramenta empresarial valiosa.

Para os dados distribuídos normalmente, a maioria deles está localizada ao redor de um valor *médio* com dados decrescentes à medida que se move para longe da média. A Figura 7-6 mostra um conjunto de dados distribuídos normalmente com o valor da média na linha do centro e os limites do intervalo de confiança nas duas linhas, uma em cada ponta. Os valores fora do intervalo de confiança (tanto na ponta positiva quanto na negativa) são as *caudas* da distribuição. Como alguns dados sob as caudas da curva de distribuição ficam fora do intervalo de confiança, a análise de confiança é, às vezes, chamada de *análise de duas caudas*.

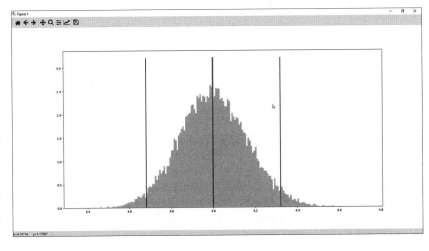

FIGURA 7-6: Distribuição normal de dados com média e intervalo de confiança de 95%.

CAPÍTULO 7 **Criando Modelos Analíticos Básicos de Blockchain** 137

Agora observe a Figura 7-7, que apresenta os mesmos dados e o valor da média da Figura 7-6, mas com um intervalo de confiança de 99%. Perceba que as barreiras do nível de confiança estão mais separadas e há menos dados fora do intervalo. Um intervalo de confiança maior lhe diz que, neste caso, 99% de todas as previsões devem ficar entre os limites do intervalo de confiança. Conforme o valor de confiança aumenta, o número de discrepâncias deve diminuir.

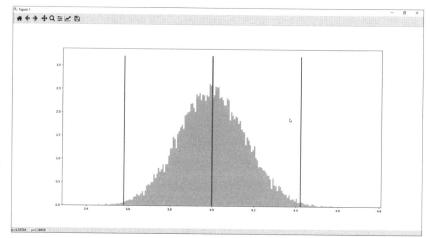

FIGURA 7-7: Distribuição normal de dados com média e intervalo de confiança de 99%.

Analisando Dados em Séries Temporais

Às vezes, os dados exibem características que não se encaixam bem nos modelos regulares. Por exemplo, imagine que lhe pediram para analisar os preços de ações de determinado ativo e prever os níveis de preço futuro. Você descobriria rapidamente que os modelos que viu até agora talvez não funcionem bem porque eles ignoram as variações devidas ao tempo. Os preços de ações flutuam ao longo do ano. Algumas ações se saem melhor do que outras em momentos diferentes do ano. Tais flutuações podem ocorrer devido a recursos produtivos, demanda ou apenas por tendências dos consumidores.

Outro exemplo que se encaixa na análise de séries temporais (observar os dados quando o tempo é uma variável dependente) são os dados de passageiros de companhias aéreas. Na Figura 7-8, fica fácil de observar que o número de passageiros cresceu constantemente desde 1949, em aparentes disparadas.

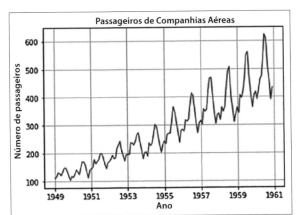

FIGURA 7-8: Dados de passageiros de companhias aéreas.

As altas e as baixas relativas dentro de cada ano representam as variações sazonais ao longo do ano. As viagens aéreas têm um pico nos meses de verão. Um dos primeiros passos ao aplicar as técnicas de análise de séries temporais é mapear as variações de dados com base no tempo em uma métrica, como uma média ou uma tendência ponderada, que seja fácil de ver e interpretar. Para remover, ou comprimir, as variações sazonais, podemos aplicar uma *média móvel* (um valor médio baseado em valores anteriores que atenua as flutuações) para criar uma linha de tendência. A média móvel impõe uma visão atenuada do movimento dos dados que tende e minimizar as variações sazonais. A Figura 7-9 mostra os mesmos dados dos passageiros de companhias aéreas com uma linha de tendência calculada.

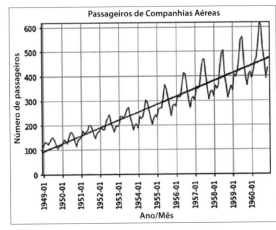

FIGURA 7-9: Dados de passageiros de companhias aéreas com uma linha de tendência.

CAPÍTULO 7 **Criando Modelos Analíticos Básicos de Blockchain**

A linha de tendência facilita a comparação de dados baseados em tempo que incluem variações sazonais porque ela achata, ou atenua, as variações cíclicas. No entanto, ela também comprime muitos detalhes dos dados, então é importante considerar todos os componentes que formam os dados baseados em tempo. Ao analisar esse tipo de dados, há pelo menos quatro visualizações que você deve considerar para compreender totalmente seus dados:

» **Bruta:** Essa visualização é a original, ou bruta, de seus dados. A Figura 7-8 mostra esse tipo de visualização.

» **Tendência:** Uma linha de tendência pode ser usada por si só ou superimposta em outra visualização. Ela o ajuda a visualizar como os dados mudam ao longo de um período de tempo, sem mostrar outras variações. A Figura 7-9 mostra uma linha de tendência superimposta na visualização bruta dos dados.

» **Sazonalidade:** Outro tipo de visualização extrai as mudanças ao longo do tempo e retrata visualmente as variações sazonais, sem as mudanças gerais do valor básico. Ela se parece com os dados brutos, caso a linha de tendência seja horizontal.

» **Resíduos:** Este último tipo de visualização de séries temporais mostra quaisquer outras variações observadas nos dados que não podem ser explicadas pela variação sazonal ou baseada em tempo.

O objetivo geral da análise de séries temporais é fornecer informações sensíveis a tempo e datas, e previsões para os dados que dependem do momento de sua ocorrência. Muitos aplicativos empresariais da vida real dependem de previsões atuais, e a análise de séries temporais lança previsões a períodos de tempo específicos.

Explorando crescimento e maturidade

Uma das aplicações da análise de séries temporais é em situações nas quais produtos, serviços ou entidades mudam ao longo do tempo. Muitos fatores, tanto internos quanto externos, podem afetar a precisão dos resultados do modelo analítico. Os modelos mais precisos consideram as influências temporais, conforme necessário, para calcular as previsões.

Embora nem todos os dados sejam sensíveis ao tempo, muitos modelos financeiros devem levar o tempo em consideração. Um modelo para prever o preço de ações para 2001 não será preciso para prever os preços de amanhã. Da mesma forma, prever o movimento de passageiros para um voo em março será muito menos preciso sem incluir a sazonalidade. A análise da série temporal permite que analistas incluam sazonalidade, fatores climáticos relacionados ao tempo e influências conhecidas adicionais para criar o modelo mais preciso possível.

140 PARTE 2 **Obtendo Dados do Blockchain**

Identificando tendências sazonais

Os fabricantes de brinquedos conhecem as influências sazonais há décadas. A demanda por brinquedos tende a aumentar, às vezes a passos vertiginosos, com a chegada do Natal. Saber da existência de tais tendências orienta as decisões empresariais necessárias para atender às demandas antecipadas. O planejamento em todos os aspectos da cadeia de suprimentos, da fabricação e da distribuição seria insuficiente sem modelos sofisticados baseados em variações sazonais.

O planejamento de aprovisionamento de produção é bem diferente para fevereiro e setembro, como seria de se esperar. O planejamento de fevereiro foca a aquisição de matéria-prima para uma produção agressiva, enquanto o foco de setembro é a distribuição. As técnicas de análise de séries temporais ajudam os analistas a criarem modelos que atendam às necessidades da organização patrocinadora, não importa o período de tempo que está sendo considerado.

Descrevendo ciclos de resultados

Você aprendeu anteriormente que pode usar linhas de tendência para suavizar as variações observadas nos dados brutos. As linhas de tendências facilitam ver as tendências em longo prazo (de crescimento, espero), mas escondem as variações cíclicas periódicas normais. Em muitos casos, incluindo o exemplo dos gráficos dos dados de passageiros de companhias aéreas das Figuras 7-8 e 7-9, os dados tendem a fazer um ciclo a cada ano. Se os ciclos intra-anuais forem de interesse, as visualizações sazonais e residuais poderão ajudar. Essas duas últimas visualizações, das quatro análises padrão de visualizações de séries temporais, ajudam a ampliar as variações observadas em ciclos. Ao selecionar os atributos, uma alta variação observada nos resíduos pode dar a entender que está havendo algo inexplicável e que você deve considerar atributos adicionais.

Embora a análise de séries temporais seja mais complexa do que outros tipos de análise, ela pode fornecer insights valiosos sobre como seus dados mudam ao longo do tempo e como você pode revelar valores oportunos a partir dela.

Agora que já conhece os principais tipos de análise, está pronto para aprender como usar o Python para implementar modelos analíticos e, na sequência, aplicá-los aos dados do blockchain.

142   PARTE 2 **Obtendo Dados do Blockchain**

NESTE CAPÍTULO

» Motivando os participantes a contribuírem com dados

» Incentivando a participação no blockchain

» Aumentando o valor analítico com dados relevantes

» Criando equipes para o bem maior

Capítulo **8**

Potencializando Modelos Analíticos Avançados de Blockchain

Um projeto analítico de dados exitoso e produtivo é mais do que apenas uma compreensão de estatística. Você aprendeu a respeito de alguns modelos básicos no capítulo anterior, mas apenas falar sobre modelos não é o suficiente. Inúmeros recursos podem ajudá-lo a criar modelos básicos e avançados de análise de dados. Este livro é único no sentido de que explico como usar esses modelos em um ambiente blockchain. Porém, mesmo o alinhamento de dados do blockchain com modelos analíticos não é o suficiente para justificar o esforço.

O real valor da análise de dados em qualquer ambiente repousa no alinhamento adequado dos modelos escolhidos com os dados para atingir os objetivos empresariais. Sem dados atuais de alta qualidade, até mesmo um ótimo modelo não entregará os melhores resultados. Mesmo se criar um modelo perfeito que entregue a maior precisão, é praticamente certo que ele se deteriorará com o passar do tempo. Você deve retreinar os modelos perpetuamente com dados novos para manter os resultados valiosos. Caso não faça isso, tomará decisões com base em dados cada vez mais defasados.

Tal necessidade por dados pertinentes e novos significa que você terá de dar aos participantes que alimentam seus modelos razões para continuarem por perto. Oferecer incentivos para os participantes que continuam fornecendo dados, reduzir o custo de participação e promover um ambiente colaborativo devem ser os objetivos de um grupo de trabalho saudável.

Seu ambiente blockchain (ou a comunidade dentro de um ambiente blockchain) provavelmente não prosperará sem cuidado e alimentação. A melhor forma de encorajar um ambiente saudável de dados no blockchain que cresça e mature é dar incentivos para a contribuição contínua, facilitar isso o máximo possível e encorajar a contribuição entre todos os participantes. Neste capítulo, você aprenderá sobre as abordagens específicas de análise e blockchain para buscar esses objetivos.

Identificando Mecanismos de Incentivo à Participação

Muitos projetos analíticos ocorrem em ambientes completamente públicos ou isolados. É comum fazer análises com dados publicamente disponíveis para obter macrorresultados, então, usar silos de dados internos para os resultados micro. Tal abordagem geralmente acaba disponibilizando insight valorosos, mas por vezes não lança luz às atividades intermediárias. Os resultados macro podem ajudar a explicar as tendências setoriais e até dirigir as decisões estratégicas em escala. Por outro lado, os resultados micro podem ajudar as empresas a ver o que está acontecendo em seus próprios ambientes.

O que geralmente falta é uma visão da atividade que ocorre em um segmento de mercado específico de uma empresa. Por exemplo, uma enorme quantidade de dados está disponível no campo da produção de automóveis. Se uma organização participasse da cadeia de suprimentos da fabricação de automóveis, há grandes chances de que conseguiria acessar e analisar as informações gerais da cadeia de suprimentos, assim como seus próprios dados internos. Contudo, talvez não consiga adquirir dados preciosos que focam sua linha específica de produtos no contexto de sua parte nessa cadeia.

As organizações médias e grandes geralmente participam em grupos de trabalho de compartilhamento de informações, mas limitam os dados que compartilham para evitar o vazamento desnecessário de propriedade intelectual. Esses limites no compartilhamento de dados resultam em dados desnecessariamente genéricos. O segredo para criar modelos analíticos eficazes é garantir que tenha os dados de que seus modelos precisam para fornecer os resultados e alcançar seus objetivos. Isso pode ser feito ao oferecer incentivos para os provedores de dados para que contribuam com dados mais valiosos. Você pode realizar de diversas maneiras o objetivo de obter os dados necessários para seus modelos.

Cumprindo com as determinações

O método mais óbvio a ser usado no incentivo dos participantes para contribuírem com dados é determinar as contribuições. Essa abordagem pode parecer a mais simples e direta, mas nem sempre resulta nos dados da mais alta qualidade. As *determinações* podem existir de várias formas, incluindo legislação, regulação, padrões setoriais, padrões de organizações profissionais ou até mesmo requisitos de concordância para participação em grupos de trabalho. Independentemente do tipo de estipulação, as organizações, mais cedo ou mais tarde, classificarão as determinações como obrigações que devem cumprir, e farão isso cumprindo com o mínimo absoluto. A menos que haja outros incentivos, a maioria das organizações não investirá esforço e dinheiro para exceder o mínimo das determinações.

As determinações voltadas ao usuário individual provavelmente resultarão no menor nível de compliance observada. Os usuários tendem a concordar com os termos sem fazer uma leitura completa dos acordos de uso e realizarão o mínimo das atividades determinadas apenas se elas forem necessárias para completar a funcionalidade desejada. Quer dizer, muitos usuários farão das tripas coração apenas se tiverem de fazer isso para obter as informações que querem. Forçar os usuários a realizar algo pela funcionalidade ou por dados é um jogo perigoso. Provavelmente eles se cansarão do esforço adicional e simplesmente escolherão não participar.

Determinar a participação e o comportamento adequados comumente resultará em uma menor participação geral. Mesmo quando seus termos de uso afirmam claramente que a participação depende da contribuição, há grandes chances de os usuários ficarem frustrados e saírem. E quando isso ocorre, eles levam consigo valiosos dados em potencial, dos quais sua organização precisa para prosperar.

Devido às inúmeras desvantagens de depender apenas de determinações, é recomendado que as organizações não usem tal abordagem monolítica para fomentar a participação na rede blockchain. Uma solução melhor é informar os participantes sobre os benefícios que terão com a participação e, depois, oferecer incentivos interessantes por serem bons contribuintes.

CAPÍTULO 8 **Potencializando Modelos Analíticos Avançados de Blockchain** 145

Um dos benefícios de trabalhar em um ambiente blockchain é que o blockchain tende a atrair participantes que valorizam a descentralização e a falta de controle central. Tal atitude é comum juntamente com um senso maior de envolvimento na comunidade e uma disposição para contribuir pelo bem maior. Embora não possamos presumir que todos os participantes no blockchain serão altruístas, algumas organizações perceberam que os participantes nesse ambiente tendem a ser mais facilmente motivados do que os usuários em ambientes tradicionais. Nas próximas seções, você aprenderá algumas alternativas à abordagem opressiva de determinar bom comportamento.

Jogando com os parceiros

Um dos métodos mais bem-sucedidos para incentivar o comportamento é transformar a atividade a ser incentivada em um jogo. Os educadores sabem há tempos que uma maneira eficaz de reduzir a natureza tediosa do aprendizado e aumentar a retenção geral é usar jogos no processo educacional. Tratar o processo de aprendizado como um jogo, juntamente com a habilidade de ganhar pontos ou status, aumenta o interesse e a participação do estudante.

A *gamificação* descreve a aplicação do design de jogos a ambientes do mundo real. A maioria das pessoas gosta de alguns tipos de jogos. Eles envolvem desafios, um ambiente seguro para solucionar tais desafios sem efeitos negativos reais em longo prazo e o potencial de uma recompensa pelo sucesso. Muitos sistemas de jogos engajam os jogadores com personagens e narrativas interessantes, oferecendo um caminho para ganhar recompensas e desenvolver o personagem. A aplicação de elementos dos jogos em ambientes do mundo real vem mostrando resultados positivos no encorajamento da participação nos projetos em grupo.

CUIDADO

Não confunda gamificação com *teoria dos jogos*, que é uma abordagem matemática para o estudo de interações complexas entre agentes do sistema, ou seja, ela busca formalizar o processo de explicação das situações sociais entre participantes concorrentes, ou jogadores. *Gamificação* é a aplicação de elementos de design de jogos em um ambiente que não é de jogos, como um projeto ou um aplicativo de blockchain, com o propósito de aumentar a participação.

Companhias aéreas, hotéis e supermercados são apenas três exemplos de empresas que capitalizaram esse conceito. Muitas organizações de diversos setores têm programas de fidelidade, que recompensam os participantes com pontos, distintivos ou até descontos. Os participantes fornecem suas informações de identificação juntamente com os dados da atividade. Em troca desses dados valiosos, ganham níveis crescentes de status e benefícios.

DICA

Não é difícil observar o poder dos programas de fidelidade e status. Pegue um voo e verá como a companhia aérea trata seus clientes com determinado status de forma diferente dos clientes comuns. Às vezes é até engraçado ver os passageiros com esse status se gabarem, o que apenas demonstra o poder da gamificação.

A gamificação pode ser uma forma de motivar os participantes em seu ambiente blockchain a contribuírem perpetuamente com dados de qualidade. Se puder desenvolver um programa que ofereça um valor real (ou percebido) em troca de dados, poderá aumentar substancialmente a longevidade de seus modelos analíticos.

Recompensando e punindo os participantes

Outra forma de incentivar os participantes é mais direta. Em vez de oferecer o sutil benefício do status que vem da gamificação, você responde imediatamente ao comportamento. Seu aplicativo pode monitorar o comportamento de envio de dados e dar recompensas ou punições com base na qualidade da participação. Embora possa parecer um pouco com a gamificação, a diferença é que as recompensas e as punições são impelidas por alguma entidade central, enquanto a gamificação é geralmente impelida pelo participante individual.

DICA

Com a gamificação, cada participante se envolve o quanto quiser. Aqueles que querem alcançar um nível maior de status devem arregaçar as mangas e partir para o trabalho de modo a conquistar tal status. Um sistema de recompensas e punições se assemelha mais a um semestre escolar. Cada participante ganha ou perde algo de valor com base em avaliações periódicas de comportamento.

Como a qualidade dos dados é mais importante do que a quantidade, deve haver concordância sobre a definição de dados bons e ruins. Em um ambiente blockchain, você pode programar a definição dentro dos contratos inteligentes que coletam os dados. Desde que os programadores do contrato inteligente definam métricas específicas que coletem e armazenem a qualidade desejada de dados, o consenso do blockchain forneceria a autoridade para determinar o nível de participação de contribuição para a qualidade do conjunto de dados do blockchain.

Assim como os mineradores exitosos, os participantes que contribuem com dados de alta qualidade, e de forma perpétua, poderiam ganhar criptomoedas ou outra medida de valor. Os participantes que fornecem dados de baixa qualidade poderiam perder valores por meio de penalidades. Tais mecanismos, desde que sejam considerados justos por todos os participantes, poderiam ajudar a manter uma alta qualidade geral de dados disponíveis.

Gerenciando os Custos de Implementação e Manutenção

A seção anterior se concentrou em garantir que os participantes continuem a fornecer dados atuais e de alta qualidade. No entanto, antes que estejam na fase contínua de interação, eles devem se juntar à rede e fornecer os recursos necessários para começar a participar. Esse passo pode envolver o provisionamento de infraestrutura, o desenvolvimento de imagem de blockchain e o fornecimento de conectividade para os usuários do aplicativo.

Às vezes, o custo e o esforço necessários para começar a participar em um ambiente blockchain são mais do que os que podem ser justificados por uma empresa jovem. Vejamos alguns dos problemas e como você pode diminuir o custo de admissão e aumentar o valor geral de seu ambiente de blockchain.

Baixando o custo de admissão

O desenvolvimento de um projeto de blockchain não é barato. É necessário todo o esforço, o pessoal e a estrutura de projeto consistentes com o desenvolvimento tradicional de aplicativos, além das habilidades únicas necessárias para a nova tecnologia. Alguns dos pioneiros do blockchain operavam, equivocadamente, sob a impressão de que um ambiente descentralizado significava custos globais menores. Embora seja possível argumentar que a descentralização reduz o investimento total em infraestrutura para qualquer entidade participante, esses custos tradicionais são geralmente redistribuídos para outras áreas.

Atividades tradicionais de desenvolvimento de software utilizam footprints [marcas] das aplicações, internamente ou na nuvem. Os desenvolvedores de aplicativos/aplicações projetam e escrevem seu software para ser executado a partir de um conjunto específico de servidores ou dispositivos. Embora uma aplicação possa ser composta por muitos componentes em diversos tipos de dispositivos (serviços, interfaces, middlewares, clientes etc.), a funcionalidade do aplicativo geralmente está centralizada em uma plataforma central de funcionalidade.

PAPO DE ESPECIALISTA

Essa descrição da arquitetura tradicional de aplicativos é genérica e deixa margens a muitas interpretações. A ideia é a de que os aplicativos/aplicações tradicionais, mesmo os distribuídos, funcionem com algum footprint centralizado. Em geral, você pode criar um quadro de um aplicativo tradicional que retrata todos os componentes e quem tem (e mantém) quais componentes.

A arquitetura de repositório de dados é similar à arquitetura de aplicativos, pois ela existe tradicionalmente como um componente centralizado. O repositório de dados mais popular em uso por aplicativos e aplicações de empreendimentos é o banco de dados centralizado. Um banco de dados pode ser relacional ou com suporte feito por qualquer número de novas tecnologias. Nos últimos anos, os repositórios maiores de dados começaram a cada vez mais se desviar dos modelos relacionais tradicionais em direção a uma arquitetura com o par chave-valor. Não importa qual seja a arquitetura de armazenamento, os repositórios mais recentes de dados são em grande parte centralizados.

DICA

Uma arquitetura de repositório de dados ou de aplicativos/aplicações não significa estritamente que existe uma única cópia em um único local. A distribuição de aplicativos é comum, onde o dono de um aplicativo pode fazer cópias do software do aplicativo em diversos servidores espalhados geograficamente em muitos centros de dados. Da mesma forma, a maioria dos repositórios de dados dos empreendimentos é replicada em múltiplos servidores para ter tolerância a falhas e o equilíbrio de volume. *Descentralização*, da forma como a analiso, se refere a uma propriedade de baixo nível de distribuição transparente de dados e funcionalidades para todos os nós em uma rede peer-to-peer [entre pares].

Tornar-se participante em uma rede blockchain exige mais do que apenas conectar-se à rede. O tamanho da mainnet do blockchain Ethereum está atualmente na casa de 2TB. Portanto, se quiser executar um nó repositório no Ethereum, terá de alocar pelo menos 2TB de espaço em disco apenas para armazenar o blockchain existente. E como o blockchain só cresce, as exigências de armazenamento nunca diminuirão. Você pode configurar um nó completo ou se quiser usar um espaço em disco substancialmente menor, um nó light. Os nós light baixam primeiramente apenas os cabeçalhos essenciais, e baixarão os conteúdos dos blocos quando precisar deles.

CUIDADO

Não presuma que todos os tamanhos de blockchain são iguais. A estimativa de tamanho de 2TB é apenas para a mainnet do blockchain Ethereum. Blockchains privados (ou de consórcio) do Ethereum, assim como qualquer blockchain que não seja do Ethereum, terão tamanhos diferentes e exigirão quantidades diferentes de espaço em disco para armazenagem.

Para piorar as coisas, realizar a análise de dados usando os dados do blockchain quase sempre exigirá uma armazenagem adicional off-chain substancial. Devido aos custos gerais da tecnologia blockchain, recomenda-se que você passe os dados do blockchain para criar um repositório off-chain, então, use esse repositório para análise. Extrair e analisar os dados diretamente do blockchain é possível, e você verá as duas técnicas nos Capítulos 9 a 12. Independentemente de qual abordagem usar, provavelmente precisará armazenar alguns dados off-chain.

CAPÍTULO 8 **Potencializando Modelos Analíticos Avançados de Blockchain** 149

Por essas e muitas outras razões, juntar-se a uma rede blockchain traz junto um custo nada trivial de admissão. Caso seu objetivo seja encorajar os participantes a participar e contribuir perpetuamente com sua rede e com os dados disponíveis, é importante remover o máximo de barreiras possíveis à participação.

A virtualização é uma abordagem promissora para diminuir o custo de admissão. Você não precisa fornecer uma infraestrutura física para criar um nó na rede blockchain. Serviços comerciais em nuvem, como o Amazon Web Services (AWS), podem ser uma boa escolha para preparar um nó no blockchain. Os custos estão associados com o tráfego de processamento e de rede, mas são geralmente menores do que o investimento para instalar um nó físico. Explorar as opções virtualizadas pode permitir que mais organizações considerem participar em seu ambiente blockchain.

Potencializando o valor de participação

O desempenho de qualquer investimento, pessoal ou empresarial, resume-se ao valor que você recebe em troca pelos ativos que contribui. Se o valor do retorno percebido for maior do que a quantia investida, o investimento será geralmente visto como lucrativo. Muito embora tenha diminuído os custos de participação em sua rede blockchain, um custo de entrada e outros custos adicionais contínuos ainda existem.

Um dos fatores essenciais para definir se um investimento em blockchain é sensato é o retorno obtido pela participação. O propósito deste capítulo é analisar como potencializar modelos analíticos avançados de blockchain, o que é feito ao obter valor a partir de modelos precisos. Os modelos precisos são obtidos ao criar cuidadosamente modelos que lhe dão as informações de que precisa e ao suprir esses modelos com os melhores dados. É assim que chegamos a este ponto da discussão.

DICA

Uso bastante o termo *você*. Ele pode se referir a você como indivíduo ou à sua organização como um todo. A análise de dados raramente é uma empreitada individual. Em quase todos os casos, você (o indivíduo) trabalhará em algum projeto analítico dentro de uma organização. Como a tecnologia blockchain é construída em uma rede de pares, é razoável assumir que trabalhará com outros nós e precisará da participação deles para manter os dados de seu modelo atuais e relevantes.

Potencializar o valor da participação e os modelos analíticos se resume a dar a seus provedores de dados um motivo para continuar no jogo. É claro, o jogo é muito mais do que algo que você faz em seu tempo livre. O jogo sobre o qual estou falando é a atividade do negócio de sua organização. A análise de dados pode fornecer informações avançadas para que você tome decisões estratégicas para ficar à frente de seus concorrentes. Ter essa vantagem é o motivo principal para investir tanto esforço e recursos no incentivo de seus parceiros comerciais e clientes para continuarem lhe fornecendo dados de qualidade. Seus modelos, e talvez a viabilidade de seu negócio, dependem disso.

Visto que você já sabe sobre o valor dos bons dados, o segredo para adquiri-los é manter relacionamentos com seus parceiros comerciais e clientes. Desde que os mantenha felizes e continue lhes dando bons incentivos, a maioria deles provavelmente continuará contribuindo com os dados de qualidade de que precisa. Ao oferecer esses incentivos, você potencializará o valor de suas participações ao coletar dados que têm mais valor do que os incentivos que os oferece.

Alinhado o ROI com a moeda analítica

Até agora, analisei o valor dos dados apenas com termos genéricos. Em alguma altura, é necessário colocar números reais no valor dos dados. A melhor estratégia para definir se seu investimento na análise de dados do blockchain vale a pena é mensurar o desempenho de seu modelo. Essa tarefa parece simples, mas em um ambiente empresarial dinâmico e muitas vezes frenético, não raro é mais fácil dizer do que fazer.

O segredo para determinar o retorno sobre o investimento (ROI) de sua análise é simples. O primeiro passo é estabelecer parâmetros iniciais. Por exemplo, se o objetivo de seu projeto analítico é encontrar maneiras de aumentar as vendas, registre suas vendas antes de realizar qualquer ação indicada por seus resultados analíticos. Se a organização quer reduzir o número de empréstimos que acabam inadimplentes, registre a origem do empréstimo e os dados de rescisão. Muito frequentemente, as organizações falham por não começar com parâmetros iniciais. Se não souber o que é o normal, será difícil determinar se as mudanças que faz serão melhores ou piores.

DICA

Outra informação importante a ser coletada com os dados dos parâmetros iniciais é o custo de oportunidade associado com qualquer mudança de comportamento. Por exemplo, sua organização deve saber quanto um aumento nas vendas afetará o resultado final, o lucro. Da mesma forma, no cenário da inadimplência nos empréstimos, a organização deve saber o custo de cada inadimplência.

Na sequência, controle quanto investiu ao definir seu problema, coletando dados e criando modelos. Esse passo é a gestão básica de projetos. A maioria dos investimentos em seu projeto analítico será em pessoal, embora possa haver alguns custos não triviais em infraestrutura e outros fatores técnicos.

Após seu modelo fornecer resultados práticos, o próximo passo lógico é implementar as mudanças com base nesses resultados. Por exemplo, se seu modelo analítico mostra que os requerentes de empréstimos que têm pós-graduação mostram uma taxa de inadimplência muito menor do que aqueles com um nível educacional menor, sua organização provavelmente desejará agir frente essa descoberta. Talvez mude o processo de concessão de crédito, dando preferência a níveis educacionais mais altos. Embora haja um custo associado na alteração de procedimentos existentes, deve ser mínimo.

Após certo tempo, os dados atuais devem ser comparados com os dados de antes da ação (aqueles coletados antes que qualquer ação baseada nos resultados analíticos fossem realizadas). Como você já deve saber o custo ou o benefício de qualquer alteração no comportamento, calcular o efeito da saída do modelo analítico deve ser muito simples. O valor da saída do modelo é a *moeda* do modelo, e capitalizar com base nesse benefício é o objetivo da análise de dados.

Colaborando para Criar Modelos Melhores

Até aqui, você viu a importância da qualidade dos dados para criar um modelo bem-sucedido. Sua melhor (e talvez única) esperança para atingir seus objetivos de análise de dados de blockchain reside em sua habilidade de criar e manter um espírito de colaboração entre sua organização e seus parceiros e clientes. Embora isso pareça ser altruísta e um tanto óbvio, lembre-se de que a tecnologia blockchain é desenvolvida sobre a premissa de troca de valor entre participantes que não precisam confiar uns nos outros.

Portanto, sob uma perspectiva filosófica, seu objetivo é colaborar com entidades em que você não precisa confiar. Espere, isso não pode estar certo. De um ponto de vista purista, cada nó em um blockchain não tem confiança em outros nós. No entanto, isso não significa que você precisa desconfiar de todo mundo em uma rede blockchain. O ambiente sem confiança realmente significa que não existe relação de confiança com outros nós do blockchain. Você confia em seu banco (espero), mas não confia aos nós anônimos do blockchain o seu saldo bancário. Contudo, deve confiar à tecnologia blockchain o seu saldo no criptobanco.

PAPO DE ESPECIALISTA

Tecnicamente, você não confia. Você confia que a tecnologia valida adequadamente todas as transações que afetam seu saldo em criptomoedas. Se todas as transações são válidas, o saldo resultante na conta é válido. A diferença ao definir a confiança em um ambiente blockchain é sutil, mas importante.

A ideia toda sobre a percepção de valor a partir dos dados analíticos ao longo do tempo depende da identificação dos centros de valor dos dados e de mantê-los felizes o suficiente para manter os dados fluindo. A forma mais fácil de fazer isso é estabelecer uma relação benéfica mútua com seus provedores de dados e nutrir tal relação.

Coletando dados de uma coorte

Historicamente, as organizações comerciais buscam o lucro como uma entidade singular. O modelo de parceria com os consumidores, ou até com concorrentes, para aumentar os lucros é bem recente. Sob as circunstâncias certas, a parceria com consumidores ou concorrentes, ou ambos, pode ser benéfica para todas as partes. Uma parceria robusta de análise de dados pode ser uma dessas circunstâncias.

Imagine que sua organização decidiu desenvolver uma análise contínua de dados para aumentar a lucratividade. Tal projeto terá êxito apenas com objetivos claros, modelos sofisticados e dados de alta qualidade que não se tornem obsoletos. O último requisito, os dados atuais e de alta qualidade, é a maior preocupação contínua. A melhor maneira de garantir que seus dados permaneçam relevantes e novos é recorrer aos provedores de dados em sua empreitada.

Os membros de equipes geralmente contribuem com qualquer empreitada de forma mais livre. Uma maneira de recorrer à ajuda de seus clientes ou parceiros é criar um ambiente de equipe, ou coorte. Esse passo exige tempo e esforço, mas pode resultar no ganho de acesso a dados valiosos por parte de sua organização, podendo contribuir no aceleramento dos lucros. O processo pode começar com alguns clientes ou parceiros, mas pode crescer conforme os resultados se transformam em lucro (ou em informações mais claras sobre como alcançar lucro). De qualquer forma, a análise pode fornecer um quadro mais claro do cenário atual, e vale a pena investir em tal clareza.

Criando modelos colaborativamente

A colaboração não é apenas um objetivo para a coleta de dados. Como o processo de seleção, criação e treinamento de modelos é iterativo e demanda recursos substanciais, os parceiros podem ajudar a espalhar os investimentos também. Se incluir parceiros (comerciais e clientes) no processo de criação do modelo, você conseguirá reduzir o comprometimento de recursos de sua própria organização, ao mesmo tempo em que aumenta a qualidade da entrada do projeto.

Visto que o objetivo geral da colaboração analítica é criar um ambiente de coorte, incluir membros potenciais na fase de projeto pode ser um bom começo. Assim como no processo de desenvolvimento de qualquer software, envolver as partes interessadas logo cedo na fase do projeto geralmente aumenta a percepção de posse e diminui objeções posteriores. Se seus parceiros comerciais e clientes entendem os objetivos gerais de seu projeto analítico logo do início, há mais chances de que o apoiem, sob uma perspectiva tanto de interagir com o produto resultante quanto de fornecer, com uma disposição maior, os dados dos quais precisará para seus modelos.

Uma das primeiras tarefas na criação da colaboração entre múltiplos parceiros é fazê-los entender os benefícios da participação. É aqui que as técnicas das seções anteriores podem entrar em cena. Fornecer incentivos pela participação de parceiros não é eficaz, a menos que se tenha uma campanha contínua de instrução para promover os benefícios. Tais esforços contribuem muito para dar aos parceiros o sentimento de que fazem parte de uma equipe, ao contrário de simplesmente fornecer dados para que outra pessoa ganhe dinheiro com eles.

Outras maneiras pelas quais as organizações patrocinam as atividades de análise de dados podem criar consenso e um espírito de equipe para reforçar a atitude de que todos estão no mesmo barco. Quando os parceiros acreditam que suas contribuições beneficiam a comunidade maior, eles têm uma motivação maior para contribuir. Em alguns casos, as contribuições excedem o mínimo solicitado. Quando você cria e mantém um ambiente de equipe, os benefícios geralmente podem ser muito maiores do que aqueles inicialmente percebidos. As equipes que trabalham bem juntas são maiores do que a soma dos participantes individuais.

Avaliando a qualidade do modelo em equipe

Encorajar a participação em equipe é um ótimo começo, mas não é o fim do jogo. Após qualquer modelo ser operacionalizado (colocado em produção), ele invariavelmente se deteriorará, com o passar do tempo, sem uma manutenção contínua. Até mesmo um ótimo modelo depende de dados relevantes. Se você não atualizar um modelo com dados mais recentes, sua precisão terá problemas. A garantia de qualidade é crucial para a longevidade de qualquer modelo analítico. Lembre-se de que o propósito de qualquer modelo é fornecer informações que sejam úteis e levem a uma melhoria em uma ou mais métricas. Você deve usar os resultados do modelo para uma boa finalidade.

Um modelo pode ajudar a explicar fenômenos previamente mal compreendidos, prever o comportamento futuro ou até sugerir ações para encorajar o comportamento desejado. Independentemente do propósito específico de um modelo, seus designers se esforçarão na criação de um modelo apenas se houver a expectativa de lucro.

DICA

Lucro nem sempre se refere diretamente a dinheiro. Os resultados analíticos podem ser usados para aumentar a participação em determinado contexto, que pode não levar diretamente, ou de modo algum, a mais dinheiro. Por exemplo, suponha que uma organização de marketing sem fins lucrativos seja composta por membros que estão todos no mesmo negócio, neste caso, produtores de laticínios. Eles decidiram formar uma organização de marketing para ajudar a informar o público sobre os benefícios dos laticínios. O sucesso é mensurado pela percepção e pelo sentimento, e não por receitas diretas. É claro, a esperança é a de que uma percepção melhor do público sobre seus produtos levará a uma receita maior, mas esse não é o resultado direto desejado.

Como a qualidade dos resultados de qualquer modelo está diretamente relacionada com a qualidade dos dados sobre os quais é construído, o foco primário dos esforços operacionais deve ser direcionado à qualidade dos dados. Algumas organizações se engajam em programas de incentivos elaborados para atrair dados em massa e, depois, avaliam e limpam cuidadosamente os dados adquiridos. Essa abordagem fornece uma gama maior de dados, mas tem desvantagens. Ao usar essa abordagem, a responsabilidade de avaliar a qualidade e limpar os dados repousa sobre uma única autoridade. A manipulação contínua de dados requer pessoal e orçamento. Outra coisa, por mais que a autoridade possa tentar ser objetiva em sua manipulação dos dados, remover toda a parcialidade do processo de preparação dos dados é praticamente impossível.

Uma abordagem alternativa para distribuir a carga de trabalho e minimizar a parcialidade central é engajar seus participantes para considerarem a qualidade antes de enviarem os dados para seu modelo. Tal abordagem exige muito mais trabalho no início, porém, pode minimizar a carga de trabalho pós-implementação que é necessária para manter os modelos. Ao projetar os incentivos para que os parceiros contribuam, considere oferecer benefícios crescentes em troca de dados de qualidade maior.

PAPO DE
ESPECIALISTA

Neste capítulo, falo muito sobre a alta qualidade dos dados. A qualidade de qualquer dado depende de quanto eles atendem aos objetivos projetados para seu uso. Na análise de dados, dados de alta qualidade geralmente significam que não há valores de atributos faltando, que todos os valores estão em um formato compreensível, dentro de limites definidos, e os dados representam precisamente o que se espera deles. Além disso, os dados representam uma amostra que é útil ao modelo.

Pode valer a pena o esforço para desenvolver um modelo de incentivos que possa definir os padrões de qualidade dos dados com granularidade suficiente para que todos os parceiros entendam e cumpram. Se esse modelo de incentivos ligar os incentivos com a qualidade dos dados enviados, você poderá potencializar os recursos de seus parceiros para que não apenas continuem lhe fornecendo dados necessários para seu modelo, mas também realizem grande parte da limpeza dos dados antes de serem enviados.

Desenvolver uma abordagem forte de equipe à análise de dados pode ajudar qualquer organização a potencializar o poder dos dados. Transformar clientes e usuários em parceiros por meio da colaboração e oferecer benefícios mútuos pode ser um cenário vantajoso para todos e fomentar a lealdade. Os benefícios de abordar um projeto analítico sob uma perspectiva de parceria podem ser muito maiores do que apenas obter bons dados que você pode usar para ganhar dinheiro. No próximo capítulo, você verá alguns tipos específicos de modelos e como pode colocar em bom uso os dados adquiridos.

3

Analisando e Visualizando Dados Analíticos do Blockchain

NESTA PARTE. . .

Encontre relações escondidas entre os dados do blockchain.

Use dados do blockchain para atribuir rótulos de classe.

Faça previsões com base em dados históricos do blockchain.

Analise tendências a despeito das flutuações sensíveis ao tempo.

NESTE CAPÍTULO

» **Encontrando agrupamentos de dados**

» **Expondo a relação entre os itens do conjunto de dados**

» **Escolhendo o algoritmo certo para seus dados**

» **Avaliando o valor de seu modelo com diagnósticos**

» **Escrevendo código Python para encontrar agrupamentos de dados**

Capítulo **9**

Identificando Dados Agrupados e Relacionados

Você descobriu sobre alguns dos modelos analíticos mais comuns no Capítulo 7 e como garantir que tenha os dados de que seu modelo precisa no Capítulo 8. Agora está pronto para mergulhar em modelos específicos para descobrir como escolher o melhor para seus objetivos, escrever código em Python para implementar o modelo e avaliar sua precisão e relevância.

Um dos primeiros passos na análise de qualquer conjunto de dados é definir a estrutura e as relações entre os dados. Permita que seus dados contem qualquer história que esteja logo abaixo da superfície. Algumas delas darão trabalho para serem reveladas, mas outras praticamente saltarão em sua direção.

A análise de agrupamentos e a análise de regras de associação são métodos simples que permitem que seus dados contem o que têm para contar. Talvez você descubra que seus dados mostram relações internas (entre atributos) ou externas (entre diferentes itens) que não tinha reconhecido anteriormente. Por exemplo, pode ser que suas megalojas vendam todo o estoque de docinhos de morango quando um furacão está se aproximando (sim, isso realmente aconteceu). A análise de agrupamentos [clusters] e a análise de regras de associação podem revelar características ou condições consistentes com o comportamento observado.

A análise de agrupamentos pode ajudar as organizações de todos os tipos a identificar indicadores para comportamentos tanto positivos como negativos. Elas podem usar esse conhecimento para prever comportamentos ou até incentivar (ou desencorajar) comportamentos ao alterar as condições relacionadas. O varejo pode oferecer incentivos para aumentar as vendas ou pode detectar fraudes antes que seus concorrentes ao utilizar o conhecimento que a análise de agrupamentos pode fornecer. A análise de regras de associação pode revelar correlações entre diferentes dados, como itens que são comprados frequentemente juntos. Neste capítulo, você aprenderá como escolher os algoritmos certos de agrupamento e de regras de associação para seus objetivos, e como usar o Python para implementar os modelos escolhidos.

Analisando Agrupamentos de Dados com Modelos Populares

Uma das primeiras técnicas que os analistas usam para descobrir estruturas de dados escondidas é o agrupamento. A ideia é simples. Você faz o gráfico de relação entre dois ou mais atributos, então, identifica os *agrupamentos (clusters)*, ou grupos, de objetos. Os objetos no gráfico que estão mais próximos entre si geralmente estão relacionados de alguma forma. O *agrupamento* pode ajudá-lo a visualizar em seus dados essas junções que talvez não estejam óbvias e podem levar à *segmentação* ou à classificação de seus dados para mais análises.

O agrupamento é geralmente uma *técnica não supervisionada*, o que significa que não há rótulos definidos de grupos. Diferentemente das *técnicas supervisionadas*, nas quais o algoritmo já sabe quais são as classes-alvo, você não sabe quais grupos existem (nem mesmo quantos existem) até realizar a análise. O agrupamento é geralmente um passo preliminar no processo analítico que pode ajudar a direcionar análises analíticas posteriores.

Entregando um conhecimento valioso com análise de agrupamentos

O principal benefício da *análise de agrupamentos* é que ela ajuda a identificar itens que são similares. Agrupamentos apertados (onde os objetos estão muito perto do centro de um agrupamento) podem indicar fortes similaridades, enquanto aqueles mais espalhados indicam uma similaridade mais fraca entre os objetos. Um uso comum das técnicas de agrupamento é nos exames de imagem e diagnósticos médicos. O agrupamento pode comparar imagens de células de outro tecido para identificar as áreas onde os atributos de um objeto (o paciente) pareçam similares aos atributos de outro objeto ou grupo de objetos. As similaridades das imagens da célula ou do tecido ajudam pesquisadores ou médicos a identificarem tendências de comportamento compartilhado entre os múltiplos pacientes.

Reconhecer tendências e similaridades é o objetivo fundamental da análise de dados. Na gerência de projetos, lutamos para repetir os sucessos, mas não os erros. Um fator crucial na repetição do sucesso é conseguir reconhecer por que as coisas funcionaram e levaram ao sucesso. A análise de dados e os agrupamentos em especial podem fornecer o recurso para estudar muitos atributos de atividades de projetos e reconhecer como os valores de atributos diferentes afetam os resultados. Identificar como atividades bem-sucedidas são similares com outras, mas diferentes daquelas que não obtiveram sucesso, é um primeiro passo para repetir o sucesso. O agrupamento pode revelar tais similaridades.

Analisando técnicas populares de agrupamento

Há muitos algoritmos de agrupamento em uso, mas um dos mais populares é a técnica k-*means*, baseada no cálculo das distâncias entre os pontos de dados e que funciona bem com dados numéricos. O método k-means retorna um conjunto de agrupamentos juntamente com os pontos centrais de cada um. Os centros dos agrupamentos descobertos são chamados de *centroides* e podem não corresponder aos pontos de dados observados. Os centroides servem para aproximar os centros relativos dos agrupamentos dos dados observados. Se quiser avaliar o nível em que os múltiplos atributos definem a similaridade entre os objetos, k-means é um ótimo lugar para começar.

DICA

A análise de dados fornece métodos para analisar os dados geralmente organizados em uma tabela. Embora não seja estritamente necessário, a maioria dos conjuntos de dados tem diversas linhas de dados, cada uma com uma coleção de atributos. A maioria das técnicas presume que os dados estão organizados em um formato tabular. Refiro-me às diferentes linhas em um conjunto de dados como *objetos únicos* e às diferentes características de um objeto como *atributos*. Alguns analistas focam os atributos, enquanto outros, os objetos.

Caso seus dados incluam dados categóricos, a técnica k-*modes* funciona melhor com a contagem de diferenças entre conjuntos de atributos. Essa técnica pode ser útil para analisar a similaridade das respostas de pesquisas quando as respostas são sim/não ou quando há uma lista limitada de opções. Uma alternativa à k-means é a técnica de *particionamento ao redor de medoides (partitioning around medoids — PAM)*. Tal técnica escolhe um ponto de dados mais perto ao centro real de um agrupamento e determina os membros do agrupamento pelo cálculo da distância de cada ponto a partir de um medoide. O *medoide (medoid)* é similar ao centroide do método k-means, exceto que os medoides devem ser valores dos dados observados. Caso seu modelo lide com dados categóricos, é importante que todos os agrupamentos estejam centralizados em valores reais de dados categóricos, diferentemente das aproximações, que funcionam bem com dados contínuos. Existem diversos recursos disponíveis para aprender sobre as técnicas de agrupamento, incluindo *Python para Data Science Para Leigos*, 2ª edição, e *Data Science Programming All-in-One For Dummies* (sem publicação no Brasil).

Entendendo a análise k-means

A técnica k-means de análise de agrupamentos ajuda a identificar maneiras pelas quais os objetos estão relacionados. Embora possa funcionar para inúmeros atributos, fica mais fácil para a visualização quando há uma comparação entre dois atributos. O processo se inicia com a criação de um gráfico de dispersão, onde cada ponto representa um objeto. Para cada objeto, atribua o valor de um atributo para a coordenada x e outro valor de atributo para a coordenada y, então, faça a plotagem do ponto no gráfico. Repita o processo até que cada objeto do conjunto de dados esteja representado por um ponto no gráfico.

Para mostrar um exemplo de gráfico de dispersão bem agrupado, execute o código Python no arquivo `genscatterPlot.py`, mostrado aqui:

```
import matplotlib.pyplot as plt
import numpy as np
from sklearn.datasets.samples_generator import make_
    blobs

X, y_true = make_blobs(n_samples=300, centers=4,
                       cluster_std=0.60,
                       random_state=0)
plt.scatter(X[:, 0], X[:, 1], s=50)
plt.xlabel('Rating')
plt.ylabel('Months as customer')
plt.show()
```

O código Python em `genScatterPlot.py` gera dados que estão claramente agrupados e, depois, cria um gráfico de dispersão com eles, mostrado na Figura 9-1.

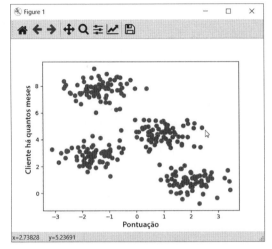

FIGURA 9-1:
Gráfico de dispersão mostrando agrupamentos de dados.

Os dados na Figura 9-1 mostram agrupamentos claros. Nesse caso, podemos inferir que há uma relação entre há quanto tempo um consumidor compra na organização e como avalia a organização. No entanto, nem todos os dados se auto-organizam em agrupamentos tão limpos, e é então que as técnicas de agrupamento entram em cena. A análise de agrupamentos pode identificar os agrupamentos que podem não estar óbvios ao se observar um gráfico de dispersão.

PAPO DE ESPECIALISTA

O algoritmo k-means pode ser implementado de diversas maneiras. A abordagem que explico neste capítulo, geralmente chamada de k-means ingênuo ou algoritmo de Lloyd, é a mais simples e lenta. Na análise real, provavelmente você usará alguma das implementações mais rápidas do algoritmo k-means. Os resultados são os mesmos, mas você obtém as respostas muito mais rapidamente com uma implementação mais sofisticada.

O algoritmo k-means mais comum é uma abordagem iterativa para atribuir cada ponto ao melhor agrupamento. O processo segue estes passos:

1. **Selecione um valor para *k* (o número de agrupamentos) e selecione aleatoriamente pontos *k*, onde cada um será o centro, ou *centroide*, de cada agrupamento.**

2. **Calcule a distância de cada ponto até cada centroide e atribua cada ponto ao agrupamento com o centroide mais próximo.**

3. **Calcule o novo centroide para cada agrupamento do Passo 2.**

4. **Repita os Passos 2 e 3 até que as posições dos novos centroides não mudem muito a partir dos locais prévios dos centroides.**

CAPÍTULO 9 **Identificando Dados Agrupados e Relacionados** 163

Para ver a saída do algoritmo k-means para um conjunto de dados gerado aleatoriamente com quatro agrupamentos claros, execute o código que está no arquivo `kMeans.py`, mostrado a seguir:

```python
import matplotlib.pyplot as plt
import numpy as np
from sklearn.datasets.samples_generator import make_blobs
from sklearn.cluster import KMeans

X, y_true = make_blobs(n_samples=300, centers=4,
                       cluster_std=0.60,
                       random_state=0)

kmeans = KMeans(n_clusters=4)
kmeans.fit(X)
y_kmeans = kmeans.predict(X)

plt.scatter(X[:, 0], X[:, 1], c=y_kmeans, s=50,
    cmap='viridis')
centers = kmeans.cluster_centers_
plt.scatter(centers[:, 0], centers[:, 1], c='black', s=200,
    alpha=0.5)
plt.xlabel('Rating')
plt.ylabel('Months as customer')
plt.show()
```

A Figura 9-2 mostra a saída do código Python `kMeans.py`.

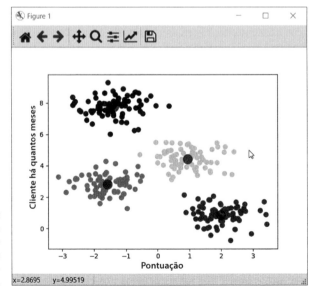

FIGURA 9-2: Visualização do algoritmo de agrupamento k-means.

DICA

Observe que o código Python kMeans.py fez o hardcode do número de agrupamentos. Nos dados gerados, fica claro que os dados estão organizados em quatro agrupamentos. Para os conjuntos de dados do mundo real, o número e os limites dos agrupamentos nem sempre são claros. Os dados reais podem nem parecer estar agrupados, não importa o número de agrupamentos.

Antes que possa usar o k-means nos dados, você deve definir o número de agrupamentos neles. Se o gráfico de dispersão de seus dados não mostrar agrupamentos claros, será preciso usar a matemática para selecionar o melhor número de agrupamentos propostos. Um dos métodos mais comuns é usar a *soma dos quadrados dentro do agrupamento (WCSS)* ou apenas *dentro da soma dos quadrados (WSS)*, que aplica iterativamente o algoritmo k-means com diferentes números de agrupamentos, *k*. Para cada iteração, o WSS calcula a soma das distâncias ao quadrado a partir de cada ponto até o centroide do agrupamento. Um valor menor de WSS indica uma organização melhor do agrupamento, porque os pontos não se desviam muito de seu centroide atribuído. No entanto, ao aumentarmos o número de agrupamentos, chega uma hora em que criamos agrupamentos demais e não vemos muito valor no acréscimo de novos agrupamentos. O momento em que paramos de acrescentar mais agrupamentos é quando *k + 1* agrupamentos não diminui o valor WSS tanto quanto adicionar o agrupamento anterior.

O código Python a seguir, no arquivo wss.py, aplica o algoritmo k-means com os valores de k variando de 2 a 8. O código então armazena o valor atual de k e o valor WSS correspondente (k, km.intertia_), então, traça os resultados para mostrar os valores relativos de WSS.

```
from sklearn.cluster import KMeans

k = [2, 3, 4, 5, 6, 7, 8]

X, y_true = make_blobs(n_samples=300, centers=4,
                       cluster_std=0.60,
                       random_state=0)

wss = []
for i in k:
  km = KMeans(n_clusters=i, max_iter=1000, random_
    state=47)
  km.fit(X)
  wss.append(km.inertia_)
plt.plot(k, wss)
plt.xlabel("Value for k")
plt.ylabel("WSS")
plt.show()
```

A Figura 9-3 apresenta o gráfico de inércia, ou WSS, que mostra que aumentar o número de agrupamentos além de quatro resulta apenas em pequenas diminuições de WSS. Portanto, quatro é o número ideal de agrupamento para esses dados.

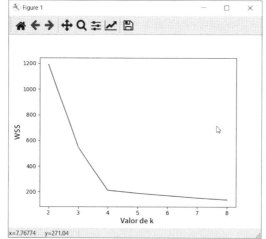

FIGURA 9-3: Gráfico de WSS mostrando o número ideal de agrupamentos (quatro).

Os exemplos anteriores mostram o algoritmo k-means para os dados gerados, mas provavelmente você desejará usar essas técnicas com os dados do blockchain. A boa notícia é que as técnicas de análise de dados são úteis com qualquer tipo de dados, não importa a origem deles. A próxima seção mostrará os passos para a aplicação do algoritmo k-means nos dados do blockchain.

DICA

Na maioria dos casos, será muito fácil realizar a análise em um conjunto de dados após sua extração do blockchain. Provavelmente você achará fácil pegar os dados de que precisa de um blockchain em uma passagem e usar os dados resultantes como entrada para seus scripts analíticos.

Avaliando a eficácia do modelo com diagnósticos

Alguns modelos sobre os quais você aprenderá têm métodos específicos para avaliar sua eficácia. A eficácia dos agrupamentos geralmente é determinada visualmente. Após aplicar o algoritmo de escolha e criar uma visualização, você pode julgar se o algoritmo funcionou bem analisando-a. Embora simplesmente olhar um gráfico pode não parecer uma abordagem precisa, lembre-se de que o agrupamento geralmente é uma atividade inicial para aprender como os dados podem estar relacionados.

Ao observar uma visualização de agrupamentos, como na Figura 9-2, faça as seguintes perguntas a si mesmo:

» Os agrupamentos estão separados o suficiente para que pareçam distintos uns dos outros?

» Algum agrupamento tem menos pontos do que a maioria dos outros?

» Algum agrupamento está tão perto de outro que parece ser um agrupamento maior?

Essas perguntas podem ajudá-lo a determinar se o algoritmo de agrupamento e os parâmetros que usou revelam informações sobre os dados. A falta de agrupamentos distintos não é uma falha, significa apenas que você deve buscar em algum outro lugar um conhecimento interessante sobre seus dados. Não fique desencorajado se não encontrar ouro logo cedo no processo. A maioria dos processos analíticos acha muito mais resultados chatos do que espetaculares. Mas continue. Vale a pena encontrar conhecimentos valiosos escondidos em seus dados.

Implementando Algoritmos de Agrupamentos de Dados do Blockchain no Python

Você sabe como implementar o k-means nos dados gerados, mas agora chegou a hora de ver os dados do blockchain. Nesta seção, você analisará os dados de transferência da cadeia de suprimentos. Nos capítulos anteriores, você descobriu como acessar os eventos de transação e armazená-los em arquivos simples (flat). É possível armazenar dados do blockchain em qualquer repositório, mas usará os arquivos simples pela simplicidade.

Você usará o arquivo `transfers.csv`, um arquivo de texto com dados separados por vírgulas, como seu conjunto de dados de entrada. Se analisar o arquivo `transfers.csv`, verá que ele inclui informações de identificação das quais, na verdade, ainda não precisa. Você está mais interessado em ver como a atividade representada nos dados pode estar relacionada.

Como você ainda não sabe o que está procurando, uma ótima forma para começar é criar uma matriz de dispersão. Uma *matriz de dispersão* cria um conjunto de gráficos de dispersão, mostrando como cada par de atributos está relacionado. É um primeiro passo comum na seleção dos atributos mais interessantes.

CAPÍTULO 9 **Identificando Dados Agrupados e Relacionados**   167

Veja o código Python no arquivo scatterplotMatrix.py. Esse código lê o arquivo transfers.csv, criando uma estrutura de tabela chamada dataframe com os atributos cost, price, qty, year, month e day (custo, preço, quantidade, ano, mês e dia). Então, cria uma matriz de dispersão mostrando como cada par de atributos no dataframe se relaciona entre si:

```
import pandas as pd
import matplotlib.pyplot as plt
from pandas.plotting import scatter_matrix

df = pd.read_csv('transfers.csv', usecols=['cost', 'price',
    'qty', 'year', 'month', 'day'])
scatter_matrix(df, alpha = 0.2, figsize = (6, 6))
plt.show()
```

A Figura 9-4 mostra a saída do script scatterplotMatrix.py. O gráfico de dispersão mostra que a maioria dos atributos não demonstra relações interessantes. Qualquer tipo de linha reta sugere relações óbvias. A dispersão para custo ou preço, comparada com o atributo dia, é um pouco mais interessante.

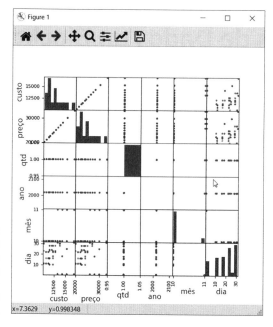

FIGURA 9-4: Matriz de dispersão dos dados de transferência do blockchain.

As relações entre custo e dia, assim como entre preço e dia, mostram pontos de dados que estão mais distribuídos, e não lineares. A partir dessa descoberta, experimente o k-means nos atributos custo e dia. (Como custo e preço têm uma relação linear, espera-se que o agrupamento seja efetivamente o mesmo, comparando tanto o custo como o preço com o atributo dia.)

O código no arquivo kMeansBlockchain.py mostra como juntar todas as peças. Esse script presume que você extraiu os dados de que precisava a partir do blockchain (como descrito no Capítulo 6) e armazenou a saída no arquivo transfers.csv. O script lê os dados no arquivo transvers.csv para um dataframe, então aplica o algoritmo k-means nos dados do blockchain no dataframe:

```
from sklearn.cluster import KMeans
import pandas as pd
import matplotlib.pyplot as plt

df = pd.read_csv('transfers.csv', usecols=['cost', 'day'])
kmeans = KMeans(n_clusters=4)
kmeans.fit(df)
y_kmeans = kmeans.predict(df)

df.plot.scatter(0, 1, c=y_kmeans, s=50, cmap='viridis')
centers = kmeans.cluster_centers_
plt.scatter(centers[:, 0], centers[:, 1], c='black', s=200,
    alpha=0.5)
plt.xlabel('Cost')
plt.ylabel('Day')
plt.show()
```

A Figura 9-5 mostra os resultados da análise k-means usando dados de custo e dia a partir do blockchain de cadeia de suprimentos. Embora a análise identifique quatro agrupamentos distintos, ela não nos diz muito, porque os agrupamentos são apenas partições verticais. Para que a análise de agrupamentos seja significativa, ela deve resultar em agrupamentos que exibam limites em todas as direções, geralmente conforme um padrão circular.

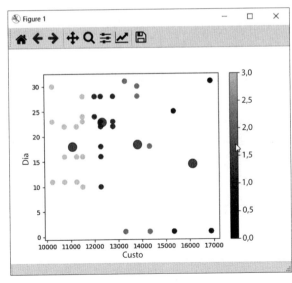

FIGURA 9-5: O algoritmo k-means aplicado aos atributos de transferência de propriedade, custo e dia na cadeia de suprimentos do blockchain.

CAPÍTULO 9 **Identificando Dados Agrupados e Relacionados**

CUIDADO

Afirmar que os agrupamentos deveriam ter limites em todas as direções não significa que todos os agrupamentos devem ser circulares. Os agrupamentos circulares são legais, mas os irregulares distintos de outros agrupamentos ainda podem ser valiosos. Lembre-se de que a ideia subjacente aos agrupamentos é revelar maneiras ocultas pelas quais seus dados podem estar relacionados.

Descobrindo Regras de Associação nos Dados

Na seção anterior, você aprendeu sobre o agrupamento e como implementar o algoritmo k-means. A análise de agrupamentos pode mostrar como os valores similares de atributos sugerem relações entre os objetos. Por exemplo, ela pode mostrar que as pessoas cuja renda é entre R$140 mil e R$175 mil por ano preferem determinado tipo de carro, diferente daquele preferido por quem ganha menos de R$50 mil. O agrupamento depende da seleção de atributos para comparar.

A análise de regras de associação é uma abordagem diferente para revelar relações entre objetos. Em vez de comparar atributos de objetos diferentes, a análise de regras de associação examina a presença de múltiplos objetos em transações distintas. Esse tipo de análise é, às vezes, chamado de *análise de cesta de compras*, porque tenta definir a probabilidade de itens específicos aparecerem juntos em uma cesta — ou carrinho — de compras (real ou online).

Entregando um conhecimento de valor

A análise de regras de associação observa as transações existentes para determinar a probabilidade de um novo objeto ser acrescentado com base na presença de um ou mais objetos. Uma transação pode ser qualquer coleção de objetos, como os itens em uma cesta de compras ou o conteúdo de uma caixa enviada de um local para outro. A análise de transações que usam regras de associação possibilita examinar uma transação e fazer recomendações para o acréscimo de objetos adicionais com base nos objetos presentes em transações similares.

Tenha percebido ou não, você foi objeto da análise de regras de associação milhares de vezes. Os mecanismos de recomendação usam regras de associação para fazer seu trabalho. Cada vez que vê uma recomendação para adicionar outro produto em seu carrinho de compras online, você viu o resultado de uma análise de regras de associação. É assim que as lojas online podem fazer recomendações adicionais de compras com uma precisão excepcional. Elas não estão lendo sua mente; estão apenas usando uma boa análise! Imagine que a análise mostre que uma alta porcentagem de consumidores que compram uma lanterna também compra pilhas na mesma transação. Se seu carrinho de compras tiver uma lanterna, mas não tiver pilhas, fará sentido que a loja sugira que também compre pilhas. Em muitos casos, uma sugestão muito simples assim pode aumentar as vendas.

Descrevendo o algoritmo apriori de regras de associação

Um dos algoritmos mais comuns para detectar regras de associação é o *apriori*. Ele é uma forma estruturada para identificar objetos que comumente ocorrem juntos, também chamados de *conjunto frequente de itens.* Por exemplo, se uma cesta de compras em um supermercado tem pão, quais são as chances de que essa mesma cesta contenha ovos? O algoritmo apriori define a técnica para calcular as probabilidades de que conjuntos de itens ocorram juntos.

O algoritmo apriori é uma abordagem de baixo para cima (bottom up) para identificar conjuntos de objetos que ocorrem mais frequentemente do que uma probabilidade mínima desejada ou *suporte.* Se tiver um conjunto de dados de transações de um supermercado e quiser descobrir itens com um suporte mínimo, de 0,25, você aceitaria todos os itens que são encontrados em 250 ou mais transações. Se um item é encontrado apenas em 150 transações, ele fica abaixo do suporte mínimo (150/1000 < 0,25) e não será incluído nos resultados.

O apriori é um algoritmo iterativo. Primeiro, ele examina todos os conjuntos de itens que contêm apenas um item, para selecionar apenas aqueles que ficam dentro do suporte mínimo ou o excedem. A partir dos candidatos selecionados, ele então considera todos os conjuntos de dois itens e seleciona aqueles que estão dentro do limite do suporte mínimo ou que o excedem. O algoritmo continua com conjuntos de três itens, depois com quatro itens, e assim por diante, até que mais nenhum conjunto de itens fique dentro ou acima do limite.

A tabela a seguir contém uma lista de seis transações em um supermercado. Como nas transações reais, cada cesta de supermercado pode ter um número diferente de itens. O propósito de analisar o conteúdo de uma transação é usar uma cesta existente para fazer recomendações para compras adicionais antes de passar pelo caixa:

Ovos, bacon, pão, leite

Ovos, pão, leite

Leite

Bacon

Ovos, bacon, leite

Ovos, bacon, leite

Passo 1 do apriori: Contar a frequência de conjuntos com um item

O primeiro passo no algoritmo apriori é contar o número de vezes que cada item individual aparece em transações separadas. Os resultados do primeiro passo do apriori são estes:

Conjunto de itens	Frequência
Ovos	4
Bacon	4
Pão	2
Leite	5

Passo 2 do apriori: Podar conjuntos de itens com base no limite do suporte

Este próximo passo é remover, ou *podar*, quaisquer conjuntos de itens que não cheguem ao limite mínimo de suporte, então passar para a próxima fase maior do conjunto de dados. Imagine que você definiu o limite de suporte para 50% (que são três itens para este conjunto de dados). Para manter qualquer conjunto de itens, esse conjunto deve aparecer em 50% das transações. Como o pão ocorre em apenas duas transações, você podará esse conjunto de itens e irá para o próximo passo com apenas ovos, bacon e leite.

DICA

A poda é uma ação essencial para a precisão e o desempenho do apriori. Após podar qualquer conjunto de itens, os passos futuros do algoritmo podem ignorar conjuntos de itens maiores que incluem qualquer conjunto podado. Para este exemplo, você pode ignorar quaisquer conjuntos de itens que incluem pão, porque acabou de podar o conjunto que contém pão.

Passo 3 do apriori: Contar a frequência de conjuntos com dois itens

O terceiro passo repete o passo 1 com um conjunto de itens maior. O passo anterior foi para conjuntos com um único item, então este passo contará o número de vezes que cada conjunto com dois itens aparece nas transações. A construção do novo conjunto de itens é feita combinando cada item com outro item, para criar conjuntos de dois itens. A tabela a seguir mostra todos os conjuntos com dois itens e quantas vezes esses conjuntos aparecem na lista de transações:

Conjunto de itens	Frequência
Ovos, bacon	3
Ovos, leite	3
Bacon, leite	3

LEMBRE-SE

Lembre-se de que acabou de podar o conjunto de itens que continha pão, então não conte o conjunto de itens {ovos, pão, leite}, porque ele contém um conjunto podado. Essa abordagem economiza muito tempo.

Passo 4 do apriori: Podar conjuntos de itens com base em suporte (novamente)

Todos os conjuntos de itens estão dentro do limite do suporte, o que significa que você não precisa podar nada no passo 4.

Passo 5 do apriori: Contar a frequência de conjuntos com três itens

Este próximo passo é para aumentar o tamanho de nossos conjuntos de itens e contar a frequência novamente. A tabela a seguir mostra os resultados do passo 5 no algoritmo:

Conjunto de itens	Frequência
Ovos, bacon, leite	3

A única transação que contém três itens existe em três transações e atende ao limite do suporte. Como as únicas transações com mais de três itens também contêm itens podados, o algoritmo se encerra. Você concluiu!

O código no arquivo `apriori.py` mostra como colocar os passos juntos. O script Python a seguir define as transações na lista inicial de supermercados e aplica o algoritmo apriori com um limite de suporte de 50% (sendo: eggs (ovos), bread (pão) e milk (leite)):

```
from efficient_apriori import apriori
transactions = [('eggs', 'bacon', 'bread','milk'),('eggs',
    'bread', 'milk'),('milk'),
                    ('bacon'),('eggs', 'bacon',
                    'milk'),('eggs', 'bacon', 'milk')]
```

```
itemsets, rules = apriori(transactions, min_support=0.5,
  min_confidence=1)

print(itemsets)
```

Executar o script anterior produz a seguinte saída (que corresponde aos conjuntos de itens nos resultados anteriores):

```
{1: {('bacon',): 3, ('eggs',): 4, ('milk',): 4}, 2: {('bacon',
  'eggs'): 3, ('bacon', 'milk'): 3, ('eggs', 'milk'): 4}, 3:
  {('bacon', 'eggs', 'milk'): 3}}
```

Avaliando a eficácia do modelo

Após ter uma coleção de conjuntos de itens provenientes do algoritmo apriori, você pode criar um conjunto de regras e calcular alguns valores adicionais para determinar quais regras descrevem as transações da melhor forma. As *regras de associação* são expressas como X -> Y (X implica Y). Essa regra significa que se você observar X (um determinado grupo de itens em uma cesta), então, Y (colocar um item adicional na cesta) provavelmente ocorrerá.

Você pode usar regras para fazer recomendações para compras prováveis. As regras de associação permitem que as lojas examinem itens na cesta atual de um consumidor e façam recomendações para itens potencialmente adicionais que o consumidor pode querer comprar.

Um conjunto de regras candidatas é criado a partir de cada conjunto de itens nos resultados da aplicação do algoritmo apriori. A tabela a seguir lista as regras candidatas a partir de nosso exemplo:

```
{ovos} -> {bacon}

{ovos} -> {leite}

{bacon} -> {leite}

{bacon} -> {ovos}

{leite} -> {ovos}

{leite} -> {bacon}

{ovos,bacon} -> {leite}

{ovos, leite} -> {bacon}

{bacon,leite} ->{ovos}
```

Duas métricas básicas são usadas para avaliar as regras de associação: confiança e lift. A *confiança* é uma medida do grau de confiabilidade que uma regra tem, ou seja, uma regra com uma alta confiança é aquela com a qual você pode contar como sendo uma forte recomendação; uma regra mais fraca é aquela com uma confiança menor. O *lift* mensura quantas vezes mais você observa X e Y juntos do que seria esperado se fossem independentes. Dito de outro modo, o lift ajuda a determinar se X e Y estão relacionados e se influenciam um ao outro.

Para calcular a confiança da regra (X -> Y), use esta fórmula:

```
Confidence(X -> Y) = support(X AND Y) / support(X)
```

Para calcular o lift da regra (X -> Y), use esta fórmula:

```
Lift(X -> Y) = support(X AND Y) / support(X) * support(Y)
```

A biblioteca `efficient_apriori` do Python facilita o cálculo da confiança e do lift para as regras de associação. Apenas acrescente as três linhas seguintes de código Python ao arquivo `apriori.py` e execute-o novamente:

```
rules _ rhs = filter(lambda rule: len(rule.lhs) == 2 and
    len(rule.rhs) == 1, rules)
for rule in sorted(rules _ rhs, key=lambda rule: rule.lift):
 print(rule)
```

Além da lista de conjuntos de itens, você também verá regras de três conjuntos de itens com confiança, suporte e lift calculados para você:

```
{bacon, milk} -> {eggs} (conf: 1.000, supp: 0.500, lift:
    1.500, conv: 333333333.333)
{bacon, eggs} -> {milk} (conf: 1.000, supp: 0.500, lift:
    1.500, conv: 333333333.333)
```

Definindo Quando Usar o Agrupamento e as Regras de Associação

Uma das primeiras fases em qualquer projeto analítico de dados é observar os dados para decidir se há relações. As relações dentro dos dados sugerem uma habilidade de aprender a respeito de comportamentos passados e até prever comportamentos futuros. O agrupamento é um passo comum da análise inicial para aprender sobre as relações entre objetos que compartilham similaridades de atributos. Embora você tenha visto a análise de agrupamento em apenas dois atributos, é comum haver o uso de mais atributos para buscar relações. A análise de agrupamentos pode revelar relações que não ficam evidentes apenas pela visualização.

CAPÍTULO 9 **Identificando Dados Agrupados e Relacionados** 175

Após examinar seus dados em busca de valores similares de atributos entre os objetos, o próximo passo lógico é observar outras relações inexplicadas. Em muitos casos, os objetos estão relacionados por características que não estão capturadas em atributos registrados. Por exemplo, muito embora saibamos que ovos e leite sejam comuns em muitas refeições e receitas, nenhum dado descritivo pode explicar por que ovos e leite são geralmente comprados juntos. A influência externa de como os objetos são consumidos pode dificultar a descoberta de relações. As análises de regras de associação podem ajudar a identificar que existem relações, mesmo que a causa da relação não seja clara.

Os motivos básicos para a análise de agrupamento e de regras de associação são aprender a respeito das relações entre os objetos em seus dados. Essas relações podem ter explicações claras ou exigir muito esforço para que possam ser explicadas. De qualquer forma, as relações nos dados descrevem comportamento, e este revela valor. Compreender o comportamento passado de consumidores ou parceiros pode ajudar a prever o comportamento futuro. Tal conhecimento pode ser extremamente benéfico no planejamento de atividades empresariais futuras. Quanto mais você souber sobre um comportamento esperado, melhor poderá se preparar para ele.

Cada organização deve avaliar seus objetivos e compreender quais têm a prioridade mais alta. Os esforços de análise de dados devem se concentrar na compreensão e na influência dos objetivos na prioridade mais alta. Por exemplo, se a busca de lucro for mais importante, entender como aumentar as vendas e reduzir os custos deve ter precedência. Por outro lado, se estabelecer relacionamentos positivos de longo prazo com os clientes for visto como mais importante para as receitas em longo prazo, você deve se concentrar nas influências de sentimento dos clientes e na tentativa de mantê-los felizes.

Os projetos analíticos mais eficazes são aqueles que focam os resultados que se alinham diretamente com os objetivos principais da organização. Entenda os objetivos de sua organização, conheça seus dados e use a análise para desvendar os segredos que eles podem conter.

NESTE CAPÍTULO

» **Identificando características comuns dos dados**

» **Atribuindo rótulos aos dados**

» **Escolhendo o algoritmo certo para seus dados**

» **Avaliando o valor de seu modelo com diagnósticos**

» **Escrevendo código Python para rotular os dados com classificações**

Capítulo **10**

Classificando os Dados do Blockchain

O Capítulo 9 apresenta a análise de agrupamentos e das regras de associação, que ajudam o analista a revelar padrões e relações nos dados. Ao examinar os atributos presentes nos dados existentes, você pode revelar relações e usá-las para compreender melhor seus dados e, o mais importante, o que eles representam. É bom entender os dados de seus consumidores, mas ter uma compreensão mais clara sobre os consumidores que produzem esses dados é muito melhor. Ao fazer isso, será possível customizar sua oferta de produtos e serviços para melhor atender a suas necessidades. Essa abordagem pode levar a mais vendas, custos menores ou quaisquer objetivos buscados por sua organização.

Os dados que representam o comportamento passado geralmente são usados para prever o comportamento futuro. Tal análise é denominada de *análise preditiva*. Após identificar os agrupamentos gerais de dados com base em *valores de atributos* (valores de dados amostrados, como produtos comprados), você pode observar os dados atuais e fazer uma previsão sobre qual agrupamento melhor representa um novo objeto que os dados representam (como um consumidor). Ao examinar os atributos de novos objetos, é possível determinar o nível de similaridade do novo objeto com outros objetos que você viu antes. A *classificação* é baseada na ideia de que os objetos na mesma classe, ou grupo, tendem a compartilhar características similares. A *análise de classificação* formaliza essa ideia para facilitar as previsões.

Neste capítulo, você aprenderá a respeito das técnicas para prever a classificação de um novo objeto com base em sua observação de outros objetos. Prever corretamente a classificação de um objeto significa que é possível descobrir a qual grupo esse objeto pertence. Depois, você aprenderá a criar modelos, treiná-los e usá-los para prever comportamentos esperados.

Analisando a Classificação de Dados com Modelos Populares

Um dos usos mais comuns para a análise é prever o comportamento futuro, de modo que você possa estar mais bem preparado caso a previsão se concretize. Por exemplo, caso espere um salto nas vendas de geradores porque seu modelo mostra esse aumento como resultado de um furacão que se aproxima, você pode fazer estoques e estar pronto para a demanda adicional nessas condições.

Os modelos de agrupamentos e as regras de associação ajudam a identificar padrões e relações escondidos nos dados ao agrupar objetos. Os modelos de classificação trabalham a partir das descobertas prévias, ajudando a prever um resultado que coloca um objeto em um grupo identificado. Eles são, em sua maioria, modelos de aprendizado supervisionado. O *modelo supervisionado* é aquele no qual você fornece uma lista de rótulos, ou grupos, e ele determina onde colocar um objeto.

Entregando um conhecimento valioso com a análise de classificação

Os modelos de classificação devem ser treinados antes de poder usá-los para fazer previsões. Porém, antes de treinar um modelo de classificação, é preciso definir os rótulos de classe. Os *rótulos de classe* são qualquer coisa que seja significativa para seus dados e descreva os diferentes grupos de objetos. Alguns são: passar e repetir; alto, médio, baixo; premium, padrão, econômico. Os valores do atributo devem indicar a qual classe cada objeto deve ser atribuído.

Após definir os rótulos para as classes, você treina um modelo ao fornecer dados de entrada rotulados, que incluem tanto os valores de atributos como o rótulo correto da classe. Para treinar seu modelo, você fornece os dados de entrada que descrevem algum objeto (como um consumidor), juntamente com um rótulo da classe que diz ao modelo a qual classe esses dados pertencem. À medida que o modelo examina os dados de entrada e os associa a uma classe, ele "aprende" sobre os dados. Quanto mais dados de treinamento der a um modelo, mais chances ele terá de reconhecer dados similares no futuro e atribuí-los às classes corretas.

Após treinar seu modelo, o teste de seu desempenho é feito ao fornecer dados de entrada não rotulados, que não têm classes atribuídas. Um modelo perfeito examinará esses dados e sempre determinará corretamente a classe certa para eles. No entanto, não há modelos perfeitos. O objetivo é maximizar a frequência de previsões corretas e ajustar os parâmetros do modelo quando a frequência fica abaixo de um objetivo desejado.

Analisando as técnicas populares de classificação

Assim como em todos os tipos de análise, há diversos modelos disponíveis para realizar a classificação, cada um com pontos fortes e fracos. Neste capítulo, você aprenderá sobre dois dos modelos mais populares — árvore de decisão e Bayes ingênuo —, mas não pare por aqui. Para obter informações sobre outros modelos, confira os livros *Python para Data Science Para Leigos*, 2ª edição, e *Data Science Programming All-in-One For Dummies* (sem publicação no Brasil). O melhor modelo para cada aplicativo depende do tipo de dados disponíveis para você, o tipo de resultado necessário e o nível em que a técnica se alinha com seus objetivos organizacionais. Sempre que você chegar à fase de criação do modelo, explore diversos para definir qual é o melhor para seu projeto.

DICA

Às vezes os objetivos não técnicos desempenham um papel na seleção dos modelos. Por exemplo, alguns modelos são mais fáceis de explicar do que outros para pessoas que não são técnicas. Caso tenha de explicar para um público não técnico como um modelo apresenta uma resposta, escolha um modelo mais simples. Nesse caso, um modelo de árvore de decisão pode ser mais fácil de explicar do que um mecanismo de vetor de suporte.

Em um nível conceitual, os algoritmos de árvore de decisão e Bayes ingênuo são similares. Ambos observam cada atributo dos objetos e usam esses valores para fazer uma previsão de classificação com base na similaridade com outros objetos. A abordagem da árvore da decisão é visualmente fácil de apresentar e explicar, mesmo para pessoas que não são técnicas. É necessária uma abordagem baseada em perguntas para se chegar a uma previsão. A técnica do Bayes ingênuo analisa as probabilidades de valores de atributos e determina a associação mais próxima com objetos similares. Ambas as técnicas são as mais fortes quando os dados de treinamento fornecem uma cobertura suficiente para todas as classificações.

Entendendo o funcionamento do algoritmo de árvore de decisão

Árvore de decisão é um algoritmo de classificação que consiste em nós e folhas de decisão, e funciona de forma bem parecida com um fluxograma. Um *nó de decisão* é um nó na árvore que contem critérios de decisão, como *peso > 2 kg* ou *cor = 'vermelho'*. Você vai descendo pela árvore em direção a uma solução (uma classificação para o objeto) ao responder perguntas nos nós e ao seguir uma das flechas que apontam para baixo, dependendo da resposta.

A Figura 10-1 mostra uma árvore de decisão criada para o conjunto de dados da flor íris, comumente usado e que contém dados descritivos disponibilizados pelo biólogo Ronald Fisher em um artigo publicado em 1936. Os dados nesse conjunto de dados descrevem as variações de três espécies relacionadas de íris. É possível definir a variedade de uma flor ao medir o comprimento e a largura da pétala e sépala, comparando, na sequência, com as medidas dos dados do Dr. Fisher. É uma boa representação de como os dados podem ser usados para classificar objetos — neste caso, flores.

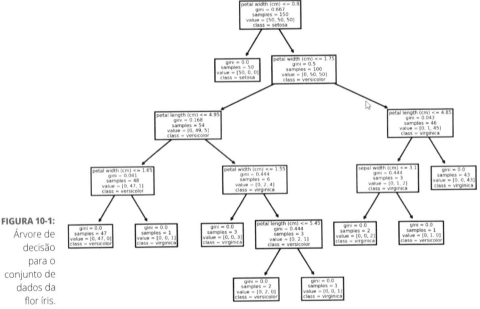

FIGURA 10-1: Árvore de decisão para o conjunto de dados da flor íris.

Geralmente, no topo de cada decisão há um *nó raiz*, que é um nó de decisão que contém uma decisão inicial baseada em um ou mais valores do atributo. Você começa no nó raiz, avalia os critérios de decisão e segue o link filho que corresponde à sua resposta. Na maioria dos casos, verdadeiro significa que você pega o link da esquerda, e falso, o da direita.

180   PARTE 3 **Analisando e Visualizando Dados Analíticos do Blockchain**

O arquivo com código Python `decisionTree.py` cria uma árvore de decisão simples. Após importar as bibliotecas necessárias e carregar os dados sobre a íris no conjunto de dados, defina a resolução de saída de sua visualização para 300 dpi e crie a árvore chamando o método `DecisionTreeClassifier().fit()`. As próximas quatro linhas do código criam a visualização da árvore de decisão. Salve-a no arquivo `decisiontree.png` e exiba-a. O código Python a seguir gerou a saída mostrada na Figura 10-1:

```python
from sklearn.datasets import load_iris
from sklearn import tree
import matplotlib.pyplot as plt

iris = load_iris()
plt.figure(dpi = 300)
clf = tree.DecisionTreeClassifier(random_state=0).fit(iris.
   data, iris.target)

tree.plot_tree(clf, feature_names=iris.feature_names,
   class_names=iris.target_names)
plt.tight_layout()
plt.savefig('decisiontree.png')
plt.show()
```

DICA

Os nós podem ter mais de um filho, ou seja, você pode criar critérios de decisão que tenham mais de duas respostas. Por exemplo, poderia perguntar se um valor é menor que, igual a ou maior que um número. Dependendo do valor do atributo, poderia haver qualquer uma dessas três respostas. Cada resposta distinta (menor que, igual a, maior que) teria um link para um novo filho.

Suponha que você tenha uma flor que quer identificar. Você sabe que é uma íris e mediu o comprimento e a largura da sépala e da pétala, mas não tem certeza sobre a qual variedade pertence. É possível usar uma árvore de decisão para definir qual tipo de íris você tem. Na árvore de decisão da íris na Figura 10-1, o nó raiz é o nível 1 e contém o critério de decisão *largura da pétala (cm) <= 0,5*. Se o critério de decisão for verdadeiro (a largura da pétala é <= 0,5 cm), você seguirá a flecha filho da esquerda. Observe que o filho da esquerda na Figura 10-1 não tem critério de decisão, o que significa que esse nó é um nó folha. Quando chega a um nó como esse, você esgotou o algoritmo e aceita a classe como a prevista para o objeto atual (ou seja, a resposta).

Se o critério de decisão for falso, você seguirá o link filho da direita. Na Figura 10-1, fazer isso a partir do nó raiz o leva para outro nó de decisão, que está no nível 2. Responda a essa pergunta, *largura da pétala (cm) <= 1,75* e siga o link filho com base nessa resposta. Continue repetindo o processo até chegar a um nó folha ou esgotar o número de níveis que pode explorar.

É fácil usar uma árvore de decisão, mas pode ser difícil criá-la. Felizmente, o Python tem suporte para diversas bibliotecas que podem criar árvores de decisão de forma rápida e eficiente. Os algoritmos de aprendizado da árvore de decisão analisam os dados de teste e os usam para criar a árvore. Os algoritmos de aprendizado selecionam os melhores atributos e valores que se bifurcam (os critérios de decisão) com base nas regras que discriminam os dados ao grau mais alto. (*Discriminar os dados* significa simplesmente que cada bifurcação na árvore deve ajudá-lo a ir na direção de um rótulo da classe.)

Os primeiros algoritmos de aprendizado de árvores de decisão incluem o ID3 (Iterative Dichotomiser 3) e o C4.5. O *algoritmo de aprendizado de árvores de decisão ID3* usa uma fórmula para calcular quanto uma bifurcação diminui a aleatoriedade nos dados. Tal métrica de diminuição é chamada de *ganho de informação*, que é uma métrica simples com limitações. Apenas maximizar o ganho de informação pode resultar em um atributo específico demais, como o número de um produto que apenas armazena valores únicos. O *algoritmo de aprendizado de árvores de decisão C4.5* expandiu o ID2 para usar uma razão de ganho para suavizar algumas das decisões bruscas do ID3.

Um algoritmo de aprendizado de árvore de decisão muito usado atualmente é o CART (classification and regression tree — árvore de classificação e regressão). O *CART* usa o método Gini para calcular uma soma mensurada de *impureza* (uma medida da aleatoriedade dos dados em um atributo) de cada bifurcação na árvore. O *índice Gini* representa esse valor de impureza. O algoritmo seleciona o atributo com o menor índice Gini quando comparado com os índices Gini de pares de atributos candidatos bifurcantes. A matemática envolvida nessas técnicas está além deste livro, mas é interessante ver como as bibliotecas Python que você usa em seu código fazem seus trabalhos.

Após o algoritmo de aprendizado de árvore de decisão identificar os melhores pontos de bifurcação, ele cria os nós da árvore. Com a criação da árvore, você faz uma previsão de classes ao avaliar os valores dos atributos de um novo objeto usando critérios de decisão em cada nó. Em algum momento, você deve encontrar um nó folha e atribuir a classe do objeto à classe nesse nó folha.

Entendendo como funciona o algoritmo Bayes ingênuo

Outro algoritmo comum de classificação é o *Bayes ingênuo*. Ele se baseia no teorema de Bayes e é útil para classificar objetos, como texto e imagens. Muitos mecanismos de detecção de spam usam esse algoritmo ou alguma variação dele. O Bayes ingênuo é popular porque é simples e rápido. A técnica determina a probabilidade condicional de um resultado (filiação a uma classe) ao considerar um estado anterior (valores de atributo).

Dois eventos são independentes se a ocorrência de um não tem efeito na ocorrência do outro. Por exemplo, se jogar uma moeda, a probabilidade de que cairá com a cara para cima é de 50% (0,5). Se a jogar uma segunda vez, a probabilidade de que cairá com a cara para cima ainda será de 0,5, não importa o resultado da última jogada. Cada vez que joga uma moeda, o resultado é independente de qualquer outra jogada da moeda.

Alguns eventos dependem da ocorrência prévia de outros. Imagine que tenha uma caixa de ferramentas cheia de chaves de fenda, sendo 10 Phillips e 10 de fenda. Se colocar a mão na caixa e pegar uma aleatoriamente, a probabilidade de que pegará uma de fenda é de 10 em 20, ou 0,5. Se precisa de uma chave de fenda, mas pegou uma Phillips na primeira tentativa, precisará colocar a mão na caixa e pegar outra. Como agora só há 19 chaves na caixa, a nova probabilidade de pegar uma de fenda é de 10 em 19, ou 0,526. Com menos chaves Phillips na caixa, suas chances de pegar uma de fenda acabam de subir um pouquinho. A segunda probabilidade depende de um evento anterior.

Para grandes conjuntos de dados, calcular as probabilidades condicionais pode se tornar tedioso. Felizmente, uma conta matemática interessante proposta pelo teorema de Bayes pode ajudar. A Figura 10-2 mostra a fórmula do teorema de Bayes para calcular probabilidades condicionais.

FIGURA 10-2:
Teorema de Bayes para calcular a probabilidade condicional.

$$P(A|B) = \frac{P(B|A)\,P(A)}{P(B)}$$

Para calcular a probabilidade de um evento A, considerando-se que um evento B anterior já ocorreu (também chamado de probabilidade de A considerando B), siga estes passos:

1. **Calcule a probabilidade de A (considerando B) e B ocorrerem.**

2. **Divida os resultados do Passo 1 pela probabilidade de B.**

O processo de treinamento conta as ocorrências de cada valor de atributo e calcula as probabilidades de cada uma ocorrer. Após todas as probabilidades terem sido calculadas, é possível prever a classe de um novo objeto ao determinar a probabilidade de que os valores de atributo fornecidos se alinhem com uma classe específica, ou seja, o algoritmo Bayes ingênuo retorna a probabilidade relativa de que um objeto deva ser atribuído a uma classe específica.

CAPÍTULO 10 **Classificando os Dados do Blockchain** 183

A implementação do Bayes ingênuo no Python requer alguns passos a mais do que a implementação da árvore de decisão, mas são bem simples. O código a seguir, do arquivo `naiveBayes.py`, mostra um exemplo da implementação do Bayes ingênuo usando o conjunto de dados da íris:

```python
from sklearn import datasets
import matplotlib.pyplot as plt
import pandas as pd
from sklearn.model_selection import train_test_split
from sklearn.naive_bayes import GaussianNB
from sklearn.metrics import accuracy_score

iris = datasets.load_iris()
class_names = iris.target_names
iris_df=pd.DataFrame(iris.data, columns=iris.feature_
   names)
iris_df['target']=iris.target

X_train, X_test, y_train, y_test = train_test_
   split(iris_df[['sepal length (cm)', 'sepal width (cm)',
   'petal length (cm)', 'petal width (cm)']],
   iris_df['target'], random_state=0)
nbClass = GaussianNB()
nbClass.fit(X_train, y_train)
y_predict = nbClass.predict(X_test)

print("Accuracy: {:.2f}".format(accuracy_score(y_test, y_
   predict)))
```

Após carregar o conjunto de dados da íris e atribuir rótulos de atributos, chame o método `train_test_split()` para separar o conjunto de dados em partições de treinamento e teste. Você usará parte dos dados para treinar o modelo, e o restante, para testá-lo. Após dividir o conjunto de dados, chame o método `GaussianNB()`, seguido pelo método `fit()`, para criar e treinar o modelo Bayes ingênuo. Por fim, o método `predict()` usa a partição de testes do conjunto de dados para testar o modelo. O método `score()` retorna a precisão do modelo Bayes ingênuo que você acabou de treinar. A saída desse código Python é mínima:

```
Accuracy: 1.00
```

A saída mostra que o modelo Bayes ingênuo estava correto em 100% das vezes! Infelizmente, muito poucos modelos serão tão bons assim na vida real. O conjunto de dados da íris contém apenas 150 objetos (linhas), então não é muito grande. Apesar de seu tamanho pequeno, esse exemplo do modelo Bayes ingênuo mostra que uma precisão muito alta é possível.

Avaliando a eficácia do modelo com diagnósticos

As árvores de decisão são fáceis de visualizar e apresentar para pessoas tanto técnicas quanto não técnicas. Uma das melhores maneiras de avaliar uma árvore de decisão recentemente criada é pedir a um especialista no assunto (SME — subject matter expert) que a analise para ver se faz sentido. Uma boa árvore de decisão deve ser clara e fácil de entender, pelo menos por um SME da área. Os caminhos na árvore devem ser distintos e levar a nós folha claramente identificados. A ambiguidade deve ser minimizada e as previsões incorretas devem ser explicadas.

Não há um diagnóstico padrão para avaliar o algoritmo Bayes ingênuo. Ele é um algoritmo simples e computacionalmente eficiente que funciona bem com dados contínuos ou categóricos. Sua principal fraqueza é que ele depende que cada atributo seja condicionalmente independente. Se dois ou mais atributos dependerem uns dos outros, o algoritmo Bayes ingênuo provavelmente dobrará a contagem dos efeitos do atributo, resultando em uma superconfiança nos conjuntos de atributos. Os resultados estarão distorcidos e a precisão do modelo terá problemas. É importante considerar apenas os atributos independentes ao usar o Bayes ingênuo.

Implementando Algoritmos de Classificação de Blockchain no Python

As implementações do modelo Python anteriores neste capítulo foram criadas com o conjunto de dados da flor íris. Você pode facilmente estender os modelos de classificação para que funcionem com dados do blockchain. As únicas mudanças reais que precisa fazer para que qualquer modelo analítico processe os dados do blockchain são obter os dados desejados e fornecê-los como entrada para seus modelos. Para cada novo modelo, você pode obter os dados do blockchain sob demanda ou extrair o que precisa com antecedência.

Para os exemplos deste livro, presumo que você já executou um processo que obtenha os dados do blockchain e os alocou em um repositório externo. Para nossos exemplos simples, usaremos arquivos CSV para a entrada do modelo analítico. Para seus projetos, pode escolher usar um repositório mais sofisticado, como um banco de dados, para armazenar os dados do blockchain. Independentemente da abordagem usada, o passo inicial mais importante é entender seus dados do blockchain e identificar os dados de entrada dos quais seus modelos precisam.

Nesta seção, você aprenderá a implementar os algoritmos de árvore de decisão e Bayes ingênuo usando seus dados de cadeia de suprimentos do blockchain. Você verá que os exemplos são mais complexos do que viu anteriormente no capítulo, mas ainda são simples. Depois que estiver confortável com o básico de cada modelo, aprofunde-se nas nuances para aprender como potencializar os pontos fortes de cada modelo para os objetivos de sua organização.

Definindo os requisitos da entrada de dados do modelo

Em cada projeto de análise de dados, você deve primeiramente identificar e coletar os dados de entrada, depois limpá-los. Como os modelos de classificação são baseados em algoritmos de aprendizado supervisionados, você precisará treinar os dados para criar seu modelo. Esse treinamento inclui os dados do atributo para os objetos, juntamente com a classe atribuída do objeto. O modelo aprende ao examinar os dados de treinamento fornecidos e como os atributos se relacionam com a classificação. Um modelo bem treinado reconhecerá os novos dados que você fornecer e conseguirá prever a classe correta à qual o novo objeto pertence.

Embora seja possível limpar os dados logo no início, essa não é a norma. Um dos passos que consomem mais tempo na análise de dados é a limpeza de seus dados de entrada. Talvez eles tenham diversos problemas, sendo que cada um deve ser resolvido. Veja, a seguir, alguns dos motivos mais comuns pelos quais dados de entrada podem não ser perfeitos:

» **Dados faltando:** Os valores do atributo ou dos objetos relacionados estão faltando. Por exemplo, a definição de um participante não tem o endereço dele ou uma definição inteira do participante ao qual um produto faz referência está faltando. De qualquer forma, os dados dependentes que um modelo exige estão faltando.

» **Dados duplicados:** Objetos múltiplos (linhas) em um conjunto de dados não devem fazer referência a uma entidade única. Ter dados demais pode distorcer a eficácia de um modelo. Muitas métricas de modelos dependem que o modelo saiba quantos objetos únicos existem nesse conjunto de dados de entrada.

» **Erros:** Valores de atributos imprecisos ou errados podem afetar negativamente a precisão de um modelo. Às vezes não é fácil corrigir os erros dos dados, mas sempre que possível, você deve consertá-los ou excluir os objetos com dados errôneos.

» **Fora da faixa:** Um subconjunto de erros nos dados é um atributo que armazena dados que acabam fora da faixa definida ou da lista de valores válidos. Todos os softwares de aquisição de dados devem validar agressivamente os dados de entrada antes que sejam armazenados, mas isso nem sempre acontece. Por inúmeros motivos, dados inválidos podem chegar a todo tipo de repositório de dados.

» **Formato incorreto:** Os dados armazenados em um formato não suportado podem causar problemas para os modelos analíticos. Um dos problemas mais comuns que você pode encontrar nessa categoria são os dados alfabéticos armazenados em atributos definidos para armazenar dados numéricos. Se encontrar esse tipo de problema, precisará mapear os dados com um formato correto ou excluir o objeto.

» **Formato inconsistente:** Um problema comum na aquisição de dados provenientes de múltiplas fontes é que cada fonte pode armazenar os dados com formatos diferentes. Suponha que um atributo de dados tenha as datas armazenadas como oito dígitos numéricos (02042020) e strings com dez caracteres ("02/04/2020"). Embora seja fácil perceber que ambos os valores se referem à mesma data, você precisará alinhar os dados de entrada para usarem um único formato para que seus modelos funcionem corretamente.

Basicamente, há duas abordagens para limpar os dados. Você pode extraí-los, limpá-los e disponibilizá-los como entrada para seus modelos, ou pode criar a fase de limpeza dentro de seus modelos. Os dois exemplos nesta seção mostram como limpar os dados em seus modelos. Não importa qual abordagem usar, o objetivo é garantir que seus modelos tenham dados válidos para fornecerem a saída com a melhor qualidade possível.

Criando seu conjunto de dados do modelo de classificação

Os modelos de classificação fazem previsões com base em atributos existentes. Para os exemplos deste capítulo, analisaremos informações sobre TVs e tentaremos definir quais atributos os compradores querem. Como os dados do blockchain não são gratuitos (é necessário pagar para armazenar dados no blockchain), geralmente não encontraremos todas as informações das quais os modelos precisam nos blocos do blockchain, então usaremos as informações de avaliação de cada TV para decidir de quais delas os compradores mais gostam. O modelo de classificação tentará definir as notas de avaliação que os clientes dão com base nos atributos da TV.

Muitos atributos descritivos das TVs não ficam armazenados no blockchain. Presumiremos que a maioria esteja armazenada em um repositório off-chain. Você precisará encontrar as informações de avaliações da TV no blockchain, encontrar os dados relacionados dos atributos da TV que estão off-chain, combinar os dados relacionados e armazená-los em um novo repositório. Você já realizou esse passo preliminar e armazenou os dados combinados no arquivo `products.csv`, então usará esse arquivo como entrada de seus modelos de classificação.

CAPÍTULO 10 **Classificando os Dados do Blockchain** 187

Lendo e limpando os dados de entrada

Uma maneira fácil de ler os dados em um arquivo csv em um conjunto de dados Pandas é usar o método `pandas.read_csv()`. No entanto, você deve fazer um trabalhinho nos dados para obter aquilo de que seu modelo precisa. Se qualquer um de seus dados de entrada não for numérico, uma solução é mapear os dados existentes para os dados numéricos. É a abordagem que você aprenderá neste capítulo.

A Figura 10-3 mostra uma parte do arquivo `products.csv`. Observe que os dados nas colunas screenType (tipo de tela) e resolution (resolução) são alfabéticos, não numéricos. Você precisará alterar o tipo de dados (datatype) de ambas as colunas para numérico antes de usar os dados como modelo de entrada.

	column 14	column 15	column 16	column 17	column 18	column 19
1	dDesc	prodSKU	prodCat	screenSize	screenType	resolution
2	7inch HD LED	106702	TV	47	LED	HD
3	7inch HD LED	106702	TV	47	LED	HD
4	7inch HD LED	106702	TV	47	LED	HD
5	7inch HD LED	106702	TV	47	LED	HD
6	7inch HD LED	106702	TV	47	LED	HD
7	7inch HD LED	106702	TV	47	LED	HD
8	7inch HD LED	106702	TV	47	LED	HD
9	7inch HD LED	106702	TV	47	LED	HD
10	7inch HD LED	106702	TV	47	LED	HD
11	7inch HD LED	106702	TV	47	LED	HD

FIGURA 10-3: Dados do produto TV.

Uma das maneiras mais fáceis de lidar com problemas de tipos de dados categóricos é mapear os rótulos de classes alfabéticas para os índices de números. Quer dizer, faça uma lista de todos os valores nos dados–fonte e numere cada valor. Depois, atribua o número que corresponde a um rótulo específico ao objeto correspondente.

Por exemplo, suponha que cada TV no arquivo `products.csv` tenha um valor na coluna `screenType` de LED, QLED ou OLED. Para traduzir a coluna `screenType` para um tipo numérico, você pode atribuir 0 para todas as TVs com um `screenType` LED, 1 para todas QLED e 2 para todas OLED.

O Python facilita a limpeza dos dados. Para realizar as tarefas de mapear os dados de entrada para um formato que seus modelos possam usar, siga estes passos:

1. Leia o arquivo `products.csv` em um dataframe temporário.

2. Converta os atributos `screenType` e `resolution` em listas do Pyhton.

3. Defina funções para mapear o valor de um atributo alfabético para um número inteiro.

4. Leia o arquivo `products.csv` no dataframe analítico, convertendo os atributos `screenType` e `resolution` em valores de índice.

188 PARTE 3 **Analisando e Visualizando Dados Analíticos do Blockchain**

Aqui está o código Python, do arquivo `decisionTreeBlockchain.py`, para realizar cada um dos passos para mapear os dados de entrada para um dataframe analítico:

```
import pandas as pd

dfpreprocess = pd.read_csv('products.csv',
   usecols=['screenType','resolution'])
screenTypeList = dfpreprocess.screenType.unique().tolist()
resolutionList = dfpreprocess.resolution.unique().tolist()

fscreen = lambda x : screenTypeList.index(x)
fresolution = lambda x : resolutionList.index(x)

converter = {'screenType':fscreen,'resolution':fresolution}
df = pd.read_csv('products.csv',
   usecols=['screenSize','screenType',
   'resolution','hdmiPorts','usbPorts','reviewRating'],
   converters=converter)
```

Após importar a biblioteca `pandas`, leia o arquivo `products.csv` no dataframe `dfpreprocess`. (Como você precisa de apenas dois atributos, faça a leitura apenas das colunas `screenType` e `resolution`.) Após a leitura do arquivo csv, converta os dados de entrada em duas listas, `screenTypeList` (lista de valores únicos de tipos de tela) e `resolutionList` (lista de valores únicos de resoluções de TV). Você usará essas duas listas para mapear seus dados de entrada de caracteres para valores inteiros.

Antes de estar pronto para ler os dados no dataframe analítico, você deve definir funções para mapear os dados brutos de caracteres nas colunas `screenType` e `resolution` para dados inteiros. Você definirá duas funções lambda para realizar o mapeamento simples, então, combinar essas duas funções em um conjunto chamado `converter`.

PAPO DE ESPECIALISTA

Observe no código Python precedente que usamos funções lambda para atribuir `fscreen` e `fresolution`. *Função lambda* é uma pequena função anônima no Python que não tem nome, obtém múltiplos argumentos de entrada e consiste em uma única expressão. Elas são úteis quando você quer avaliar uma expressão e atribuir seu valor resultante sem ter de definir uma função formalmente nomeada. Nesse programa, as funções lambda são convenientes para serem chamadas para lidar com o mapeamento de caracteres para inteiros, conforme você lê os dados no dataframe `df`.

O último passo é ler os atributos desejados do arquivo `products.csv` no conjunto de dados, `df`, mapeando os valores de atributo `screenType` e `resolution` para inteiros.

Dividindo os dados em partições de treinamento e teste

O próximo passo na preparação de seus dados para o modelo de classificação é dividir seu conjunto de dados em partições de treinamento e teste. A partição de treinamento serão os dados que seu modelo usará para aprender como os dados dos atributos determinam a classificação do objeto (`reviewRating`). A partição do teste avalia a precisão do modelo. Em outras palavras, você cria o modelo usando a partição de treinamento do conjunto de dados e usa os dados da partição de teste para ver se o modelo prevê as classificações corretas. A porcentagem de previsões corretas da partição de teste é a precisão do modelo.

Aqui está o código Python, do arquivo `decisionTreeBlockchain.py`, para dividir o dataframe `df` nas partições de treinamento e teste:

```python
from sklearn.model_selection import train_test_split

y = df.reviewRating
X = df.drop('reviewRating', axis=1)

X_train, X_test, y_train, y_test = train_test_split(X, y,test_size=0.2)
```

A primeira linha importa `train_test_split` de `sklearn.model_selection`. (Essa linha de código normalmente estaria no topo do programa Python.) As próximas duas linhas separam o dataframe `df` em um conjunto de atributos de entrada, `X`, e o atributo que contém a classificação de cada objeto, `y`. O dataframe `y` contém apenas o atributo `reviewRating` e o dataframe `X` contém todos os outros atributos.

Por fim, o método `train_test_split()` divide os dataframes em quatro partições: `X_train`, `X_test`, `y_train` e `y_test`. O método `train_test_split()` coloca 20% dos dados originais nas partições de teste e 80% nas partições de treinamento. Agora você está pronto para treinar e testar seus modelos.

Desenvolvendo seu código do modelo de classificação

O código Python que acabei de apresentar carrega os dados do blockchain para os modelos analíticos de árvore de decisão ou Bayes ingênuo. Nesta seção, você aprenderá como usar os dados que carregou para criar ambos os tipos de modelos e definir qual funciona melhor para seus dados de cadeia de suprimentos.

Codificando o modelo de árvore de decisão

Uma das vantagens do modelo de árvore de decisão é que sua criação resulta em um modelo fácil de visualizar. Para propósitos de instrução e documentação, uma árvore de decisão facilita a transmissão do propósito de seu modelo. Os métodos principais para criar e visualizar uma árvore de decisão são `tree.Decisions-TreeClassifier()` e `tree.plot_tree()`, ambos importados da biblioteca `sklearn`. Tudo que você precisa fazer, além de chamar esses métodos, é configurar os parâmetros de saída e renderizar a imagem.

Aqui está o código Python, do arquivo `decisionTreeBlockchain.py`, para criar e visualizar uma árvore de decisão com base nos dados de cadeia de suprimento do blockchain (esse código continua o programa Python da seção precedente):

```
from sklearn import tree
import matplotlib.pyplot as plt

plt.figure(dpi = 300)
clf = tree.DecisionTreeClassifier(random_state=0).fit(X_
   train, y_train)

tree.plot_tree(clf, feature_
   names=['screenSize','screenType','resolution',
   'hdmiPorts','usbPorts'], filled=True)

plt.tight_layout()
plt.savefig('decisiontree.png', dpi = 300)
plt.show()

score = clf.score(X_test, y_test)
print(score)
```

Após importar as bibliotecas necessárias, o primeiro código executável nesse segmento é o método `plt.figure()`. Esse método define a resolução da imagem gerada para 300 dpi. Sem ele, a biblioteca usará um valor padrão de 100 dpi e gerará uma figura difícil de ler.

LEMBRE-SE

É uma boa prática colocar todos os comandos `import` no topo de seu programa Python. Incluo-os aqui para mostrar de quais bibliotecas você precisará para esta seção do código.

Após configurar a resolução da imagem, o método `tree.DecisionTreeClassifier().fit()` examina os dados que você passou para o método, X_train e y_train, e cria uma árvore de decisão. Após criá-la, `clf`, você pode criar uma representação visual dela chamando o método `tree.plot_tree()`. No exemplo anterior, você forneceu os rótulos de atributos para que a árvore representada na imagem estivesse mais legível.

CAPÍTULO 10 **Classificando os Dados do Blockchain** 191

As próximas três linhas do código Python especificam o tipo de layout para a figura, salvam a figura renderizada como arquivo PNG e exibem a árvore de decisão em uma janela. Após fechar a janela da figura, as últimas duas linhas do código calculam a precisão da árvore de decisão que acabou de criar e exibem a pontuação calculada. A Figura 10-4 mostra a árvore de decisão baseada em seus dados de cadeia de suprimentos no blockchain.

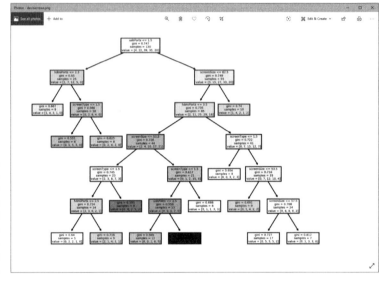

FIGURA 10-4: Árvore de decisão baseada nos dados de cadeia de suprimentos no blockchain.

A Figura 10-5 mostra a saída do programa (a pontuação da árvore de decisão). Observe que a precisão (pontuação) é de 0,33333333333333333, o que significa que a árvore de decisão está correta apenas uma em cada três vezes que a usa para fazer uma previsão. Uma precisão de 33% não é boa. Uma árvore de decisão pode ser muito precisa, mas apenas quando você seleciona os atributos certos e tem dados suficientes para treiná-la.

FIGURA 10-5: Saída do programa Python decision-Tree-Block-chain.py.

192 PARTE 3 **Analisando e Visualizando Dados Analíticos do Blockchain**

DICA

O conjunto de dados completo que você usa para o exemplo da cadeia de suprimentos no blockchain contém apenas 150 produtos. Para dados que são claramente representativos de classes distintas, 150 registros podem ser suficientes. Por exemplo, o conjunto de dados da flor íris consiste em apenas 50 amostras. Para conjuntos de dados reais, é geralmente importante ter mais de 150 entradas.

Se quiser brincar com o modelo de árvore de decisão, tire alguns atributos usados para criar a árvore. Adicionalmente, mude a porcentagem de dados reservados para os testes. Experimente essas mudanças e veja se sua precisão se altera. Fazer pequenas mudanças no modelo demonstra como é importante explorar o máximo de opções possíveis. Sua primeira escolha de atributos pode produzir a melhor precisão, mas é mais provável que você tenha que tentar outras configurações para obter a combinação certa de atributos.

Codificando o modelo Bayes ingênuo

O segundo tipo de modelo de classificação que você aprendeu neste capítulo é o Bayes ingênuo. A proposta desse modelo é a mesma da árvore de decisão: prever com precisão a classe de um objeto com base em atributos selecionados. No entanto, a abordagem do Bayes ingênuo é diferente. Os modelos Bayes usam probabilidades para calcular os resultados previstos, em vez de uma série de decisões.

A natureza matemática dos modelos Bayes ingênuo dificulta a renderização de visualizações. Sempre é possível criar gráficos de resultados, mas construir uma figura do processo é mais difícil do que com a árvore de decisão. Como a visualização não é uma preocupação maior no modelo Bayes ingênuo, o código para implementá-lo exige menos linhas do que uma árvore de decisão. A configuração inicial e a importação de dados são as mesmas do modelo de árvore de decisão.

Após carregar os dados em um dataframe e criar os conjuntos de dados de treinamento e teste, você simplesmente cria o modelo e exibe sua precisão. Aqui está a parte restante do código Python, do arquivo `naiveBayesBlockchain.py`, para criar um modelo Bayes ingênuo com os dados da cadeia de suprimento no blockchain:

```python
from sklearn.naive_bayes import GaussianNB
from sklearn.metrics import accuracy_score

nbClass = GaussianNB()
nbClass.fit(X_train, y_train)
y_predict = nbClass.predict(X_test)

print("Accuracy: {:.2f}".format(accuracy_score(y_test,y_predict)))
```

Após importar as bibliotecas necessárias, você instancia um novo objeto GaussianNB, nbClass. O Bayes ingênuo pode ser implementado de diversas maneiras; escolhi usar a implementação baseada em uma distribuição *gaussiana* ou normal. Os dados que são distribuídos normalmente e se encaixam em uma curva de sino são referidos como um conjunto de dados distribuídos normalmente, ou de forma gaussiana. A Figura 10-6 mostra uma distribuição gaussiana. Observe que as porcentagens mais altas dos pontos de dados, 0,4 (40%) de todas as leituras, ocorrem no meio da curva. Os valores que são maiores ou menores do que o valor do meio ocorrem com menos frequência à medida que se distanciam do meio. Caso seus dados correspondam bem em uma distribuição gaussiana, um modelo Bayes ingênuo gaussiano é provavelmente uma boa escolha. Caso seus dados não sejam distribuídos normalmente, esse modelo pode ter dificuldades para fazer previsões precisas.

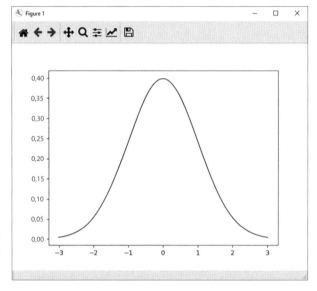

FIGURA 10-6: Distribuição gaussiana (normal).

Após instanciar o objeto nbClass, chame o método nbClass.fit() para treinar o modelo, passando os conjuntos de dados X_train e y_train. Depois de treinar seu modelo, você pode criar um conjunto de dados de teste chamando o método nbClass.predict() e passando o conjunto de dados X_test.

A última linha do código Python chama `accuracy_score()` para determinar a precisão do modelo quando testado em seu conjunto de dados de teste, `X_test`. Quando executar o programa `naiveBayesBlockchain.py`, observe que a única saída é o valor de precisão. Ao usar seus dados de cadeia de suprimentos no blockchain, o modelo Bayes ingênuo é apenas 20% preciso, o que é ainda pior do que a árvore de decisão. Assim como no modelo de árvore de decisão, brinque um pouco com os atributos e as partições de treinamento, e teste para ver se consegue aumentar a precisão.

Definindo Quando a Classificação se Encaixa em Suas Necessidades Analíticas

Nenhum modelo produziu previsões muito precisas para os dados de cadeia de suprimento no blockchain. Uma precisão baixa pode se dar devido a vários motivos. Em nosso caso, os dados não indicaram classificações claras. Além disso, o conjunto de dados do produto no blockchain era pequeno (apenas 150 TVs) e não exibiu correlações claras entre atributos e classificações futuras. Em um projeto real, você avaliaria as correlações entre os atributos antes da fase de criação do modelo.

É importante aprender sobre os diversos tipos de modelos analíticos, mesmo se nenhum fornece uma precisão de 99%. Examinar os modelos que claramente não são as melhores escolhas pode levá-lo a descobrir aspectos de seus dados que você não teria visto de outro modo. É a parte do processo geral de análise. Nesse caso, a classificação não forneceu um insight muito valioso. No próximo capítulo, você aprenderá a respeito de outro tipo de análise que pode ser uma melhor escolha para fazer previsões com seus dados.

196 PARTE 3 **Analisando e Visualizando Dados Analíticos do Blockchain**

NESTE CAPÍTULO

» **Capitalizando as tendências**

» **Identificando indicadores de atividades futuras**

» **Escolhendo o método certo de regressão para seus dados**

» **Determinando a precisão de seu modelo**

» **Escrevendo código Python para prever resultados futuros**

Capítulo **11**

Prevendo o Futuro com a Regressão

O Capítulo 10 apresentou algumas formas de prever o futuro com a análise. As técnicas aprendidas lá funcionam bem com *resultados categóricos*, que são situações em que o resultado é um item de uma lista de opções. Por exemplo, se seu modelo tentar prever o melhor dia da semana para comprar uma passagem aérea, o resultado será um dos sete dias da semana. Você poderia usar uma abordagem de árvore de decisão ou Bayes ingênuo para criar seu modelo.

Às vezes seu resultado pode não se encaixar em uma lista clara de opções. Imagine que seu modelo tente prever o preço de amanhã para determinada ação. A resposta poderia ser qualquer preço. Os dados que representam valores em uma faixa são chamados de *dados contínuos*. Os modelos analíticos que funcionam bem com dados contínuos são diferentes daqueles normalmente usados com dados categóricos.

Este capítulo descreve um tipo diferente de modelo analítico, chamado de *modelo de regressão*, que examina dados de treinamento e cria uma função matemática para representar os dados, com base nos atributos fornecidos. Uma vez treinado, cada modelo calcula a previsão de um resultado que se associa com os resultados dos dados de treinamento. O modelo resultante permite que você forneça valores de atributos recém-amostrados, e a função retornará a previsão de um resultado.

A regressão pode ser usada para prever resultados futuros com base em comportamentos passados. Os modelos regressivos podem prever futuros preços, custos ou mensurações de qualquer tipo. Embora um uso comum da regressão seja prever resultados contínuos, um tipo específico de modelo regressivo funciona bem também com dados categóricos. Neste capítulo, você aprenderá sobre os modelos regressivos e como criá-los no Python.

Analisando Previsões e Relações Usando Modelos Populares

A análise de regressão foca o uso da estatística para estimar a relação entre variáveis independentes e uma variável dependente. Resumindo, a regressão analisa um conjunto de valores de atributo de entrada, também chamados de *variáveis independentes*, e faz uma previsão do resultado, ou um valor de *variável dependente*. Uma boa função de regressão preverá com precisão o resultado com base nos valores de atributo de entrada que você fornece.

As vantagens de usar a regressão são que seus modelos ficam fáceis de usar após treiná-los e a visualização dos resultados é geralmente fácil. Assim como em qualquer modelo analítico, as partes mais desafiadoras do processo são definir os melhores atributos para usar e manter os modelos atuais, conforme seu conjunto de dados muda. Conforme a coleta de mais dados é feita, muitos conjuntos de dados tendem a mudar com o passar do tempo, o que muda a precisão de qualquer modelo preditivo.

Entregando um conhecimento valioso com a análise de regressão

Para criar um modelo de regressão, o primeiro passo é treinar os dados e definir uma função que melhor os represente. A precisão de seu modelo depende diretamente da qualidade de seus dados de treinamento. Se usar uma partição muito pequena dos dados para criar o modelo, sua precisão poderá não ser adequada. Como é o caso com qualquer outro modelo analítico, uma técnica popular é dividir um conjunto de dados de treinamento em duas partições, uma para treinamento e outra para testes. O conjunto de dados de treinamento deve incluir uma representação razoável dos dados "reais" esperados, juntamente com os resultados observados.

O algoritmo da criação do modelo de regressão examinará os dados de treinamento e criará uma função que melhor represente a relação entre as variáveis dependentes e independentes. Após o treinamento, a segunda partição de seus dados é usada para os testes. Você executa a função de regressão com os dados de entrada de teste para comparar a previsão com o resultado observado a partir dos dados de teste, que podem ser usados para avaliar se o modelo de regressão está associando bem (ou mal) os resultados observados em sua partição de conjunto de dados de teste.

A precisão de qualquer modelo de regressão depende de um equilíbrio cuidadoso na seleção de atributos que tenham o maior efeito no resultado e de basear o modelo em dados razoavelmente distribuídos. Os modelos de regressão tendem a funcionar bem com dados que se alinham bem com uma distribuição normal. Embora a distribuição normal não seja um pré-requisito para o uso do modelo de regressão, os conjuntos de dados que incluem muitos valores discrepantes e outras anomalias podem tornar a criação de qualquer tipo de modelo mais desafiadora.

Examinando técnicas populares de regressão

Os tipos mais comuns de modelos de regressão são a regressão linear e a regressão logística. A *regressão linear* é um modelo comum para prever resultados contínuos. Quando você tem um ou mais *atributos*, ou variáveis independentes de entrada, um modelo de regressão linear pode prever qualquer resultado com base nos valores de seus atributos selecionados.

Por exemplo, suponha que você esteja ajudando alunos de música a se preparar para os testes para a banda de honra. Você coletou dados históricos sobre quantas horas por semana cada aluno praticou, se o aluno foi aceito na banda de honra e qual pontuação cada um obteve no teste. Como seria de se esperar, há uma correlação linear entre as horas de prática e a pontuação no teste; quanto mais um aluno praticou por semana, melhor foi sua pontuação no teste. Um modelo de regressão linear poderá prever a pontuação no teste de qualquer aluno se souber quantas horas ele pratica por semana.

DICA

A correlação entre as horas de prática e a pontuação no teste para a banda de honra é básica e simplista demais para ser usada na vida real. Em um cenário real, outros fatores, como experiência, talento, qualidade da educação e até a disposição desempenham um papel na pontuação obtida no teste. Os modelos de regressão podem levar todos esses fatores em conta ao incluí-los na função de regressão. Nosso exemplo simples tem apenas uma variável dependente e uma independente, mas os modelos reais quase sempre têm mais variáveis independentes.

Outro tipo comum de modelo de regressão é a regressão logística. Em vez de prever a pontuação final de um teste (que é uma previsão de resultados contínuos), talvez você queira apenas saber as chances de um aluno ser aceito na banda de honra com base nas horas que pratica por semana. Esse resultado é categórico porque ele precisa apenas prever um valor sim ou não. Os *modelos de regressão logística* são otimizados para retornar resultados que preveem categorias de resultados. A determinação do resultado categórico é apenas outra forma de descrever a classificação. No caso da previsão de sim/não, você está determinando a qual das duas classes um novo objeto provavelmente pertence.

Você viu os modelos de classificação Bayes ingênuo e árvore de decisão no Capítulo 10. A regressão logística é outro modelo de classificação que você pode usar. A melhor abordagem é avaliar os diversos tipos de modelos e escolher aquele que lhe dá os resultados mais precisos.

Visualizando os dados lineares

Um modelo de regressão linear é criado sobre o conceito de que, à medida que o número de observações no conjunto de dados aumenta, os resultados das variáveis dependentes tendem a se aproximar, ou regredir, em direção a algum valor médio relativo. Uma relação linear existe entre os valores dependentes e independentes quando uma dispersão de valores médios aparece no gráfico como uma linha. O valor médio em um modelo de regressão linear não é um valor único, mas uma faixa valores representados como uma linha desenhada em um conjunto de dados no gráfico de dispersão que representa melhor os dados. A Figura 11-1 mostra um exemplo de dados que são visualizados como uma relação linear entre a variável dependente, x, e as variáveis independentes (atributos), y.

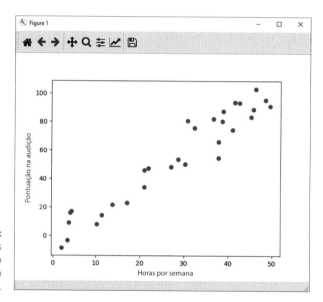

FIGURA 11-1: Dados exibindo uma relação linear.

A Figura 11-1 mostra valores x e y criados aleatoriamente que demonstram uma relação linear. Aqui está o código Python (`linearData.py`) para criar um conjunto de dados aleatórios com dados linearmente relacionados:

```
import numpy as np
import matplotlib.pyplot as plt

x = 50 * np.random.random((30, 1))
y = 0.5 * x + 1.0 + np.random.normal(size=x.shape)

ax = plt.axes()
ax.scatter(x, y)

ax.set _ xlabel('x')
ax.set _ ylabel('y')

plt.show()
```

As primeiras duas linhas do código Python importam as bibliotecas `numpy` e `matplotlib.pyplt`. As próximas duas linhas preenchem o conjunto x com valores aleatórios entre 0 e 50, e o conjunto y, com valores correspondentes que incluem certo "ruído" que localiza cada ponto em uma pequena distância aleatória a partir de uma linha perfeita. As linhas restantes do código definem os eixos e os rótulos, depois, renderizam o gráfico.

Observando o gráfico da Figura 11-1, fica fácil perceber que os dados estão, de forma geral, organizados como uma linha. Os pontos não estão todos em uma linha reta, mas próximos a uma linha, sendo então possível desenhar uma passando pelos dados. Um modelo de regressão linear considera os pontos de dados que vemos na Figura 11-1 e cria uma linha, chamada de *linha de regressão*, que está o mais perto possível do máximo de pontos. O resultado de um modelo de regressão linear é a função que representa a linha de regressão.

Visualizando dados categóricos

Um modelo de regressão linear prevê a qual classe um objeto tem mais chances de pertencer. Imagine que o número de horas que um aluno pratica por semana seja um forte indicador de que ele passará no teste para a banda de honra. Os alunos que praticam mais de 25 horas por semana são aprovados (categoria 1), enquanto aqueles que praticam menos de 25 horas por semana não conseguem (categoria 0). A Figura 11-2 mostra um gráfico de dispersão de dados categóricos simples.

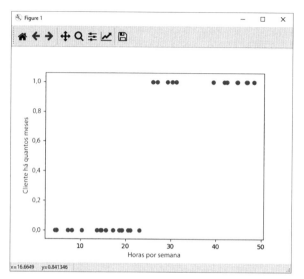

FIGURA 11-2: Dados exibindo uma relação categórica.

A Figura 11-2 mostra valores x e y criados aleatoriamente que dependem dos valores gerados de x (onde y = 1 quando x > 25 ou x = 0). Veja o código Python (`categoricalData.py`) para criar um conjunto de dados aleatório com dados categóricos:

```
import numpy as np
import matplotlib.pyplot as plt
x = 50 * np.random.random((30, 1))
y = np.where(x<25,0,1)

ax = plt.axes()
ax.scatter(x, y)

ax.set_xlabel('Hours per week')
ax.set_ylabel('Audition score')

plt.show()
```

As primeiras duas linhas do código Python importam as bibliotecas `numpy` e `matplotlib.pyplt`. As duas linhas seguintes preenchem o conjunto x com valores aleatórios entre 0 e 50, e o conjunto y, com valores correspondentes com base em se o valor de x é maior ou não que 25. O cálculo dos valores y com base nos valores x associou artificialmente 25 horas ou mais de prática por semana com o sucesso, e menos de 25 horas por semana com o fracasso. As linhas restantes do código definem os eixos e os rótulos, então, renderizam o gráfico.

Como se pode ver na Figura 11-2, os dados são separados em *níveis*, ou grupos, diferentemente da relação linear que percebemos na Figura 11-1. Cada nível na visualização de um modelo de regressão logística (as linhas horizontais de pontos de dados) representa uma previsão de classificação.

Descrevendo como a regressão linear funciona

Uma *linha de regressão*, que é a representação visual de um modelo de regressão linear, representa a média da distância mínima entre os dados variáveis dependentes e a previsão dos dados variáveis dependentes, ou seja, a função de seu modelo de regressão, f(x), retornará um valor previsto para y quando você fornecer um valor para x. Cada par de valores, (x,y), fornece as coordenadas de um único ponto.

A maioria dos pontos no gráfico deve estar próxima da linha de regressão. Os pontos perfeitos de dados ficarão todos na linha de regressão, mas na vida real, a maioria dos pontos de dados fica fora da linha, mas dentro de uma distância da linha de regressão, chamada de erro ou resíduo. O *resíduo* é a diferença entre um valor observado (x, y) e o valor previsto por seu modelo (x, f(x)). A ideia é criar um modelo em que os resíduos cumulativos sejam os menores possíveis.

PAPO DE ESPECIALISTA

Neste livro, o foco é os valores únicos de x. No mundo real, os modelos de regressão linear (ou quaisquer modelos analíticos) podem lidar com valores, ou atributos, múltiplos de x. Os modelos que levam em conta múltiplos atributos são muito mais úteis do que aqueles que focam relações únicas entre dois atributos. Portanto, pense em x como sendo um conjunto de valores, ao contrário de uma variável simples, que tem apenas um único valor de atributo. Um modelo de regressão baseado em uma única variável é chamado de *regressão linear simples* e resulta em uma linha de regressão. Um modelo de regressão que inclui mais de uma variável independente é chamado de *regressão linear múltipla* e resulta em uma visualização diferente, como uma parábola.

Visto que uma linha de regressão é apenas uma estimativa de amostras de dados, ela raramente será perfeita. O melhor modelo de regressão linear será uma linha que resulta em previsões que estão, em geral, mais perto das observações reais do que qualquer outra linha. Um dos métodos mais comuns usados para criar um modelo de regressão linear é o *Mínimos Quadrados Ordinários (MQO)* ou *Ordinary Least Squares (OLS)*, que é uma abordagem iterativa que avalia as funções baseadas em variáveis independentes fornecidas. Para cada função selecionada, o processo avalia essa função com relação aos valores fornecidos de x e compara o resultado com os resultados fornecidos (valores fornecidos de y). O processo calcula o quadrado da distância entre o ponto observado e o ponto previsto (quer dizer, o valor da função, f(x)).

O segredo para um bom modelo de regressão é a função de regressão. Em seu sentido mais simples, um modelo de regressão é expresso assim:

$$y = \beta_0 + \beta_1 x + \varepsilon$$

onde β é alguma constante e ε é o termo de erro. Essa equação pode parecer familiar. Se você ignora o termo de erro, é possível reformular a equação anterior como o coeficiente angular de uma linha:

$$y = mx + b$$

No coeficiente angular de uma linha, m é a curva (o mesmo termo que em β_1 na equação linear) e b é a intercepção y (o mesmo que a constante independente β_0 na equação linear). O método MQO resultará em um conjunto de pontos que formam uma linha. Após saber quais são pelo menos dois pontos nessa linha, você pode representá-la como uma equação que pode ser expressa no coeficiente angular de uma linha. Com o coeficiente, você tem a função de regressão. Mas não se preocupe — não precisa fazer tudo manualmente. As bibliotecas do Python farão isso por você!

Aqui está o código Python (`linearRegression.py`) que usa o código anterior deste capítulo como base (`linearData.py`), que apenas mostrou os dados em uma organização linear. O código em `linearRegression.py` cria um modelo de regressão linear ajustando uma linha aos dados e visualizando a linha de regressão:

```python
import numpy as np
import matplotlib.pyplot as plt
from sklearn.linear_model import LinearRegression

x = 50 * np.random.random((30, 1))
y = 2 * x + 10.0 * np.random.normal(size=x.shape)

model = LinearRegression().fit(x, y)

x_new = np.linspace(0, 50, 100)
y_new = model.predict(x_new[:, np.newaxis])

ax = plt.axes()
ax.scatter(x, y)
ax.plot(x_new, y_new)

ax.set_xlabel('Hours per week')
ax.set_ylabel('Audition score')

plt.show()
```

As primeiras três linhas importam as bibliotecas `numpy`, `matplotlib.pyplt` e `sklearn.linear_model`. As duas linhas seguintes preenchem o conjunto x com valores aleatórios entre 0 e 50, e o conjunto y, com valores correspondentes que incluem certo "ruído" que localiza cada ponto em uma pequena distância aleatória a partir de uma linha perfeita.

A linha seguinte do código instancia um novo modelo de regressão linear nomeado como `model` e ajusta a função de regressão aos dados de teste. O código então cria dois conjuntos: um, (`x_new`), contém os números 1 a 50 e o outro, (`y_new`), contém os valores previstos que correspondem a cada valor `x_new`. As demais linhas do código definem os eixos e os rótulos, então, renderizam o gráfico para os dados x, y, `x_new` e `y_new`. A Figura 11-3 mostra a visualização dos dados lineares e da linha de regressão ajustada aos dados fornecidos.

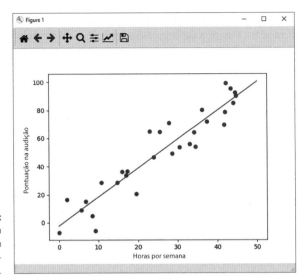

FIGURA 11-3: Visualização do modelo de regressão linear.

Observe que a visualização é um pouquinho mais do que acrescentar uma linha passando pelos dados. No entanto, é necessário um esforço para descobrir qual é a melhor linha a ser traçada.

A equação linear que acabamos de mostrar é para uma variável independente única (ou seja, avaliar o efeito de um único atributo em algum resultado). Na vida real, provavelmente você precisará avaliar como múltiplos atributos afetam um resultado. A regressão linear pode lidar com múltiplas variáveis dependentes. A fórmula geral de uma equação de regressão com variáveis múltiplas é assim:

$$y = \beta_0 + \beta_1 x_1 + \beta_2 x_2 + \ldots + \beta_{p-1} x_{p-1} + \varepsilon$$

É mais difícil visualizar múltiplas variáveis dependentes do que apenas plotar os valores de x e y. Posteriormente neste capítulo, você verá como lidar com modelos de regressão linear com variáveis múltiplas sem as visualizações simples.

Descrevendo como a regressão logística funciona

Enquanto a visualização de uma regressão linear simples é uma linha reta, a de um modelo logístico é uma curva parecida com degraus de uma escada. Cada degrau representa uma classe diferente. A regressão logística é um método de classificação que você pode usar com os métodos do Capítulo 10 para prever a classe dos objetos. Diferentemente da regressão linear, que pode ser usada para a interpolação e a extrapolação limitada, a regressão logística não consegue extrapolar além das classes definidas. Um *modelo de regressão logística* prevê a classe à qual um objeto pertence, juntamente com uma probabilidade relativa da previsão.

A implementação mais simples da regressão logística prevê a filiação a uma de duas classes. Um modelo simples de regressão logística, ou modelo de regressão logística binária, prevê a probabilidade de um objeto pertencer a uma de duas classes, então, atribui o objeto à classe com a probabilidade mais alta.

A regressão logística envolve duas partes principais: a equação de regressão e o cálculo de probabilidade de um evento. A equação é equivalente àquela usada na regressão linear:

$$y = \beta_0 + \beta_1 x_1 + \beta_2 x_2 + \ldots + \beta_{P-1} x_{P-1} + \varepsilon$$

A diferença é que, na regressão linear, essa equação resulta em um valor distinto de previsão. No caso da regressão logística, é importante que o resultado não seja expresso como um valor em um intervalo contínuo. Ele deve ser expresso como um rótulo da classe. Para obter o resultado binário (ou outro resultado categórico), o resultado da equação de regressão é comumente avaliado sob uma função sigmoide.

Uma *função sigmoide* rapidamente presume o valor 0 ou 1, dependendo da variância acima ou abaixo de um valor limite. Na função sigmoide geral mostrada na Figura 11-4, um valor de entrada > 0,0 retorna uma probabilidade de classe 1,0 (verdadeiro) e um valor de entrada < 0,0 retorna uma probabilidade de classe 0,0 (falso). Quando os valores de entrada se aproximam de 0,0, a função sigmoide retorna uma probabilidade de classe indicando a proximidade para a classe mais provável.

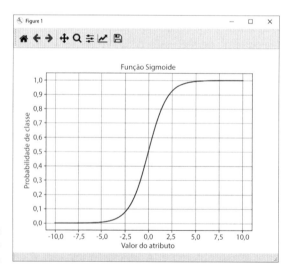

FIGURA 11-4: Função sigmoide.

Visto que a regressão logística tem mais componentes fundamentais do que os modelos de regressão linear, criar um modelo de regressão logística demanda mais esforço. Ao usar bibliotecas ou ferramentas para criar modelos, mais esforço geralmente significa mais tempo para criar modelos mais complexos.

Outra diferença entre os modelos de regressão linear e logística é que, na regressão linear, você pode observar diretamente os valores de resultado de y. Por contraste, os valores não são diretamente observados nos modelos de regressão logística. Pelo contrário, eles são expressos indiretamente como a probabilidade de que os valores da variável independente resultarão em uma atribuição de classe distinta.

A criação de um modelo de regressão logística geralmente usa técnicas como maximum likelihood estimation (MLE), ou estimativa por máxima verossimilhança (EMV), para calcular resultados prováveis para os valores de variáveis independentes. O MLE é interessante para ser analisado, porém está além do escopo deste livro.

LEMBRE-SE

Apenas se lembre de que a regressão linear retorna um valor previsto e a regressão logística retorna a probabilidade de que os atributos fornecidos alinharão o conjunto de atributos com uma classe específica.

Aqui está o código Python (logisticRegression.py) que cria um modelo de regressão logística ajustando uma linha em degraus aos dados e visualizando a linha de regressão:

```
import numpy as np
import matplotlib.pyplot as plt
from sklearn.linear_model import LogisticRegression
from sklearn.metrics import confusion_matrix

X = 50 * np.random.random((30, 1))
y = np.where(X<25,0,1)

model = LogisticRegression(solver='lbfgs', random_state=0).
   fit(X, y.ravel())
X_new = np.linspace(0, 50, 100)
y_new = model.predict(X_new[:, np.newaxis])

ax = plt.axes()
ax.scatter(X, y)
ax.plot(X_new, y_new)
ax.set_xlabel('Hours per week')
ax.set_ylabel('Audition score')

plt.show()

print('Classes: ',model.classes_)
print ('Coefficient of determination:', model.score(X,y))
print ('Coefficients:', model.coef_)
print ('Intercept:', model.intercept_)
```

As primeiras quatro linhas do código Python importam as bibliotecas `numpy`, `matplotlib.pyplt`, `sklearn.linear_model` e `sklearn.metrics`. As duas linhas seguintes preenchem o conjunto x com valores aleatórios entre 0 e 50, e o conjunto y, com valores correspondentes baseados em se o valor de x é maior ou não que 25. O cálculo dos valores de y com base no valor de x associou artificialmente 25 ou mais horas de prática por semana com o sucesso, e menos de 25 horas por semana com o fracasso.

A linha seguinte do código instancia um novo modelo de regressão logística chamado `model` e ajusta a função de regressão aos dados de teste. O código então cria dois conjuntos: um, (X_new), contém os números 1-50 e o outro, (y_new), contém os valores previstos que correspondem a cada valor X_new. As linhas restantes do código definem os eixos e rótulos, fazem a renderização do gráfico para os dados x, y, x_new e y_new, então, mostram os diagnósticos do modelo. A Figura 11-5 mostra a visualização dos dados logísticos e da linha de regressão ajustadas aos dados fornecidos.

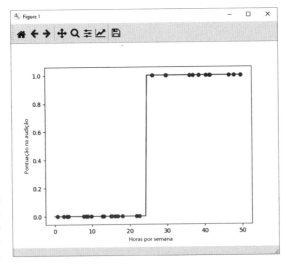

FIGURA 11-5: Visualização do modelo de regressão logística.

Avaliando a eficácia do modelo com diagnósticos

É necessário avaliar qualquer modelo para determinar se a saída é ou não pertinente. Depender de resultados inconsequentes sempre aumenta o risco organizacional. As empresas provavelmente não investirão muito tempo em análises abaixo das expectativas. Além de fornecer resultados, você precisa defendê-los e explicar por que são válidos.

Há muitas outras técnicas de diagnóstico do que as que posso analisar neste livro. Aqui, veremos algumas técnicas simples para determinar se os modelos são ou não confiáveis.

Determinando a eficácia dos modelos de regressão linear

A avaliação dos modelos de regressão linear se inicia antes de criar qualquer modelo. Sempre avalie e visualize os dados que planeja analisar para ver se exibem uma relação linear. Caso não se assemelhem à Figura 11-1, podem não ser bons candidatos para um modelo de regressão linear.

Mesmo se seus dados não pareçam exibir uma relação linear, considere reescalá-los primeiro. Suponha que queira comparar as temperaturas captadas por diferentes sensores. Se alguns usam a escala Celsius e outros, a Fahrenheit, qualquer relação linear poderá ficar obscurecida. Você verá essa dificuldade sempre que incorporar dados coletados em escalas ou bases diferentes. Pode ser de ajuda tentar conversões de escalas ou até apresentações alternativas. Se um eixo varia muito mais que outro, você poderia tentar converter o primeiro em uma escala logarítmica. Às vezes, algumas relações interessantes podem ser vistas apenas convertendo ou normalizando os dados de entrada.

Presumindo que seus dados estejam relacionados linearmente, o próximo passo é avaliar o grau de confiabilidade de seu modelo para as previsões. Outra forma de dizer isso é determinar quanto você pode confiar nas previsões de seu modelo. Uma métrica para medir a confiabilidade de um modelo é o coeficiente de determinação. O *coeficiente de determinação*, ou *grau de adequação*, fornece um número entre 0,0 e 1,0 que indica o grau em que seu modelo se adequa aos dados. Quanto mais próximo de 1,0 estiver o coeficiente de determinação, melhor seu modelo será. Muitas bibliotecas Python fornecem o coeficiente de determinação chamando o método `score()` no modelo. Esse método será usado na próxima seção.

Determinando a eficácia dos modelos de regressão logística

O coeficiente de determinação da seção anterior é um diagnóstico eficaz para a regressão logística, assim como para a regressão linear. Como a regressão logística geralmente retorna um resultado de classe binário, quatro respostas são possíveis:

» **Positivo verdadeiro:** Uma previsão de verdadeiro é precisa.

» **Negativo falso:** Uma previsão de falso é precisa.

» **Positivo falso:** Uma previsão de verdadeiro é incorreta. (A classificação correta é falso.)

» **Negativo falso:** Uma previsão de falso é incorreta. (A classificação correta é verdadeiro.)

Uma maneira fácil de ver essas quatro categorias de previsões de modelos é usar uma *matriz de confusão*, que mostra os resultados de previsão em uma matriz 2x2, com a contagem de cada tipo de resposta da lista anterior. O processo de previsão faz uma previsão para cada conjunto de atributos e compara o resultado previsto com a classe observada. Uma matriz de confusão ajuda a determinar a precisão de um modelo (ou sua imprecisão). Você pode adicionar uma matriz de confusão à sua saída do Python com a seguinte linha simples de código:

```
print ('confusion matrix: ', confusion_matrix(y,model.
   predict(X)))
```

A Figura 11-6 mostra a saída do código Python `logisticRegression.py`, incluindo a matriz de confusão.

FIGURA 11-6: Visualização do modelo de regressão logística incluindo a matriz de confusão.

Você pode observar, na Figura 11-6, que esse modelo não leva resultados de positivos e negativos falsos, mas a treze resultados positivos verdadeiros e dezessete resultados negativos verdadeiros. A falta de qualquer resultado falso faz desse um ótimo modelo (e um que você seria sortudo se encontrasse no mundo real).

Implementando Algoritmos de Regressão no Python

É fácil aplicar modelos de regressão nos dados do blockchain. Tudo que você precisa fazer é identificar e extrair os dados de que precisa do blockchain e usar as bibliotecas do Python para realizar a análise. Nos Capítulos 9 e 10, você viu como usar os dados do blockchain para análises. Os modelos de regressão não são diferentes com relação aos requisitos de entrada. Após ter identificado e extraído os dados necessários, a fase de análise é bem simples.

Definindo os requisitos dos dados de entrada do modelo

Nos Capítulos 9 e 10, você identificou os dados do blockchain, extraiu-os e limpou-os para que estivessem prontos para seus modelos analíticos. Lembre-se de que limpar e completar os dados é um pré-requisito para qualquer modelo, não apenas para os modelos de regressão. O tempo que você passa garantindo que os dados sejam apropriados para seu modelo pagará ótimos dividendos quando for interpretar a saída de seu modelo analítico.

Preste bastante atenção à análise sobre os requisitos de entrada dos dados no Capítulo 10. Os itens da checklist o ajudarão a definir se seus dados estão prontos para análise ou se precisam de algum processamento prévio. A precisão dos modelos depende do grau de limpeza de seus dados. Embora isso possa parecer redundante, não podemos subestimar sua importância.

Criando o conjunto de dados de seu modelo de regressão

Para avaliar os modelos de regressão com os dados do blockchain, você usará o conjunto de dados de produtos gerado no Capítulo 5, que contém resultados contínuos e categóricos. O conjunto de dados será usado na regressão linear para prever o melhor preço de venda sugerido pelo fabricante, ou manufacturer's suggested retail price (MSRP), com base nos critérios do produto e, novamente, na regressão logística, para prever a nota de satisfação do cliente com base nos atributos do produto.

Desenvolvendo o código de seu modelo de regressão

Você já aprendeu como criar modelos de regressão linear e logística usando os dados gerados. Nesta seção, você descobrirá como usar o Python para criar modelos de regressão lineares e logísticos com seu conjunto de dados do produto.

Codificando o modelo de regressão linear

Uma das vantagens do modelo de regressão linear simples é que ele resulta em um modelo fácil de visualizar. Para propósitos de instrução e documentação, esse tipo de modelo facilita transmitir a intenção e o uso de seu modelo. Os métodos principais para criar e visualizar um modelo de regressão linear simples são: `LinearRegression()`, `predict()` e `plot()`. Tudo que você precisa fazer, além de chamar esses métodos, é configurar os parâmetros de saída e renderizar a figura.

Aqui está o código Python (`linearRegressionBlockchain.py`) para criar e visualizar um modelo de regressão linear baseado nos dados de cadeia de suprimento do blockchain. Este código continua o programa Python da seção anterior:

```python
from sklearn.linear_model import LinearRegression
import pandas as pd
import numpy as np
import matplotlib.pyplot as plt

df = pd.read_csv('products.csv',
    usecols=['screenSize','msrp'])

y = df.msrp
X = df.drop('msrp', axis=1)

model = LinearRegression().fit(X, y)

X_new = np.linspace(40, 70, 60)
y_new = model.predict(X_new[:, np.newaxis])

ax = plt.axes()
ax.scatter(X, y)
ax.plot(X_new, y_new)

ax.set_xlabel('Screen Size')
ax.set_ylabel('MSRP')

plt.show()
print ('Coefficient of determination:', model.score(X,y))
print ('Coefficients:', model.coef_)
print ('Intercept:', model.intercept_)
```

212 PARTE 3 **Analisando e Visualizando Dados Analíticos do Blockchain**

As primeiras quatro linhas do código Python importam as bibliotecas das quais você precisará para este modelo. A linha seguinte lê o arquivo do conjunto de dados `products.csv` (apenas os atributos `'screenSize'` e `'msrp'`) em um dataframe. As próximas duas linhas separam os atributos em conjuntos X e y. A linha seguinte instancia um novo modelo de regressão linear chamado `model` e ajusta a função de regressão aos dados.

As duas linhas seguintes do código criam dois conjuntos: `X_new` contém os números 40 a 70 e `y_new` contém as pontuações previstas que correspondem a cada valor `X_new`. O restante do código define os eixos e rótulos, renderiza o gráfico para os dados x, y, x_new e y_new, e exibe os diagnósticos do modelo.

A Figura 11-7 mostra a visualização dos dados lineares e da linha de regressão ajustados aos dados fornecidos.

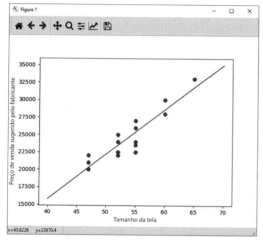

FIGURA 11-7: Visualização do modelo de regressão linear com base nos dados de cadeia de suprimentos do blockchain.

Codificando o modelo de regressão logística

Os modelos de regressão logística fornecem uma visualização fácil de interpretar, muito parecida com a de seu primo próximo, o modelo de regressão linear. Para propósitos de instrução e documentação, um modelo de regressão logística também facilita a transmissão da intenção e do uso de seu modelo. Os métodos principais para criar e visualizar um modelo de regressão logística são: `LogisticRegression()`, `predict()` e `plot()`. Tudo que você precisa fazer, além de chamar esses métodos, é configurar os parâmetros de saída e renderizar a figura.

Aqui está o código Python (`logisticRegressionBlockchain.py`) para criar e visualizar um modelo de regressão logística com base nos dados de cadeia de suprimentos do blockchain. Este código continua o programa Python da seção anterior:

```python
from sklearn.linear_model import LogisticRegression
from sklearn.metrics import confusion_matrix
import pandas as pd
import numpy as np
import matplotlib.pyplot as plt

dfpreprocess = pd.read_csv('products.csv',
    usecols=['screenType','resolution'])

screenTypeList = dfpreprocess.screenType.unique().tolist()
fscreen = lambda x : screenTypeList.index(x)
converter = {'screenType':fscreen}

df = pd.read_csv('products.csv',
    usecols=['screenType','reviewRating'],
    converters=converter)

y = df.reviewRating
X = df.drop('reviewRating', axis=1)

model = LogisticRegression(solver='lbfgs', random_state=0).
    fit(X, y)

X_new = np.linspace(40, 70, 60)
y_new = model.predict(X_new[:, np.newaxis])

ax = plt.axes()
ax.scatter(X, y)
ax.plot(X_new, y_new)

ax.set_xlabel('Screen Type')
ax.set_ylabel('review Rating')

plt.show()
print ('Coefficient of determination:', model.score(X,y))
print ('Coefficients:', model.coef_)
print ('Intercept:', model.intercept_)
```

As primeiras cinco linhas do código Python importam as bibliotecas das quais você precisará para este modelo. A linha seguinte lê o arquivo de conjunto de dados `productscsv` (apenas os atributos `screenSize` e `resolution`) em um dataframe. As cinco linhas seguintes definem a funcionalidade de conversão para mapear os rótulos `resolution` para valores numéricos. As próximas três linhas leem os dados `product.csv` em um dataframe, convertendo os dados de resolução (resolution) no processo, então, separam o dataframe em dois conjuntos, X e y.

A linha seguinte do código instancia um novo modelo de regressão logística chamado `model` e ajusta a função de regressão aos dados. As próximas duas linhas criam dois conjuntos: um, (X_new), contém os números 40 a 70 e o outro, (y_new), contém as pontuações previstas que correspondem a cada valor X_new. As linhas restantes do código definem os eixos e os rótulos, renderizam o gráfico para os dados x, y, x_new e y_new, e exibem o diagnóstico do modelo.

A Figura 11-8 mostra a visualização dos dados categóricos e da linha de regressão ajustadas aos dados fornecidos.

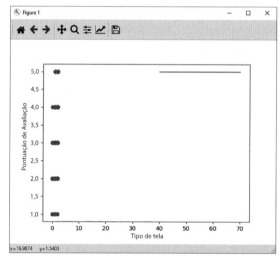

FIGURA 11-8: Visualização do modelo de regressão logística com base nos dados de cadeia de suprimentos do blockchain.

CAPÍTULO 11 **Prevendo o Futuro com a Regressão** 215

Definindo Quando a Regressão se Encaixa em Suas Necessidades Analíticas

Os modelos de regressão podem fornecer previsões valiosas nas circunstâncias certas. É importante que você avalie seus modelos com os dados existentes e teste periodicamente suas asserções. A *precisão fluida* (aquela que pode variar conforme os dados de entrada mudam) pode existir por diversos motivos. Em um projeto real, você avaliaria as correlações entre os atributos antes de passar para a fase de criação do modelo e, novamente, com a maior frequência possível. O objetivo é avaliar seus modelos com frequência suficiente para demonstrar alterações mínimas, ou nulas, na precisão conforme os dados de entrada mudam. Se você avaliar com uma frequência suficiente para demonstrar diferenças mínimas de precisão, estará fazendo um bom trabalho de monitoramento.

É importante aprender sobre os diversos tipos de modelos analíticos, mesmo se nenhum fornece uma precisão de 99%. Examinar os modelos que claramente não são as melhores opções às vezes permite descobrir aspectos de seus dados que você não teria visto de outro modo. Explorar modelos alternativos é parte do processo geral de análise. Nesse caso, a classificação não forneceu um insight muito significativo. No próximo capítulo, você aprenderá sobre outro tipo de análise que pode ser uma melhor opção para fazer previsões com seus dados.

LEMBRE-SE

O parágrafo anterior deve soar familiar. Ele é parecido com o que encerra o Capítulo 10. A mensagem é tão pertinente aqui como foi no outro capítulo. Lembre-se de que a análise de dados trata de fornecer valor. Você não precisa reinventar a roda, precisa apenas demonstrar como ela roda bem.

NESTE CAPÍTULO

» Examinando como o comportamento muda com o tempo

» Olhando além das tendências sazonais

» Aprendendo com os ciclos de dados

» Identificando tendências a despeito das flutuações

» Escrevendo código Python para analisar dados de séries temporais

Capítulo **12**

Analisando Dados do Blockchain ao Longo do Tempo

Você aprendeu sobre a identificação de agrupamentos de dados no Capítulo 9, como prever a classificação de um objeto no Capítulo 10 e como prever atividades futuras com a regressão no Capítulo 11. Todos os três capítulos examinam os dados como conjuntos de dados monolíticos. Nada mal, mas ver os dados como sendo uma mesma coisa nem sempre ajuda a contar a história toda. Em muitos casos, seus dados dependem do tempo. Por exemplo, as vendas ocorrem em horas e dias específicos. O timestamp de cada transação pode esconder seus próprios segredos na hora de compreender os dados.

Se alguma vez você já usou um café como escritório alternativo, provavelmente notou que às vezes o local está cheio e outras, não. No caso de qualquer empresa de varejo, o horário afeta a carga de trabalho dos funcionários e deve afetar a capacidade de planejamento das empresas. Se não considerar a data e a hora, você pode deixar passar informações importantes sobre seus dados. Por exemplo, qual é o melhor dia e horário para receber produtos e reabastecer o estoque de uma loja? Na maioria dos casos, isso deve corresponder aos horários já sabidos onde há uma baixa atividade de clientes. Visualizar a atividade ao longo do tempo como ciclos pode ajudar na colocação de pessoal em momentos com muitos clientes ou quando tudo está tranquilo.

Por outro lado, examinar as atividades com base nos horários e suas variações associadas pode dificultar a identificação de tendências. Para modelar dados onde as observações são coletadas ao longo do tempo, você pode usar a *análise de séries temporais*. Esse tipo de análise procura prever o comportamento futuro mesmo que os atributos sejam dependentes do tempo e existam variações sazonais. Neste capítulo, você aprenderá sobre as técnicas de análise de séries temporais e como implementá-las no Python.

Analisando Dados de Séries Temporais com Modelos Populares

Série temporal é uma sequência ordenada de pontos de dados (valores de atributos) separados por quantidades iguais de tempo. A representação padrão de uma série temporal é a equação

$$Y = a + bX$$

LEMBRE-SE

Se acha que essa equação é parecida com a da regressão no Capítulo 11, acertou! Ela é a mesma da regressão simples, com a exceção de que agora o tempo é uma variável dependente.

A principal diferença entre as análises de séries temporais e de regressão é a inclusão de um atributo de tempo. Os resultados de um modelo de séries temporais dependem do tempo e de possíveis outros atributos. A dependência do tempo tem o efeito de espalhar as observações de forma cronológica, possivelmente obscurecendo os aspectos de tendência ou sazonalidade dos dados. A análise de séries temporais ajuda você a ver além dos efeitos do tempo para obter informações significativas em seus dados.

Um dos aspectos mais difíceis na análise dos dados em uma série temporal é isolar os diversos componentes de seus dados. Os dados da série temporal são formados por quatro componentes principais:

» **Tendência:** O movimento consistente de valores de atributos dependentes ao longo do tempo. As tendências indicam um movimento constante em uma única direção, como aumento nas vendas ou diminuição dos custos.

» **Sazonalidade:** Quaisquer flutuações periódicas nos dados relacionados que ocorram em padrões regulares. A sazonalidade geralmente ocorre anual, mensal, semanalmente ou em qualquer outra regularidade fácil de identificar.

>> **Cíclico:** A flutuação periódica que não pode ser explicada como uma variância periódica. As variações cíclicas geralmente são resultado de eventos imprevistos, como mudanças econômicas ou desastres naturais.

>> **Aleatório:** O comportamento prevalecente após as tendências, a sazonalidade e outras variações cíclicas é filtrado e excluído. O objetivo da análise das séries temporais é limpar qualquer ruído para facilitar a visualização e analisar as influências aleatórias.

Analisar os dados de uma série temporal segue os mesmos passos básicos de qualquer outra abordagem analítica, com a adição de achatar as influências não aleatórias antes de selecionar o melhor modelo.

Entregando um conhecimento valioso com a análise de séries temporais

Para criar um modelo de série temporal, você começa com dados brutos e os examina para identificar quaisquer tendências, sazonalidade e variações cíclicas. Na maioria dos casos, você procurará qualquer variação na ordem específica há pouco listada. Após suavizar seus dados removendo os efeitos das variações, seus resultados provavelmente se parecerão com a entrada de um modelo de regressão básica.

A essa altura, você segue um processo semelhante ao da criação de um modelo de regressão pela definição de uma função que melhor represente seus dados. Para melhor avaliar a precisão de seu modelo, você deve dividir seu conjunto de dados em partições de treinamento e teste. A precisão de seu modelo depende diretamente da qualidade de seus dados de treinamento e da maneira como escolhe suavizar quaisquer variações.

Assim como na criação de modelos de regressão (veja o Capítulo 11), no processo de criação de um modelo de séries temporais, você examina seus dados de treinamento e cria uma função que melhor represente a relação entre as variáveis dependentes e independentes. Após o treinamento, você usa a outra partição de seus dados para os testes. A função de série temporal é executada com os dados de entrada de teste, de modo a comparar a precisão com o resultado observado a partir dos dados de teste. Você pode usar esses dados para avaliar se seu modelo de série temporal se relaciona bem (ou mal) com os resultados observados em sua partição de testes no conjunto de dados.

A utilidade de qualquer modelo de série temporal depende de um equilíbrio cuidadoso na seleção dos atributos que têm o maior efeito nos resultados, fornecendo dados razoavelmente distribuídos ao seu modelo e aplicando técnicas de suavização para lidar com as variações conhecidas. Embora a distribuição normal não seja um pré-requisito para o uso do modelo de regressão, os conjuntos de dados que incluem muitos valores discrepantes e outras anormalidades podem tornar mais desafiadora a criação de qualquer tipo modelo.

CAPÍTULO 12 **Analisando Dados do Blockchain ao Longo do Tempo** 219

Examinando as técnicas populares de séries temporais

A maioria das técnicas de análise de séries temporais é baseada no modelo *ARIMA (autoregressive integrated moving average — modelo autorregressivo integrado de médias móveis)*. O ARIMA tem diversas partes, e um aprofundamento completo nos fundamentos do modelo está além do escopo deste livro. Como você está aprendendo a criar e usar os modelos analíticos, nossa atenção é nesse sentido.

PAPO DE ESPECIALISTA

Se quiser aprender mais sobre o modelo ARIMA ou os modelos de séries temporais em geral, dê uma olhada nos livros *Python para Data Science Para Leigos*, 2ª edição, e *Data Science Programming All-in-One For Dummies* (sem publicação no Brasil).

Há três ideias principais agrupadas no ARIMA: diferenciação, autorregressão e média móvel. A *diferenciação* significa subtrair um ou mais valores prévios do valor atual para achatar seus resultados. A *autorregressão* se refere à ideia de que, em uma série de pontos de dados, qualquer ponto (dado observado) é dependente dos dados prévios e de algum modificador definido. A autorregressão sugere que você pode descrever uma sequência de observações como uma tendência linear que varia conforme alguma variável muda, como o tempo. Outra forma de ver a autorregressão é que ela traça os dados em um modelo de regressão linear que usa o tempo como seu eixo horizontal principal para visualização.

A outra ideia principal no ARIMA é a média móvel. Uma *média móvel* ajuda a suavizar as variações cíclicas que ocorrem com frequência em dados de séries temporais. Por exemplo, a Figura 12-1 mostra os preços de fechamento da ação AXP (American Express) nos primeiros sete meses de 2011.

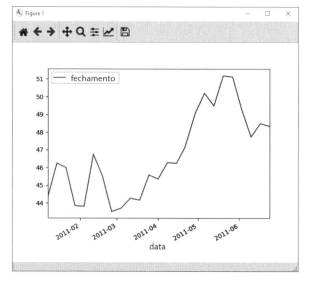

FIGURA 12-1: Preços de fechamento da ação AXP.

PAPO DE ESPECIALISTA

Muitos conjuntos de dados que você pode usar para seus próprios projetos estão disponíveis online. Use seu mecanismo de busca favorito e digite *conjuntos de dados gratuitos*. Você pode obter o conjunto de dados com os preços históricos da ação que usei na Figura 12-1 em https://archive.ics.uci.edu/ml/datasets/Dow+Jones+Index [conteúdo em inglês].

Ao criar um modelo ARIMA posteriormente neste capítulo, será preciso fornecer três parâmetros:

- **p:** Termo de autorregressão
- **d:** Valor diferencial exigido para deixar a sequência temporal estacionária
- **q:** Termo de média móvel

Cada um desses termos pode ser diferente para cada seleção de conjunto de dados e atributos. Não raro, será necessário tentar para encontrar os valores certos.

É possível ver na Figura 12-1 uma tendência em direção a preços mais altos da ação, mas há uma variação considerável. Talvez você esteja se perguntando se a tendência de alta continuará. Uma forma de ajudar a responder a essa pergunta é observar um gráfico de autocorrelação.

A biblioteca Pandas Python fornece uma maneira fácil de criar uma visualização de autocorrelação. A Figura 12-2 mostra um gráfico simples de autocorrelação para os preços da ação AXP nos primeiros sete meses de 2011.

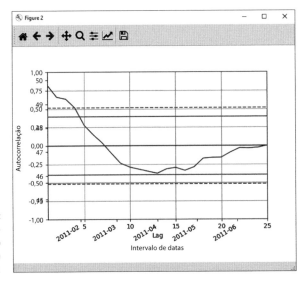

FIGURA 12-2: Autocorrelação do preço da ação AXP.

CAPÍTULO 12 Analisando Dados do Blockchain ao Longo do Tempo 221

Os dois conjuntos de linhas paralelas na Figura 12-2 indicam o nível em que o preço de fechamento da ação está correlacionado com a data. Um gráfico de autocorrelação é útil para determinar o nível de aleatoriedade que seus dados parecem demonstrar após lidar com o fator tempo. As duas linhas pontilhadas mostram os limites para um nível de confiança de 99%. As duas linhas sólidas mostram os limites para um nível de confiança de 95%. Se a linha pontilhada ficar dentro de qualquer uma das duas linhas paralelas, seus dados subjacentes serão aleatórios, o que é bom. Uma autocorrelação perto de 0 significa que as variações brutas do gráfico podem ser em grande parte explicadas pelo passar do tempo.

Por outro lado, se uma grande parte de seu gráfico de autocorrelação fica fora das margens de confiança, provavelmente há alguma outra coisa afetando seus resultados. No caso da Figura 12-2, as observações após fevereiro de 2011 parecem estar bem correlacionadas com as datas. De fato, os dados sobre o preço de fechamento parecem ficar mais estáveis com o passar do tempo.

Visualizando os resultados das séries temporais

Você já viu duas visualizações de dados de séries temporais, mas ainda não viu muito sobre a diferenciação. A visualização é uma das melhores técnicas para encontrar os melhores valores de parâmetro para p, d e q no ARIMA. O segundo parâmetro, d, é o valor de diferenciação. A maneira mais fácil de encontrar o melhor valor de diferenciação é aumentar as ordens de diferenciação até que a autocorrelação correspondente a uma ordem escolhida de diferenciação sofra thrash. *Thrashing* é uma condição na qual os valores oscilam frequentemente entre valores positivos e negativos.

As Figuras 12-1 e 12-2 mostram a série de dados originais e sua autocorrelação. A Figura 12-3 mostra o gráfico da diferença de cada ponto de dados observado e seus pontos anteriores, menos dois pontos de dados anteriores e menos três pontos de dados anteriores. As três linhas diferentes no gráfico mostram como cada valor de diferenciação afeta a saída. Como se pode ver, cada valor de diferenciação parece estar praticamente sobreposto aos outros, o que indica que um nível crescente de diferenciação não muda substancialmente os resultados. Portanto, nesse caso, um valor diferencial (d) de 0 deve ser o ideal.

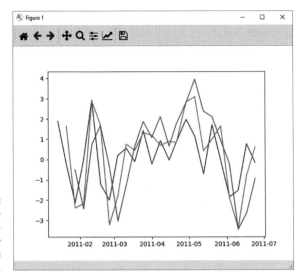

FIGURA 12-3: Valores de diferenciação de 1, 2 e 3 da ação AXP.

Os valores restantes (p e q) também exigem um retoque para encontrarmos quais são os certos. Em muitos casos, os valores de p = 1 e q = 3 fornecem resultados aceitáveis para começar. Experimente criar modelos com valores diferentes de p, q e d para testar cada um e ver quais valores fornecem os resultados mais precisos.

A Figura 12-4 mostra os resultados da criação de um modelo ARIMA com os parâmetros de entrada p = 1, d = 0 e q = 3. Esse modelo lhe dá uma plataforma inicial de previsão para determinar resultados futuros.

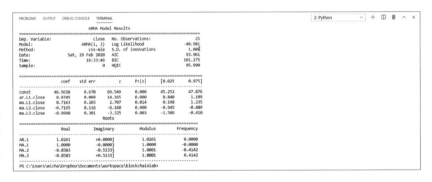

FIGURA 12-4: Resultados da criação do modelo ARIMA.

CAPÍTULO 12 **Analisando Dados do Blockchain ao Longo do Tempo** 223

Esse resumo contém muitas informações, então nos concentraremos em apenas uma coluna, a dos dados P>|z|. Os dados na coluna P>|z| mostram o valor p de cada coeficiente. Se qualquer um desses valores for maior que 0,05, esse coeficiente poderá fornecer resultados não confiáveis, e seu modelo provavelmente não será útil. Os modelos ARIMA de séries temporais geralmente envolvem múltiplos atributos, então a coluna P>|v| pode ajudar a determinar se retirar um atributo pode aumentar a precisão. A Figura 12-4 mostra que a média móvel do atributo fechamento — close — (nas defasagens 1, 2 e 3) tem valores p aceitáveis (< 0,05). Os valores p nos dão a confiança de que esse modelo vale a pena tentar.

Se fosse fácil prever resultados futuros com alta precisão, seria fácil prever os preços futuros de ações, e todos os analistas de dados seriam ricos! Infelizmente, os modelos preditivos estão sujeitos a muito mais influências no mundo real do que qualquer modelo matemático possa realisticamente prever. No melhor dos casos, tudo que os analistas podem fazer é simular algumas das entradas difíceis de mensurar que afetam as decisões no mundo real.

Implementando Algoritmos de Séries Temporais no Python

Agora que você aprendeu um pouco sobre a análise de séries temporais, está pronto para usar o Python para implementar um modelo simples dessa análise. O primeiro passo na criação de qualquer modelo é importar as bibliotecas necessárias e carregar seus dados. Você pegará os dados da Dow Jones usados para criar as Figuras 12-1, 12-2 e 12-3.

Acesse `https://archive.ics.uci.edu/ml/datasets/Dow+Jones+Index` [conteúdo em inglês]. Na página UCI Machine Learning Repository, clique ou toque no link Data Folder (Pasta de Dados) para abrir a lista de arquivos de dados para download. Clique ou toque em `dow_jones_index.zip` para baixar o arquivo zip. Esse arquivo contém dois arquivos: `dow_jones_index.data` e `dow_jones_index.names`. Extraia o arquivo `dow_jones_index.data` para a pasta de seu projeto na área de trabalho. (No meu computador, minha pasta está em C:\Users\micha\Dropbox\Documents\workspace\blockchainlab; a sua será diferente. Apenas verifique se o arquivo `dow_jones_index.data` é copiado para a mesma pasta onde está seu código Python.)

Aqui está o código Python (`importTimeSeriesData.py`) que importa as bibliotecas das quais precisará e inicialmente lê os dados da Dow Jones:

```python
import matplotlib.pyplot as plt
import pandas as pd
from statsmodels.tsa.arima_model import ARIMA

# Dataset source: https://archive.ics.uci.edu/ml/datasets/
  Dow+Jones+Index

def convert_currency(val):
  new_val = val.replace(',','').replace('$', '')
  return float(new_val)

# Import data
df = pd.read_csv('dow_jones_index.data',
    usecols=['stock','date','close'], index_col='date',
    header=0, parse_dates=True)

print(df.head())
print(df.dtypes)
```

A Figura 12-5 mostra o resultado desse código. O código Python print(df. head()) lista as primeiras cinco linhas do dataframe df e o código print(df. dtypes) mostra o tipo de dados de cada coluna no dataframe df. Observe que os preços de fechamento têm o cifrão de dólar e a coluna close é do tipo object. O cifrão do dólar indica que os dados na coluna close não são numéricos e os tipos de dados da coluna close confirmam isso. Embora os dados pareçam certos, você precisará converter os dados da coluna close em um tipo de dados numéricos para analisar os valores do preço de fechamento.

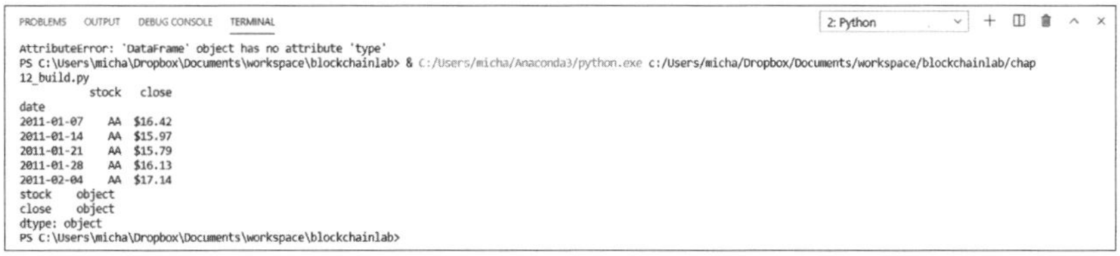

FIGURA 12-5: Dataframe inicial da Dow Jones após carregar do arquivo.

Definindo os requisitos dos dados de entrada do modelo

Muito frequentemente você descobrirá que os dados disponíveis não são bem aquilo de que seu modelo precisa. No caso de criar um modelo de série temporal, será necessário um conjunto de dados que consiste em datas e preços de fechamento para uma ação específica, AXP (American Express). Se observar o arquivo de texto com dados da Dow Jones, verá que os dados de preço estão armazenados como uma string, o arquivo contém muitas outras ações além da AXP e você não precisa da maioria das colunas.

CAPÍTULO 12 **Analisando Dados do Blockchain ao Longo do Tempo** 225

Um passo inicial importante na análise de dados é definir claramente os dados de que precisa. Após descrever do que seu modelo precisa, você poderá desenvolver o código e os procedimentos para converter os dados que tem naquilo de que precisa. Algumas soluções não são tão simples quanto parecem. Por exemplo, seu modelo de série temporal não precisa da coluna `stock` (ação). Em um primeiro momento, talvez você planeje simplesmente não ler quaisquer dados de seu arquivo de entrada, isto é, não incluir a coluna `stock` no método `read_csv()`. Porém, você precisa do valor da ação para determinar quais preços correspondem à AXP. Após filtrar os dados da ação, poderá remover a coluna `stock`.

DICA

Talvez esteja se perguntando por que se dar ao trabalho de converter os dados de preços em um formato de dados numéricos. O motivo é que a comparação de strings e números dá resultados diferentes. É fácil ver que 12 > 4 quando consideramos 12 e 4 como números, mas se compararmos as sequências "12" e "4", talvez estejamos comparando também as strings "hello" e "world". Embora tenhamos uma noção de ordem alfabética, comparar strings é menos intuitivo do que comparar números. Para piorar as coisas, realizar aritmética em strings não tem o mesmo significado como nos números. Se quiser analisar dados numéricos, terá de garantir que eles sejam numéricos.

O método `read_csv()` inclui uma opção para realizar as funções de conversão conforme você lê os dados. Converter os dados enquanto os lê em um dataframe é geralmente a maneira mais fácil de pré-processar os dados de entrada para garantir que eles estejam no formato que seus modelos exigem. São necessários dois passos para converter os dados enquanto são lidos usando o método `read_csv()`. Primeiro, defina uma função de conversão e, depois, vincule essa função a um dado de entrada. O método `read_csv()` executa a função de conversão cada vez que lê uma nova linha.

Aqui está uma função simples no Python, `convert_currency()`, para remover o cifrão de dólar e quaisquer vírgulas de uma string de preço, converter a string cortada em um valor decimal e retornar o valor numérico:

```
def convert_currency(val):
  new_val = val.replace(',','').replace('$', '')
  return float(new_val)
```

Após definir a função de conversão, adicione a opção `converters` ao método `read_csv()`. O método `read_csv()` atualizado se parecerá com este a seguir. (Observe que você define um dataframe chamado `raw_df` para armazenar seus dados temporários porque ainda tem de fazer mais limpeza dos dados.)

```
raw_df = pd.read_csv('dow_jones_index.data',
   usecols=['stock','date','close'], index_col='date',
   header=0, parse_dates=True, converters={'close':
   convert_currency})
```

O método `read_csv()` no código anterior executa a função `convert_currency()` para cada nova linha que é lida, então passa o valor dos dados de entrada do item `close` para a função. O método `read_csv()` então armazena o valor retornado pela função `convert_currency()` na coluna `close` da linha atual no dataframe. A Figura 12-6 mostra a saída do programa Python (`importTimeSeriesConverted.py`) para importar e converter os dados da Dow Jones. Os valores de `close` não têm mais os cifrões de dólar e seu tipo de dados é `float64`.

FIGURA 12-6: Dados da Dow Jones importados e convertidos.

Os dois passos restantes para limpar os dados da Dow Jones são filtrar os dados (linhas) e remover quaisquer colunas desnecessárias para a análise. Você removerá todas as linhas, com exceção dos dados da ação AXP (American Express). Depois, removerá a coluna `stock` do dataframe. Isso lhe deixará um dataframe dos dados da ação AXP que inclui apenas as colunas `date` e `close` (data e fechamento). Para realizar essas tarefas, tudo que terá de fazer é acrescentar as duas linhas seguintes de código após ler os dados em um arquivo de texto externo. (O código atualizado está em `importTimeSeries Filtered.py`.)

```
df = raw_df[(raw_df['stock'] == 'AXP')]
del df['stock']
```

A primeira linha do código extrai todas as linhas do dataframe a partir de `raw_df`, que têm valores na coluna `stock` (ação) da AXP e armazena essas linhas em um novo dataframe, `df`. A segunda linha do código remove a coluna `stock` do dataframe `df`, deixando apenas as colunas `date` e `close`. A Figura 12-7 mostra a saída do programa Python (`importTimeSeriesFiltered.py`) que importa, converte e filtra os dados da Dow Jones.

FIGURA 12-7: Dados importados, convertidos e filtrados da Dow Jones.

Desenvolvendo o código de seu modelo de série temporal

Após ter os dados de que seu modelo precisa em um conjunto de dados, você pode começar a criar seu modelo de série temporal. Primeiro, explore os parâmetros de desenvolvimento do modelo que escolheu para criar o modelo mais preciso possível para seus dados. O processo de criação de um modelo ARIMA consiste em determinar os valores de p (autocorrelação), d (diferenciação) e q (média móvel), depois, ajustar o modelo aos dados.

Na Figura 12-2, você viu os resultados da autocorrelação nos dados do preço de fechamento da ação AXP. Na Figura 12-3, vimos os resultados de usar valores de diferenciação 1, 2 e 3. Após observar cada uma das visualizações, escolhi criar o modelo com os valores p = 1, d = 0 e q = 2. O código Python a seguir veio do arquivo completo (timeSeries.py) e mostra os comandos para criar cada um dos gráficos das Figuras 12-2, 12-3 e 12-4.

Veja o código Python usado para a Figura 12-2:

```
# Step 2 Autocorrelation: Figure 12-2
df_ar = pd.plotting.autocorrelation_plot(df);
```

A seguir, o código Python usado para a Figura 12-3:

```
 # Step 3 Differencing: Figure 12-3
diff = df.diff(1)
plt.plot(diff)
diff2 = df.diff(2)
plt.plot(diff2)

diff3 = df.diff(3)
plt.plot(diff3)
```

Você não viu um gráfico da média móvel comparada com os dados brutos. A Figura 12-8 mostra como a média móvel suaviza as variações nos dados brutos e facilita a visualização das tendências. O código Python a seguir faz o gráfico dos dados brutos e acrescenta uma linha de média móvel em vermelho (red):

```
df.plot()

rollmean = df.rolling(6).mean()
plt.plot(rollmean, color='red', label='Rolling Mean')

plt.show()
```

PARTE 3 **Analisando e Visualizando Dados Analíticos do Blockchain**

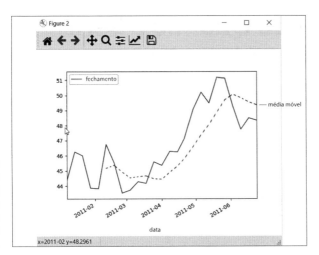

FIGURA 12-8: Conjunto de dados brutos da Dow Jones e a média móvel.

Após observar várias visualizações de seus dados e selecionar os valores de parâmetro do ARIMA que gostaria de usar, o último passo é criar o modelo. Aqui está o código Python para criar o modelo ARIMA resumido na Figura 12-4 (e exibir o modelo ARIMA juntamente com os dados brutos e a média móvel):

```
# 1,0,3 ARIMA Model
model = ARIMA(df.close, order=(1,0,3))
model_fit = model.fit(disp=0)
plt.plot(model_fit.fittedvalues, color='green')
print(model_fit.summary())
```

A Figura 12-9 mostra o gráfico dos dados brutos da Dow Jones, a média móvel calculada e o modelo de série temporal ARIMA criado com o conjunto de dados da Dow Jones.

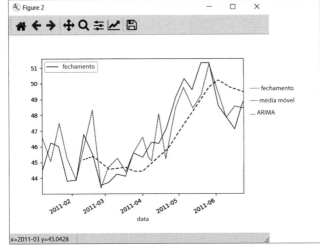

FIGURA 12-9: Dados brutos do conjunto de dados da Dow Jones, média móvel e modelo ARIMA.

CAPÍTULO 12 **Analisando Dados do Blockchain ao Longo do Tempo** 229

Determinando Quando a Série Temporal se Adéqua às Suas Necessidades Analíticas

A análise de séries temporais é o tipo mais complexo de análise de que trato neste livro, e nem mencionei muitos aspectos dela. Meu objetivo é iniciar você nesse tipo de análise e fornecer as habilidades básicas para começar a usá-la.

Sempre que seus dados incluírem uma data ou um atributo de tempo, a análise de série temporal poderá ser um bom ponto de partida. Lembre-se de que a real vantagem dessa classe de modelo analítico está na remoção da sazonalidade e de outras flutuações cíclicas de seus dados, o que permite analisar as verdadeiras tendências que ocorrem ao longo do tempo.

Embora você não tenha usado nenhuma técnica de análise de série temporal diretamente nos dados do blockchain neste capítulo, as técnicas não se importam com a fonte de seus dados. Após ter obtido os dados do blockchain, as técnicas analíticas funcionam da mesma forma com os dados baixados de outro lugar.

Assim como em todos os tipos de atividades analíticas de blockchain, o esforço inicial se concentrará na identificação e na obtenção de dados necessários ao seu modelo. No caso de uma análise de série temporal, os dados do blockchain incluem automaticamente um timestamp para cada bloco e transação. Independentemente de ler seus dados diretamente da armazenagem, por meio das funções de contratos inteligentes ou por meio de logs de eventos, cada dado terá um timestamp o acompanhando. Você pode usar o timestamp para organizar os dados cronologicamente para avaliar o efeito do tempo nas tendências. O blockchain é feito sob medida para a análise de séries temporais.

4

Implementando Modelos Analíticos do Blockchain

NESTA PARTE. . .

Assuma o controle ao escrever seus próprios modelos analíticos.

Potencialize o trabalho dos outros pelo uso de frameworks de análise existentes.

Reduza a carga de trabalho analítico por meio de ferramentas de terceiros.

Faça todas as partes trabalharem por você.

NESTE CAPÍTULO

» **Conectando-se a um blockchain e lendo dados**

» **Atualizando os conjuntos de dados a partir de novos dados do blockchain**

» **Escolhendo uma linguagem de blockchain**

» **Planejando o desenvolvimento do blockchain**

» **Gerenciando o desenvolvimento de software para o blockchain**

Capítulo **13**

Escrevendo Modelos do Zero

O s Capítulos 9 a 12 falaram sobre como criar modelos de agrupamento, classificação, regressão e de séries temporais usando a linguagem Python. Embora precise saber escrever código em Python, grande parte do trabalho pesado fica para as bibliotecas. Alguma vez já se perguntou se conseguiria criar modelos do zero? A resposta é sim, você consegue. Demanda muito mais tempo (pelo menos na primeira vez) para criar um modelo analítico do zero, mas a recompensa é a flexibilidade máxima. Se você escreve um modelo, pode fazer com que ele se comporte como deseja.

É claro, se você mexer muito em um modelo para que funcione bem, arriscará deixá-lo tão customizado que não funcionará com nenhum outro dado. Usando bibliotecas genéricas, escrevendo tudo do zero ou, ainda, ficando de alguma forma entre as duas opções, você precisará aprender a implementar diversas tarefas básicas. É preciso identificar os dados de que precisará, então, obtê-los. Obter os dados significa que você precisará se conectar a um ou mais datastores, incluir blockchain(s), localizar e extrair os dados. Então, poderá alimentar os dados para seus modelos. Se armazenar qualquer dado em repositórios off-chain, precisará atualizar seus dados locais quando novos blocos forem acrescentados ao blockchain.

Neste capítulo, você descobrirá como realizar as tarefas de escrever código para criar, treinar e executar os modelos analíticos. Aprenderá a respeito de diversas opções de linguagens de programação e como escolher a melhor para você e suas necessidades. Por fim, este capítulo oferece diretrizes para você decidir se deve manter as coisas simples ou escrever tudo do zero.

Interagindo com Blockchains

A tecnologia blockchain tem suporte para apenas duas atividades com dados: acrescentar e ler. Podemos acrescentar novos blocos a um blockchain e ler nos blocos existentes. Diferentemente dos sistemas tradicionais de bancos de dados, não é possível modificar ou deletar os dados armazenados em um blockchain. Nas implementações mais atuais, acrescentar dados a um bloco ocorre apenas por meio de contratos inteligentes. Como analista de dados, você usará apenas contratos inteligentes para acessar os dados — na maioria dos casos, não escreverá seus próprios contratos inteligentes.

LEMBRE-SE

Os *contratos inteligentes* definem quais dados um blockchain armazena e as ações necessárias para acessá-los. Embora seja possível ler dados brutos no blockchain, o uso de contratos inteligentes para descrever e acessar os dados é muito mais fácil. Você verá que o acesso ao blockchain é mais simples caso tenha acesso ao código-fonte do contrato inteligente.

Seu principal interesse na criação de modelos analíticos é identificar e extrair, ou obter, dados para seus modelos. Será necessário usar uma linguagem de host para se conectar ao seu blockchain e ler os dados desejados nele.

Na improvável situação de que esteja analisando dados a partir de um blockchain estático, você precisa apenas se conectar a ele e ler seus dados uma vez. Em quase todos os cenários da vida real, no entanto, seu blockchain é um repositório vivo, que respira (bem, quase isso) e cresce continuamente. Nesse caso, será necessário revisitá-lo a certa altura após a leitura inicial dos dados para atualizar seus modelos com novos dados.

Na seção a seguir, você aprenderá como se conectar ao blockchain e ler seus dados para usá-los em seus modelos analíticos.

Conectando-se a um Blockchain

Conectar-se a um blockchain é um pouquinho mais do que chamar uma função para configurar uma conexão ou instanciar um objeto que forneça a conexão. Você pode estabelecer uma conexão direta, usar uma API de terceiros ou uma biblioteca geral, como a `web3.py`. Em vez de realmente se conectar ao blockchain, estará se conectando ao nó do blockchain. Embora cada implementação do blockchain lide com a conexão e a E/S de dados de forma um pouco diferente, o conceito é o mesmo. Vamos analisar cada método de conexão.

Conectando-se diretamente a um nó do blockchain

O método mais simples para se conectar a um nó do blockchain é estabelecer uma conexão básica de rede com o processo em execução do nó. No ambiente Ethereum, o software do nó é chamado de Ethereum virtual machine (EVM) [mecanismo virtual do Ethereum]. Os *EVMs*, e os nós similares para blockchains não Ethereum, monitoram uma ou mais portas para as solicitações de conexão. Quando o processo recebe uma solicitação, ele estabelece uma conexão e troca mensagens com o processo remoto.

DICA

Essa descrição da configuração de uma conexão remota é supersimplificada. Ccontroles de segurança provavelmente o impedirão de se conectar a um nó do blockchain. No entanto, muitos nós públicos permitem conexões com poucos pré-requisitos.

Por exemplo, se quiser se conectar a um nó do Bitcoin, poderá usar o código parecido com o que está a seguir. Observe que é apenas uma amostra do código Python para demonstrar o conceito de se conectar a um nó do Bitcoin:

```
import http.client
import base64

def connect(self):
    hostName = '127.0.0.1'
    portNumber = 8332
    authCredentials = "%s:%s" % ('myUsername', 'myPassword')
    self.authhdr = b"Basic %s" % (base64.
    b64encode(authCredentials.encode('utf-8')))
    self.conn = http.client.HTTPConnection(hostName,
  portNumber, False, 30)
```

Após importar as duas bibliotecas necessárias, a função `connect()` atribui `hostname` ao seu computador local, `portNumber` à porta padrão do Bitcoin, 8332, e cria a string `authCredentials` com um nome de usuário e uma senha fornecidos. As últimas duas linhas do código Python codificam e criam o `authhdr` (cabeçalho de autorização), e estabelecem uma conexão com um nó local do Bitcoin.

Os passos básicos são os mesmos para configurar uma conexão direta com nós de outras implementações do blockchain. Não é difícil se conectar aos nós, desde que tenha as devidas permissões de acesso. A complexidade começa após a conexão. Se você configurar sua própria conexão, terá de gerenciar toda a comunicação com o nó, o que envolve criar mensagens, enviá-las ao nós e interpretar cada resposta.

Muitas implementações atuais do blockchain usam JavaScript Object Notation (JSON) [Notação de Objeto JavaScript]. JSON é um formato aberto padrão usado para trocar dados entre programas. Os dados que usam essa extensão facilitam a leitura para as pessoas e também para os programas, não importa qual tipo de programa criou os dados. Como o formato JSON facilita a troca de dados de autodocumentação entre programas diferentes, ele se tornou o favorito para sistemas distribuídos e descentralizados, incluindo muitas implementações de blockchain.

Embora seja fácil aprender e usar o formato JSON, ainda haverá muito trabalho manual para ser feito. Seu programa deve criar cada mensagem JSON que você quer enviar para um cliente blockchain, depois, decodificar e responder todas as mensagens nesse formato que os clientes blockchain enviam de volta. Embora a interação direta com um nó do blockchain lhe dê uma flexibilidade completa para fazer o que quiser, potencializar essa flexibilidade demanda muito trabalho.

Usando uma API para interagir com o blockchain

Se decidir não estabelecer uma conexão direta com um nó do blockchain e lidar com a comunicação manualmente, há outras opções disponíveis. Uma delas é usar uma interface de programação de aplicativos (application programming interface — API) de terceiros. Uma *API* é semelhante a uma biblioteca de código publicada que fornece serviços e funcionalidades sem ter de escrever tudo do zero. A principal diferença entre uma biblioteca e uma API é que a API tem a capacidade de chamar funcionalidades de entidades remotas, enquanto as bibliotecas disponibilizam o código que você inclui em seus próprios programas.

Geralmente, você encontrará APIs disponibilizadas por organizações que enxergam valor ao ter seus clientes usando suas APIs, ou seja, provavelmente terá de pagar pela conveniência do uso de uma API de uma forma ou outra. Elas fornecem uma maneira fácil de acessar os dados ou executar funcionalidades. Algumas têm custos de uso, outras são "gratuitas" para os clientes. Muitas organizações dão acesso à API como um benefício por ser cliente.

Por exemplo, a exchange de moedas digitais, Coinbase (`www.coinbase.com/` — conteúdo em inglês nos três sites deste parágrafo) inclui acesso à sua própria API para que os clientes consultem diversos blockchains e até criem transações para trocar criptomoedas. Você pode descobrir mais a respeito da API da Coinbase em `https://developers.coinbase.com/`. Para acessar uma gama mais ampla de informações de blockchain em diversas exchanges, você pode usar a API CoinMarketCap, que usa um modelo de serviço por assinatura no qual os clientes pagam uma taxa mensal para usar os recursos da API. Para ter mais informações sobre a API CoinMarketCap, acesse `https://coinmarketcap.com/api/`.[1]

DICA

Se quiser ver como usar uma API para interagir com o blockchain do Bitcoin, acesse `https://realpython.com/python-bitcoin-ifttt/` [conteúdo em inglês] para ver uma boa introdução sobre as notificações de preço do Bitcoin no Python.

Usar uma API pode parecer a opção mais fácil para interagir com um blockchain. Em muitos casos, as APIs são fáceis. A maioria delas fornece várias documentações e exemplos (além de suporte da organização que a disponibilizou). No entanto, as APIs oferecem apenas funcionalidade e acesso aos dados que a organização que a disponibiliza está disposta a expor. Se uma API lhe der tudo de que precisa, ótimo! No entanto, se perceber que a funcionalidade da API deixa algo de fora, talvez tenha de buscar outra opção para conseguir os dados necessários.

Deixando a biblioteca fazer o trabalho grosso

A última categoria principal das opções de conexão é usar bibliotecas, que fornecem um equilíbrio entre conexões diretas e APIs. As bibliotecas disponibilizam softwares pré-escritos para realizar muitas tarefas necessárias sem que você mesmo tenha de escrever todo o código. Se conseguir identificar e adquirir uma biblioteca que inclua todas as funcionalidades de que precisa, talvez tenha de escrever apenas uma quantidade mínima de código.

No Capítulo 5, você aprendeu como se conectar a um nó do blockchain Ethereum usando `web3.py`. Escolhi essa biblioteca para este livro porque ela forneceu tudo que eu queria apresentar e está escrita em Python. Ela não é a única opção, e não é a melhor opção de biblioteca para todos os ambientes. Antes de decidir quanto a uma opção de acesso, explore diversas outras para garantir que está selecionando a melhor para seus projetos.

---

1 N.R. No Brasil, o Mercado Bitcoin (https://www.mercadobitcoin.com.br/) possui uma API de negociação (https://www.mercadobitcoin.com.br/trade-api/) para aqueles que desejam operar a exchange de forma automática e uma API de dados (https://www.mercadobitcoin.com.br/api-doc/) para quem deseja consultar dados sobre negociações conduzidas em reais.

A vantagem de usar bibliotecas é que elas fornecem técnicas simples e com linguagem familiar para a realização de tarefas comuns. Uma boa abordagem para identificar uma biblioteca é começar com sua linguagem de host escolhida. Se planeja escrever código principalmente em Python, busque bibliotecas disponíveis nessa linguagem. Escolhi Python para os exemplos neste livro porque é uma linguagem popular para os modelos de análise de dados e há diversas bibliotecas de acesso ao blockchain.

Usando a biblioteca `web3.py`, serão necessárias apenas duas linhas para importar a biblioteca e atribuir uma variável para manter o host EVM e a porta. Configurar a conexão requer apenas uma linha de código:

```
from web3 import Web3

ganache_url = "http://127.0.0.1:7545"
web3 = Web3(Web3.HTTPProvider(ganache_url))
```

DICA

Você viu exemplos para se conectar aos nós dos blockchains do Bitcoin e do Ethereum, mas há muitas outras opções disponíveis. Cada implementação do blockchain fornece técnicas para se conectar e interagir com seus dados armazenados. Uma pesquisa básica na internet para acessar os dados em seu blockchain de escolha provavelmente lhe mostrará inúmeras opções.

Embora `web3.py` seja uma biblioteca popular para o blockchain do Ethereum, não é a única disponível. Outras opções populares incluem `web3.js` e `ethers.js` para a linguagem JavaScript, `web3j` para Java, `web3.php` e Ethereum-php para PHP. Como a abordagem web3 para acessar o blockchain é muito popular, você encontrará até mesmo bibliotecas como `fab3.js`, uma biblioteca em JavaScript para acessar um blockchain Hyperledger Fabric usando a especificação web3. Existem bibliotecas para muitas linguagens e blockchain populares, tornando o acesso aos blockchains por meio delas uma opção popular entre os desenvolvedores.

Lendo em um blockchain

Na seção anterior, você aprendeu sobre diferentes maneiras de se conectar a um blockchain. Após escolher uma e se conectar, você pode fazer apenas duas coisas: ler os dados existentes e criar novas transações. Como neste livro estamos interessados em análise, não nos importaremos muito com a criação de novas transações. Então, tudo que precisa fazer é aprender como ler os dados existentes no blockchain.

No Capítulo 3, você descobriu os tipos diferentes de dados que um blockchain armazena. Dependendo das necessidades de seus modelos analíticos, talvez tenha de ler dados de estado do blockchain, dados de logs de eventos ou até mesmo dados brutos do bloco. Cada tipo pede uma abordagem levemente diferente para obter os dados e decodificar os resultados. Nesta seção, você aprenderá sobre cada tipo de dado e como obter aqueles de que precisa.

Obtendo dados de estado do blockchain

O código-fonte de um contrato inteligente é um ótimo ponto de partida quando se está procurando dados de entrada para seu modelo analítico. Com exceção das informações de transações (contas de origem e destino, quantia e timestamp), praticamente todos os dados de seu interesse estarão armazenados como dados de estado de contratos. Os *dados de estado de um contrato* são aqueles que um contrato inteligente armazena nos blocos do blockchain. Você pode pedir o valor mais recente de qualquer variável de data de contratos (que algumas implementações armazenam em um repositório off-chain) ou o valor da variável de qualquer bloco. A possibilidade de explorar valores variáveis por bloco significa que é fácil ver todos os valores históricos de qualquer variável de estado.

É possível obter variáveis de estado de duas maneiras fáceis. No Ethereum, o compilador cria automaticamente uma função para retornar o valor atual da variável para qualquer variável de estado definida como `public`. Se não for definida como `public`, você terá de usar uma função fornecida pelo desenvolvedor do contrato inteligente para retornar o valor desejado. Considere um trecho a seguir do contrato inteligente `SupplyChain.sol` (escrito na linguagem Solidity):

```
pragma solidity >=0.4.21 <0.6.0;

contract supplyChain {
    uint32 public participant_id = 0; // Participant ID

    struct participant {
        string UUID;
        string userName;
        string password;
        string participantType;
        address participantAddress;
    }
    mapping(uint32 => participant) public participants;

    function getParticipant(uint32 _participant_id) public
    view returns (string
                memory,string memory,string memory,address)
    {
        return (participants[_participant_id].UUID,
    participants[_participant_
                id].userName,
            participants[_participant_id].
    participantType,participants
                [_participant_id].participantAddress);
    }
}
```

CAPÍTULO 13 **Escrevendo Modelos do Zero**   239

Esse segmento de código define a variável de estado `participant_id`, a estrutura do estado `participant`, o mapeamento dos `participants` e a função `getParticipant()`. Visto que `participant_id`, `participants` e `getParticipant()` são definidos como `public`, você pode acessá-los a partir de seu cliente por meio da biblioteca `web3.py` (ou qualquer outra que forneça acesso ao blockchain do Ethereeum). Cada dado de estado obtém automaticamente uma função accessor (uma função que retorna o valor atual) com o mesmo nome. Se deseja obter os valores atuais da variável de estado `participant_id`, você pode chamar a função `participant_id()` no contrato inteligente `supplyChain`. É possível usar o Python e a biblioteca `web3.py` para exibir o valor de conexão do `participant_id` com este código:

```
print('Participants: ',contract.functions.participant _ id().
   call())
```

Da mesma forma, você pode obter um elemento em um mapeamento ao fornecer a chave de mapeamento para a função nomeada de mapeamento. Se quiser o segundo participante, `participants(1)`, o seguinte código o retornará e o exibirá:

```
print(contract.functions.participant(1).call())
```

Outra maneira de obter conteúdos variáveis de estado é chamar as funções do contrato inteligente que retornam os dados de que precisa. No contrato inteligente `SupplyChain.sol`, a função `getParticipant()` é fornecida para retornar as informações do participante. Em alguns contratos inteligentes, as variáveis de estado não são públicas, mas outras funções accessor são fornecidas para dar acesso a essas variáveis. Você pode usar o código Python a seguir para usar a função `getParticipant()` para que ela retorne as informações do segundo participante:

```
print(contract.functions.getParticipant(1).call())
```

DICA

Essas são duas maneiras de obter os dados do participante no blockchain. Nesse caso, você pode escolher qual abordagem gostaria de usar. Em muitas situações da vida real, terá de usar as funções fornecidas, porque variáveis de estado importantes não são expostas como públicas.

Embora seja fácil conseguir os dados de um blockchain, o trabalho de verdade está na identificação do que você realmente precisa. Tire um tempo para entender quais dados são armazenados em um contrato inteligente e como obter aqueles de que seus modelos precisam.

Analisando o log de eventos

Não raro, é importante ter mais do que apenas o estado final das variáveis. Muito embora você possa rastrear as mudanças até chegar em qualquer valor original por meio de múltiplos blocos, o processo não é fácil (nem rápido). Se realmente quiser ver como um valor muda com o passar do tempo, busque um evento definido no código-fonte do contrato inteligente. No Ethereum, os programadores de contratos inteligentes usam eventos para criar mensagens de registros (log) das atividades. Devido à maneira como o Ethereum armazena os logs e as variáveis de estado, é mais barato usar logs de eventos para o armazenamento e algumas vezes eles são usados para armazenar dados de estado a um preço menor (ou seja, é preciso usar menos criptomoedas para armazenar logs de eventos do que armazenar variáveis de estado).

Conforme examina o código-fonte do contrato inteligente, preste bastante atenção aos eventos definidos e como os desenvolvedores os usam. Nos contratos inteligentes escritos em Solidity, é possível encontrar os eventos em um contrato inteligente ao procurar linhas que começam com a palavra-chave `event`. Os contratos inteligentes em Solidity acionam eventos, desta forma fazendo com que a entrada de um log seja escrita no blockchain, ao executar o comando `event-Name()`. O segmento de código Solidity a seguir mostra a definição do evento `TransferOwnership()` e como o contrato inteligente aciona o evento:

```
event TransferOwnership(uint32 productId, address
  fromOwner, address toOwner);

function newOwner(uint32 _ prodId, uint32 _ user1Id,
  uint32 _ user2Id, uint32 _
              cost, uint32 _ price, uint32 _ qty, uint32
_ timestamp)
    // Code to transfer owndership here
    emit TransferOwnership( _ prodId,
    p1.participantAddress, p2.participantAddress);
    return (true);
}
```

A primeira linha do código define o evento `TransferOwnership()`. Observe que os eventos aceitam parâmetros. Os parâmetros que você fornece quando o código aciona um evento são escritos no arquivo de log do evento no blockchain. Na função `newOwner()`, após realizar o processo de transferência de posse, ela aciona o evento `TransferOwnership()` e passa a ID do produto que foi transferido, o endereço do dono anterior e o endereço do novo dono, que registra o evento (transferência de posse) que acabou do ocorrer.

CAPÍTULO 13 **Escrevendo Modelos do Zero** 241

É fácil obter logs de eventos. Após saber o nome do evento que você quer e se conectar ao blockchain, defina o evento e obtenha as entradas para o log dele. O código Python a seguir (`showEvents.py`) mostra o programa completo para obter todas as ocorrências registradas para o evento `TransferOwnership()`. Não se esqueça de substituir o endereço do contrato pelo endereço no qual você implementou seu contrato `SupplyChain.sol` do blockchain Ganache:

```python
import json
from web3 import Web3

ganache_url = "http://127.0.0.1:7545"
web3 = Web3(Web3.HTTPProvider(ganache_url))

with open('SupplyChain.abi') as f:
    abi = json.load(f)

address = web3.toChecksumAddress('0xE9D226EC619D087Ac76
                E76Fc89094ac8aBe34a5dyou just ') # FILL
                ME IN
contract = web3.eth.contract(address=address, abi=abi)

myfilter = contract.events.TransferOwnership.
    createFilter(fromBlock=0,
                toBlock='latest')
eventlist = myfilter.get_all_entries()

print(eventlist)
```

Após obter as entradas desejadas dos logs de eventos, você pode analisar a lista de dados de eventos, incluindo o hash do bloco e da transação para cada evento. É possível usar as informações do bloco e da transação para obter informações de hora/data e criar um log cronológico granular dos eventos.

Examinando a armazenagem de contratos sem a ABI

A última fonte de dados do blockchain provavelmente será seu último recurso. Em vez de obter os dados do blockchain por meio de contratos inteligentes ou logs de eventos, você pode obter a armazenagem bruta do contrato e tentar decifrar os dados. Na maioria dos casos, isso exige muito mais trabalho do que os outros métodos.

As técnicas que viu até aqui neste capítulo presumem que você tenha acesso ao código-fonte do contrato inteligente (ou, pelo menos, à ABI). Sem o código-fonte ou a ABI, você não conseguirá obter os dados de estado facilmente, chamar as funções do contrato inteligente nem acessar os logs de eventos. No entanto, ainda será possível obter a armazenagem de contratos, e pode ser que descubra que as informações tenham um grau suficiente de uso a ponto de serem úteis.

A configuração para obter a armazenagem bruta do contrato requer que você tenha apenas o endereço do contrato implementado. Com esse endereço, é possível iterar as entradas de armazenagem de 16 bytes para ver como os dados de estado estão armazenados. Depende de você decodificar e interpretar os dados. Ler os dados brutos de armazenagem de contratos é um tema avançado, então não falarei sobre ele aqui. No entanto, o código a seguir, do arquivo `contractStoratge.py`, dará uma ideia da função `getStorageAt()` que retorna os dados brutos de armazenagem:

```python
from web3 import Web3

ganache _ url = "http://127.0.0.1:7545"
web3 = Web3(Web3.HTTPProvider(ganache _ url))

web3.eth.defaultAccount = web3.eth.accounts[0]

# supplyChain contract address - convert to checksum
    address
address = web3.toChecksumAddress('0xE9D226EC619D087Ac76E76
    Fc89094ac8aBe34a5d') # FILL ME IN

for i in range (0, 10):
    print('i: ',web3.eth.getStorageAt(address, i))
```

Como o acesso aos dados necessários é muito mais fácil com o código-fonte do contrato inteligente ou a ABI, comece com os contratos conhecidos. Apenas mergulhe no desconhecido se realmente precisar.

Atualizando dados do blockchain previamente lidos

A última operação na leitura de dados do blockchain se refere às leituras subsequentes. As duas abordagens principais para a leitura de dados de blockchain para análises são avaliar o blockchain a cada vez para preencher um modelo e extrair os dados do blockchain para um repositório off-chain em uma única passagem. A menos que planeje executar um modelo apenas uma vez, geralmente será sensato extrair os dados do blockchain para um repositório off-chain em uma única passagem e usar esses dados para seus modelos analíticos. Você pode reexecutar os modelos mais rapidamente usando a armazenagem off-chain, em comparação a analisar o blockchain a cada vez.

A primeira vez que lê os dados armazenados em um blockchain, você tira uma foto dos dados em um ponto no tempo. Como os blockchains crescem com o passar do tempo, cada novo bloco adicionado ao blockchain significa que o conjunto de dados que você extraiu previamente está cada vez mais desatualizado. Felizmente, uma solução relativamente fácil pode determinar o que aconteceu desde sua última extração, para ajudar a manter seu repositório off-chain mais atualizado.

CAPÍTULO 13 **Escrevendo Modelos do Zero**   243

É possível consultar qualquer blockchain para encontrar seu último bloco a qualquer momento. Para o Ethereum, você pode usar o método `web3.eth.getBlock()` para retornar o número atual (mais recente) do bloco. O código Python a seguir, do arquivo `currentBlockNumber.py`, exibe o número atual do bloco:

```
from web3 import Web3

ganache _ url = "http://127.0.0.1:7545"
web3 = Web3(Web3.HTTPProvider(ganache _ url))

print('Current block number: ',web3.eth.blockNumber)
```

Ao executar um processo inicial (ou qualquer outro) de extração do blockchain, é fácil gravar o número do bloco. Depois, você pode filtrar os registros dos eventos para retornar apenas aqueles que ocorreram dentro de um intervalo. Para obter os eventos que ocorreram desde sua última extração de dados, use o filtro `{fromBlock: lastExtract, toBlock: 'latest; }`. Presumindo que o código Python `showEvents.py` da seção anterior tenha armazenado o número do bloco atual em uma variável chamada `lastExtract`, você precisa mudar apenas uma linha do código para excluir os eventos antigos (já lidos) e retornar os eventos que ocorreram desde seu último processo de extração:

```
myfilter = contract.events.TransferOwnership.
    createFilter(fromBlock=lastExtract
               + 1, toBlock='latest')
```

Essa linha de código começa no bloco que está logo após o último que você leu inicialmente e continua até o último bloco do blockchain. Essa técnica funciona apenas para eventos. Não dá para filtrar diretamente os dados de estado por intervalo de blocos. No entanto, você pode consultar o valor de qualquer estado de um bloco específico, que é o mesmo que consultar um valor variável de estado a partir de um ponto específico no tempo.

O processo de consultar os dados de estado e fornecer o número do bloco mais recente é o mesmo que pedir o valor mais recente dessa variável de estado. Consultar as variáveis de estado a partir do último bloco facilita a atualização de sua data off-chain para refletir os dados mais recentes do blockchain. Aqui está o código Python (`showStateDataByBlock.py`) para retornar os valores mais recentes de `product_id`, `participant_id` e `owner_id`:

```
import json
from web3 import Web3

ganache _ url = "http://127.0.0.1:7545"
web3 = Web3(Web3.HTTPProvider(ganache _ url))

with open('SupplyChain.abi') as f:
    abi = json.load(f)
```

244   PARTE 4 **Implementando Modelos Analíticos do Blockchain**

```
address = web3.toChecksumAddress('0xE9D226EC619D087Ac76E76
   Fc89094ac8aBe34a5d') # FILL ME IN
contract = web3.eth.contract(address=address, abi=abi)

latestBlock = web3.eth.blockNumber
print('Current block number: ',latestBlock)

print(contract.functions.product_id().call(block_
   identifier=latestBlock))
print(contract.functions.participant_id().call(block_
   identifier=latestBlock))
print(contract.functions.owner_id().call(block_
   identifier=latestBlock))
```

Em vez de apenas exibir esses valores, você poderia usá-los para atualizar seu repositório off-chain para renovar os dados de entrada de seu modelo analítico.

Examinando Linguagens e Abordagens de Cliente no Blockchain

Muitas vezes, ao pesquisar sobre linguagens do blockchain, você acaba com uma lista de linguagens para escrever contratos inteligentes. As mais populares em uso hoje são Solidity para escrever contratos Ethereum e Golang para escrever contratos inteligentes para Hyperledger Fabric. (O blockchain do Bitcoin não está incluído aqui porque o Bitcoin não tem suporte para contratos inteligentes.) Os programas de contratos inteligentes são executados em cada nó do blockchain e controlam quais dados são acrescentados a ele.

A análise de dados é uma função de cliente. Como analista de dados, você não está preocupado em acrescentar dados ao blockchain — tudo que quer é ler e analisar o que está lá. Embora haja grandes chances de que usará contratos inteligentes, de modo geral, você não escreverá código de contratos inteligentes para criar modelos.

DICA

É possível escrever novas funcionalidades de contratos inteligentes ou ampliar o que já está lá para apoiar uma análise mais profunda. Se sua organização tiver controle do código-fonte do contrato inteligente, você poderá participar no desenvolvimento dele. No entanto, criar ou modificar contratos inteligentes está além do escopo deste livro. Concentro-me na criação de modelos que leem a partir dos blockchains.

Quando estiver criando modelos analíticos por conta própria, não estará limitado a uma linguagem específica. Contanto que a linguagem de escolha tenha suporte para a conexão e a interação com o blockchain, você pode usá-la para criar modelos. Nesta seção, você aprenderá a respeito de algumas linguagens que pode usar para criar todos os tipos de modelos analíticos.

Apresentando linguagens populares

A maioria dos desenvolvedores e analistas tem uma linguagem favorita. Em grande parte dos casos, é a mais familiar e confortável de se trabalhar. Há muito a se dizer sobre a seleção de uma linguagem familiar. Conforme explora as linguagens listadas nesta seção, escolha aquela que funciona melhor para você. Não raro, será uma que já conhece.

Embora basicamente qualquer linguagem de programação possa ser uma candidata para a criação de modelos analíticos para ambientes blockchain, três são as mais frequentemente usadas. As principais características a seguir são necessárias:

» A linguagem tem fácil suporte para bibliotecas analíticas.

» A linguagem tem fácil suporte para a interação com o blockchain.

Com esses dois critérios simples em mente, as linguagens que são mais comumente usadas para clientes blockchain são as seguintes:

» **C++:** A linguagem mais antiga das três abordadas nesta seção. C++ é uma extensão orientada a objetos da vastamente conhecida linguagem C. A C++ é uma linguagem de baixo nível e possui uma execução rápida.

» **JavaScript:** Uma linguagem de alto nível de codificação geralmente usada na criação de conteúdos online. Tornou-se popular entre os desenvolvedores web conforme a rede crescia e precisava de uma linguagem fácil de aprender e usar, além de flexível o suficiente para se adaptar às necessidades em mudança dos usuários.

» **Python:** A mais recente das três linguagens abordadas nesta seção. Python é uma linguagem projetada para ser simples, extensível e funcional em diversos tipos de ambientes.

Você pode desenvolver modelos analíticos em outras linguagens, mas escolher uma das três listadas aqui permitirá pegar o jeito muito mais rápido e aproveitar um conjunto grande de modelos e templates existentes.

246   PARTE 4 **Implementando Modelos Analíticos do Blockchain**

Comparando prós e contras das linguagens populares

Cada linguagem tem vantagens e desvantagens. A Tabela 13-1 lista os prós e os contras mais destacados das três linguagens mencionadas na seção anterior.

TABELA 13-1   **Prós e Contras das Linguagens Populares de Cliente Blockchain**

Linguagem	Prós	Contras
C++	Execução muito rápida. Suporte para modelos orientados a procedimentos e objetos. Inclui muitos tipos de dados. Fornece controle de alocação de memória.	Requer compilação e linking. Tem uma curva íngreme de aprendizado. Pode ser difícil transportar o código nas plataformas.
JavaScript	É fácil de escrever o código de front-end. Fornece suporte multiplataformas.	Não tem suporte de modelos procedimentais. Fracamente tipificada. Tem tipos limitados de dados.
Python	Fornece suporte para modelos orientados a procedimentos e objetos. Fácil de aprender e codificar. Fortemente tipificada. Inclui diversos tipos de dados. Fornece suporte multiplataformas. Tem extensas bibliotecas.	Executa lentamente. Não é compilada, então a maioria dos erros é detectada na execução.

Escolhendo a linguagem certa

Não há uma linguagem certa para todas as situações. A melhor para sua organização e projetos analíticos depende de sua proficiência em determinada linguagem e dos recursos que ela tem para realizar o trabalho. Caso seus analistas gostem de uma das linguagens listadas na Tabela 13-1, essa pode ser a melhor escolha. Caso não tenha preferências, experimente o Python. Não é a melhor escolha para todas as situações, mas é uma ótima opção se você está começando com a análise de blockchain.

248   PARTE 4 **Implementando Modelos Analíticos do Blockchain**

NESTE CAPÍTULO

» **Potencializando a qualidade e o compliance**

» **Usando um framework para manter o foco nos resultados**

» **Reduzindo os efeitos dos testes com componentes pré-testados**

» **Aumentando a eficiência com frameworks**

» **Otimizando seu ciclo de vida analítico**

Capítulo **14**

Recorrendo a Frameworks Existentes

No Capítulo 13, você aprendeu a escrever modelos analíticos do zero. Embora neste livro meu foco seja apenas a linguagem Python, trato de diversas outras que podem ser usadas para desenvolver modelos analíticos eficazes que interagem com os dados do blockchain.

Criar modelos do zero não é sua única opção. É possível criar modelos também pelo uso do número cada vez maior de frameworks analíticos. Em vez de apenas usar bibliotecas para realizar os cálculos específicos do modelo, um framework pode remover muitas das decisões que você precisa tomar na criação manual dos modelos. *Framework* é basicamente uma coleção de bibliotecas e serviços que fornecem funcionalidades analíticas predefinidas. Você fornece dados e alguns parâmetros de configuração, e o framework faz todo o resto.

As principais diferenças entre escrever seu modelo e usar um framework são que os frameworks são mais fáceis e requerem menos código, mas escrever do zero lhe dá muito mais flexibilidade. Dependendo do que é mais importante para você, um framework poderia ser uma ótima escolha, ou um obstáculo.

CAPÍTULO 14 **Recorrendo a Frameworks Existentes** 249

Neste capítulo, você aprenderá a respeito de algumas vantagens e desvantagens de usar frameworks de terceiros para criar modelos analíticos. Você descobrirá as principais vantagens dos frameworks e até alguns dos motivos pelos quais não escolher um. Se faz sentido ou não usar um framework analítico depende dos objetivos de sua organização e da disponibilidade de recursos. Um bom framework pode ser um multiplicador de forças ou uma fonte de frustração. É crucial entender as metas e os recursos de sua organização antes de escolher usar qualquer framework.

Beneficiando-se com a Padronização

Ao recorrer a um framework para criar um modelo, você usa uma biblioteca de códigos e decisões iniciais para retornar um modelo que atenda aos critérios do projeto. Embora um framework possa limitar as escolhas, ele também impõe um conjunto padrão de opções. Sem exemplos específicos, talvez você se pergunte qual é a diferença entre um framework e uma biblioteca. A resposta rápida é que uma biblioteca fornece muitas funções de baixo nível, enquanto um framework disponibiliza um número menor de recursos complexos.

Por exemplo, no Capítulo 11, você aprendeu a criar um modelo de regressão linear. Nos exemplos daquele capítulo, usamos a biblioteca `LinearRegression` (importada de `sklearn.linear_model`). Essa biblioteca fornece os *primitivos* (funções básicas) para criar um objeto Python baseado no modelo de regressão linear. Você pode criar o modelo, chamar outra funcionalidade da biblioteca Python para exibir os atributos do modelo e visualizar a saída do modelo. A biblioteca faz a maior parte do trabalho computacional, mas você ainda precisa interpretar, fazer a saída e visualizar o modelo.

Um framework, por outro lado, encapsula muitas das funções de exibição e visualização no processo de criação do modelo. Ao usar um framework, você geralmente chama uma função para criar um modelo e obtém automaticamente o retorno da saída e da visualização do modelo. Não é preciso muito trabalho para, por exemplo, exibir os parâmetros de saída ou plotar os gráficos.

Um dos inconvenientes do uso de frameworks é que eles implementam um número limitado de modelos e opções. No entanto, opções limitadas fornecem uma saída mais padronizada. A saída limitada força a padronização de resultados, o que facilita a avaliação e a auditoria.

Aliviando o fardo do compliance

Há tempos o compliance tem sido uma preocupação em todas as empreitadas de TI. A TI dá suporte às operações empresariais e manipula os dados para fornecer um suporte organizacional crítico. Seu acesso e efeito sobre os dados de sua organização significam que as políticas e os procedimentos que regem a TI e as atividades relacionadas estão geralmente sujeitos a diversos requerimentos de compliance.

Por exemplo, nos EUA, qualquer desenvolvimento de software que afete dados financeiros em uma empresa estatal pode estar sujeito à Lei Sarbanes-Oxley (SOX), mesmo que os modelos usados apenas leiam (e não gravem) os dados. Em um sentido mais geral, você deve avaliar todos os seus modelos analíticos para ver se não há brechas de privacidade. Como a ideia principal subjacente à análise é agregar e examinar dados, é possível reidentificar pessoas como parte de seu processo de link dos dados. A reidentificação é apenas uma área que poderia lhe trazer problemas com os requisitos de compliance, como o Regulamento Geral sobre a Proteção de Dados (GDPR) europeu, a Lei de Privacidade do Consumidor da Califórnia (CCPA) ou da Lei Geral de Proteção de Dados no Brasil (LGPD). As leis SOX, GDPR, CCPA e LGPD são apenas amostras dos diversos requisitos de compliance que podem afetar seus projetos analíticos.

O uso de um framework analítico não fará com que você cumpra o compliance automaticamente, mas eles fornecem uma estrutura e recursos para repetir as tarefas de forma definida. Como os frameworks disponibilizam pontos de entrada mais limitados para criar modelos analíticos, fica mais fácil demonstrar a consistência da criação se os auditores exigirem que você justifique sua abordagem.

Adicionalmente, frameworks gerais provavelmente serão usados por uma comunidade de organizações. As comunidades de usuários de framework se comunicam com frequência por meio de redes sociais ou recursos com suporte no servidor do framework em um espírito colaborador no qual o compartilhamento de experiências é encorajado. Se quiser descobrir como os outros estão cumprindo com o compliance, é só perguntar lá.

Um primeiro passo na exploração do compliance é avaliar os requisitos atuais para sua organização que afetam os projetos de análise de dados. Montar uma lista de requerimentos em operação pode ser muito trabalhoso, mas irá ajudá-lo a evitar infrações caras mais tarde. Cada organização está classificada sob um conjunto diferente de requisitos, devido à natureza da organização, ao software usado, ao tipo de dados processados e ao tipo de análise buscado.

Veja a seguir uma lista geral de categorias que podem afetar as atividades de compliance:

» **Tipo da organização:** Empreendimentos e agência governamentais têm diferentes estruturas gerenciais, requisitos de fornecimento de dados e estruturas de supervisão que afetam os requisitos atuantes de compliance. Mesmo dentro dos empreendimentos, as organizações públicas e privadas têm requisitos diferentes. E as pequenas e médias empresas (assim como aquelas sem fins lucrativos) devem obedecer a conjuntos completamente diferentes de requisitos.

» **Jurisdição da organização:** Embora a economia global tenha praticamente apagado os limites jurisdicionais, a localidade ainda importa. As organizações no Estado da Califórnia, nos EUA, têm mais regulações de compliance do que aquelas em outros Estados daquele país. Além disso, as regulações de uma jurisdição podem ser definidas pela localidade do consumidor, e não da organização, como no caso da GDPR.

» **Licenciamento de software:** As licenças de softwares estabelecem termos para o uso apropriado do software em questão. Antes de entrar com tudo em um projeto analítico, avalie as licenças para os softwares que usará, para garantir que a extração, a limpeza, a agregação e a análise dos dados estejam dentro do escopo e não violem os limites da licença.

» **Presença de dados protegidos:** Muitas das regulações em voga hoje que afetarão os projetos de análise de dados estão relacionadas com a privacidade e o manuseio de dados protegidos. Cada organização deve conduzir uma auditoria de dados para identificar todas as informações pessoalmente identificáveis (personally identifiable information — PII) e as informações pessoais de saúde. Entender os dados protegidos com os quais lidará (e os requisitos específicos de compliance que governam esses dados) o ajudará a se preparar melhor para a conformidade.

» **Destinatário dos resultados analíticos:** Identificar os destinatários de seus resultados analíticos afetará o compliance. Geralmente, a distribuição interna dos resultados dentro de uma organização é de menor preocupação do que os resultados disponíveis publicamente. Defina claramente o público-alvo de cada projeto analítico.

Os frameworks ajudam a padronizar o processo analítico, fazendo com que seja mais fácil de repetir e documentar. A boa documentação é uma necessidade básica para fornecer evidências de compliance. Visto que os frameworks podem ajudá-lo a ser aprovado em uma auditoria de compliance, vale a pena o tempo investido para explorar se o framework é uma boa opção para sua organização. No Capítulo 15, você aprenderá sobre diversos frameworks analíticos populares.

Evitando o código ineficiente

Se alguma vez você já escreveu softwares que outras pessoas precisam usar, sabe como é fácil escrever códigos feios que não funcionam bem. Todos os desenvolvedores fazem isso vez ou outra. Na maioria dos casos, o pior código aparece quando você é novo na linguagem ou no ambiente. Aprendemos errando, depois descobrindo como corrigir.

Uma das melhores formas de evitar a escrita de códigos confusos ou que não funcionam bem é potencializar a experiência das outras pessoas. Como não é possível ser especialista em tudo, é razoável incorporar em seus próprios projetos a experiência adquirida, a duras custas, de outros arquitetos, designers e desenvolvedores. Uma maneira conveniente de fazer isso é usando frameworks.

Um bom framework incluirá bibliotecas (você já as usou), templates, documentação e exemplos para você começar. Os recursos disponibilizados pelos frameworks não são apenas uma ótima maneira de aprender sobre um novo ambiente, mas também uma abordagem prescritiva à análise. Se você seguir as recomendações do framework escolhido, não terá de desenvolver um modelo analítico totalmente do zero. Poderá começar com os modelos centrais recomendados e expandi-los conforme seja necessário em seu ambiente.

Embora seja um exagero sugerir que todos os códigos dos frameworks são mais eficientes do que qualquer coisa que você escreva, há algumas garantias nesse sentido. Qualquer framework em geral tem muitas (às vezes muitas mesmo) pessoas o usando. Seus usuários comumente reportam bugs ou outros problemas relacionados ao provedor do framework. Especialmente no caso de um produto de código aberto, as contribuições para resolver os bugs e sugerir melhorias de funcionalidade podem vir de pessoas ao redor do mundo.

Em praticamente todos os casos, softwares utilitários e frameworks usados por múltiplos usuários e organizações passam por mais testes do que qualquer modelo analítico que uma organização cria. O software precisa funcionar para todas as organizações que o implementam, portanto, testes formais (incluindo testes de regressão de todos os atributos, espero) são realizados para garantir que tudo funcione como divulgado.

Além dos testes formais feitos pelos fornecedores do framework, cada organização que usa um basicamente o testa com regularidade. Falhas no software e problemas de desempenho que passam nos testes de pré-lançamento são comumente reportados pelos usuários. Isso acaba se transformando em problemas e pedidos que o fornecedor do framework pode consertar em um lançamento subsequente. Embora nem todas as falhas e problemas de desempenho sejam corrigidos imediatamente, eles são, em geral, abordados e mitigados.

CAPÍTULO 14 **Recorrendo a Frameworks Existentes** 253

Quando o fornecedor avalia constantemente o software lançado, isso quase sempre resulta em um código que fica mais eficiente com o passar do tempo. Frameworks ineficientes são mais um obstáculo que um benefício, e em algum momento sairão de uso. Uma das vantagens mais atrativas em usar o framework de outra pessoa, em vez de criar seus modelos do zero, é que o framework é resultado de uma experiência muito maior que sua organização tem. Mesmo para aquelas organizações com um pessoal de análise muito experiente, as equipes que se concentram na criação de frameworks analíticos provavelmente têm uma experiência geral maior na criação de métodos eficientes para a criação de modelos.

Embora você ainda possa escrever códigos ineficientes enquanto usa um framework analítico, o framework tende a encapsular as partes intensivas da análise, impedindo que você "faça errado". As operações que envolvem a agregação de muitos dados, muitas vezes iterativamente, podem ser realizadas de forma lenta ou inteligente. As implementações inteligentes resultam em modelos eficientes. Os frameworks em geral fazem um bom trabalho em garantir que suas técnicas sejam inteligentes e eficientes.

Aumentando o nível da qualidade

Além dos argumentos das duas últimas seções para usar um framework na criação de um modelo analítico, um dos motivos mais convincentes para fazer isso é que fica mais fácil atingir um grau maior de qualidade. Os frameworks são criados com bibliotecas e métodos prescritos para usá-los na produção de modelos. A ideia principal de um framework é colocar as funcionalidades complexas em pacotes mais fáceis de usar. Um framework bem projetado deve permitir que os analistas criem modelos de modo mais fácil do que escrever o código sozinhos.

Uma maneira pela qual os frameworks facilitam o desenvolvimento de modelos é com a redução do número de opções disponíveis para os criadores de modelos. O framework pode simplesmente limitar as opções ou determinar outras opções com base no contexto. De qualquer modo, o uso do framework tem o efeito de reduzir a variabilidade na forma como os modelos são criados.

Sempre que você reduzir a variabilidade em qualquer processo, poderá se concentrar na eliminação das partes do processo que não funcionam bem e investir mais nas partes que funcionam. A busca pelo redirecionamento de seus esforços para os aspectos dos modelos que produzem saídas melhores é apenas a busca de qualidade. Não pense que jogar um framework analítico em seu sistema e usá-lo na criação de modelos aumentará a qualidade por mágica — provavelmente não. Porém, seu uso permite que sua organização coloque mais esforços no processo de criação de modelos, e não na escrita do código.

254   PARTE 4 **Implementando Modelos Analíticos do Blockchain**

Focar o processo de qualquer série de tarefas facilita mensurar se você está indo bem (ou mal) em sua realização. Quando sua atenção principal está nos passos de baixo nível em uma tarefa, é difícil ficar de olho na qualidade geral. Como todos os esforços ficam mais granulares, você passa mais tempo fazendo com que as partes funcionem tanto individualmente quanto juntas. Usar um framework que forneça funcionalidades integradas para realizar muitas das operações de baixo nível lhe dá a habilidade de focar a qualidade do processo como um todo.

A gestão de projetos clássica define três restrições principais para cada projeto: cronograma, orçamento e qualidade. A resposta tradicional é que você pode gerenciar apenas duas restrições simultaneamente, então escolha suas favoritas. (É claro, espera-se que os gerentes de projeto lidem com as três). Uma forma de gerenciar a restrição de qualidade é usar componentes confiáveis que não precisam ser avaliados e testados sempre que usá-los. Os frameworks podem fornecer a garantia de um código confiável que foi testado e avaliado em termos de precisão e eficiência.

Focando a Análise, Não as Ferramentas

Os frameworks existem para facilitar as coisas. Especificamente, um bom framework faz com que a realização das tarefas repetitivas fique mais fácil. Um dos muitos benefícios de um bom framework é que ele deve fornecer as funcionalidades básicas necessárias para realizar as tarefas usando uma interface simples. A interface é a maneira como você interage com um componente do framework. Em nosso contexto, muito provavelmente ele se parecerá bastante com uma biblioteca. Você importa a funcionalidade para seu código e chama suas funções para criar e interagir com os modelos analíticos.

A principal diferença entre um framework e uma biblioteca é o escopo dos componentes do framework e o que eles fazem. As bibliotecas geralmente consistem em funções para realizar ações de baixo nível, enquanto os frameworks tendem a fornecer funções e estruturas de dados com o objetivo de realizar tarefas de alto nível que muitas vezes são agregações de diversas tarefas de baixo nível. Por exemplo, uma biblioteca demandaria passos separados para fazer as partições de treinamento e teste de um conjunto de dados, ajustar o modelo ao conjunto de dados, calcular previsões e diagnósticos, por fim, visualizar o modelo. Em contraste, um framework muito provavelmente fornecerá as mesmas funcionalidades de uma biblioteca com menos passos, talvez até os realizando todos com uma única chamada.

Evitando o exagero de atributos

Uma das vantagens de usar técnicas padrão e tudo fornecido pelos frameworks é a limitação das opções disponíveis. Embora isso possa ser percebido como algo negativo, pode ajudar a produtividade geral ao eliminar o tempo usado na avaliação de uma longa lista de alternativas. Uma abordagem eficiente para qualquer série de tarefas é evitar passar muito tempo avaliando cada opção em potencial. Embora explorar completamente todas as opções possa ser tentador, raramente fazer isso vale o tempo investido. Limitar as escolhas acelera o processo de tomada de decisão.

DICA

Às vezes, nenhuma das opções limitadas disponíveis é boa o suficiente para seus objetivos analíticos. Nesses casos, não há problema em explorar além do que qualquer framework disponibiliza. Talvez você acabe criando um modelo do zero. Tudo bem. Ter alguns modelos feitos do zero enquanto outros seguem os padrões ainda é melhor do que fazer tudo do zero.

Outro motivo pelo qual limitar as opções é benéfico é que isso ajuda a controlar o aumento de escopo (scope creep) e o exagero de atributos. *Scope creep* se refere à situação em qualquer projeto em que você decide acrescentar "só um atributozinho extra" porque é fácil fazer isso. Sendo fácil, acrescentar outro também o será, e assim por diante. O aumento do escopo sempre começa lento e de forma inocente, mas costuma acabar tirando um bom cronograma dos trilhos.

O *exagero de atributos (feature bloat)* está relacionado ao aumento de escopo, mas acontece perto do início de um projeto. Se sua lista de opções para criar um modelo for extensa, a tendência será pedir tudo que puder — o que torna seu modelo mais complexo que o necessário. As opções de frameworks padrão ajudam a limitar as opções e reduzir o risco de aumento de escopo e exagero de atributos.

DICA

Uma forma de analisar o exagero de atributos é observar os restaurantes de fast food e como fazem seus negócios. No final da década de 1940, Dick e Mac McDonald otimizaram suas operações e removeram todas as opções do menu, com exceção dos hambúrgueres, batatas fritas e milkshakes, porque chegaram à conclusão de que todos os outros itens do menu estavam causando desperdício de tempo e dinheiro. Eles desenvolveram um novo processo para produzir eficientemente seus produtos principais e acabaram revolucionando o serviço de entrega de comidas no mundo todo. Usar frameworks para os modelos analíticos permite que você otimize seu projeto de análise, como os irmãos McDonald o fizeram. A questão é focar aquilo que retorna valor.

Assim como todas as opções deste capítulo, o uso de um framework não erradicará por mágica o exagero de atributos. Os frameworks fornecem um mecanismo que você pode usar para controlar o nível de complexidade de seu modelo.

Estabelecendo objetivos granulares

A escolha por usar um framework analítico pode ajudar a resolver muitos dos problemas de baixo nível na criação de modelos do zero. Uma abordagem estruturada à criação de modelos não é apenas possível, como também mais fácil do que começar tudo do zero a cada vez. Você pode se concentrar nos aspectos de nível mais alto de seus projetos analíticos. Em vez de investir tempo em como codificará um modelo de regressão ou definir quantos agrupamentos seus dados representam, por exemplo, é possível usar um framework para fazer a maior parte do serviço pesado e, assim, focar os resultados desejados de cada modelo.

A habilidade de implementar padrões gerais de modelos sem ter de lidar com como cada projeto é criado pode ter um efeito gigantesco nas atividades de desenvolvimento. Em vez de gastar tempo configurando os padrões da codificação e avaliando os modelos para ver como estão seguindo os padrões, arquitetos, designers, desenvolvedores e gerentes podem focar a análise, e não as técnicas usadas para criar os modelos.

Embora eu tenha combinado todos os tipos de criação de modelos do zero em um grande pacote, há duas técnicas distintas comumente usadas. A primeira é o que você aprendeu nos Capítulos 9 a 12, onde criou modelos do zero, mas com a ajuda de bibliotecas para as tarefas analíticas de baixo nível. Outra abordagem para criar modelos do zero é ignorar as bibliotecas analíticas e codificar tudo você mesmo. Em vez de chamar uma função da biblioteca para criar um modelo de Bayes ingênuo, você poderia criar um no Python (ou em outra linguagem). Apresentei as bibliotecas para demonstrar uma forma de codificar seus próprios modelos.

Se achar que as bibliotecas disponíveis são insuficientes, sempre é possível escrever um código de baixo nível para a criação de qualquer tipo de modelo desejado. A criação de um modelo completamente do zero requer mais trabalho, mas também lhe dá controle total do processo inteiro. É claro, escrever seu próprio código significa que você é responsável pelo design e sua precisão, pelos testes do código para garantir exatidão e eficiência, e por corrigir quaisquer problemas encontrados durante os testes ou após a implementação. Em outras palavras, você não pode depender de mais ninguém para fornecer qualidade.

Independentemente da abordagem escolhida na criação de modelos do zero, você passará mais tempo concentrado em fazer um modelo funcionar do que passaria usando um framework. Um framework fornece um fundamento que permite que você foque os objetivos analíticos, e não a qualidade do desenvolvimento de software. O foco em seus objetivos de análise permite que você defina mais claramente os objetivos granulares (ou seja, o que cada modelo deve fornecer) e alinhe os resultados com as necessidades da empresa.

Gerindo modelos pós-operacionais

Na seção anterior, mencionei a necessidade de gerenciar os modelos após a implantação. Após criar, treinar e testar um modelo, o próximo passo lógico na maioria dos casos é operacionalizá-lo. A *operacionalização* de um modelo significa lançá-lo para uma comunidade mais ampla de usuários. Lançar, ou implantar, um modelo para as operações significa que o modelo está pronto para o uso geral e atingiu os objetivos de qualidade e eficiência que você estabeleceu.

A despeito de quão meticuloso possa ter sido durante seus testes, a operacionalização sujeita um modelo a uma variedade de dados e entradas que podem diferir do ambiente artificial durante o desenvolvimento. O mundo operacional é, com frequência, menos indulgente do que o desenvolvimento e falhas no software são comuns. Parte do ciclo de vida do desenvolvimento de qualquer produto de software é monitorar o desempenho pós-implantação (operacional) e responder às deficiências.

As deficiências em geral ocorrem em duas categorias: precisão e eficiência. Os modelos que não fornecem resultados que atingem ou excedem os requisitos de precisão têm um valor limitado. Da mesma forma, os modelos que fornecem precisão suficiente, mas que levam muito tempo para executar não estão dando seu valor máximo. Em ambos os casos, a equipe de desenvolvimento provavelmente se envolverá para explorar os motivos da falta de precisão ou de um desempenho razoável.

DICA

O uso da palavra *desempenho (performance)* aqui é delicado. Pode se referir à velocidade com que um modelo é executado ou se o modelo atinge bem os objetivos planejados. No contexto dessa análise, ambas as definições são válidas. Na maioria dos casos, o desempenho com relação a um programa de software se refere à velocidade com que ele responde à entrada do usuário, mas fique atento quanto ao outro significado da palavra *desempenho* também.

Buscar a causa-raiz de qualquer deficiência pode ser uma forma de arte. A tarefa requer paciência, familiaridade com seus dados e as ferramentas usadas na criação do modelo, além de familiaridade com a base teórica do modelo em questão. Algumas deficiências estão relacionadas com a qualidade dos dados, enquanto outras, têm suas raízes em problemas de programação.

O uso de bibliotecas ou de um framework abrangente alivia a carga das análises da causa-raiz. Em vez de passar a maior parte de seu tempo filtrando o código-fonte, as bibliotecas e os frameworks permitem que você ponha sua atenção em seus dados e métodos escolhidos para criar seu modelo, em vez de ter que depurar todas as partes do código do modelo. Usar componentes importados de código facilita muito a gestão dos modelos implantados. Você poderá encontrar as deficiências mais facilmente e fazer quaisquer alterações necessárias no código de forma mais rápida quando precisar agir em relação a problemas ou mudanças dos requisitos dos usuários.

Potencializando o Esforço dos Outros

A principal decisão ao considerar usar um framework analítico é equilibrar a perda de controle e a flexibilidade com as vantagens de capitalizar os esforços de outra pessoa. Basear seus modelos em bibliotecas de frameworks significa que pode usar os esforços de outro desenvolvedor para fornecer funções de baixo nível que você pode usar para criar modelos que cumpram com seus requisitos analíticos.

Como aprendeu na seção anterior, bibliotecas e frameworks permitem que sua organização se beneficie dos trabalhos de desenvolvimento, testes e manutenções feitos por outras pessoas. Usar bibliotecas e frameworks pode dar espaço para seus analistas e desenvolvedores a fim de que invistam seu tempo em implementações de alto nível no modelo analítico, em vez de codificar cada tipo de modelo que planeja usar. Resumindo, os frameworks podem evitar que você fique reinventando a roda sem parar.

Decidindo entre fazer ou comprar

Os fabricantes devem decidir com frequência como adquirir as partes necessárias para criar seus produtos finais. Por exemplo, uma torradeira consiste em muitas partes, incluindo um botão para selecionar a temperatura desejada do aparelho. Uma organização que fabrica torradeiras pode comprar esses botões de temperatura de um fornecedor ou fazê-los por conta própria. A resposta certa depende do custo de cada opção e os benefícios de fazer ou comprar a peça. Cada peça do produto final passa por uma análise de "fazer ou comprar".

Os projetos analíticos também devem considerar as mesmas opções do fabricante de torradeiras. A decisão de fazer ou comprar se refere às bibliotecas e aos frameworks que você usará na criação dos modelos de análise. A decisão se resume a se é mais eficiente escrever modelos do zero ou criá-los usando bibliotecas e frameworks comprados ou obtidos.

Criar seus modelos completamento do zero dá à sua organização um maior controle. No entanto, você deve equilibrar tal controle com o custo de desfrutá--lo. O custo de fazer qualquer coisa por conta própria vai muito além do custo diretamente associado com a produção física do processo. No caso da criação de modelos analíticos do zero, você investirá muito mais do que apenas tempo para escrever o código.

CAPÍTULO 14 **Recorrendo a Frameworks Existentes** 259

Seus desenvolvedores terão de investir tempo e esforço para garantir que a implementação do modelo atenda aos padrões mínimos mesmo antes de começar a preencher o modelo com dados, quer dizer, você precisa garantir que seu modelo faça o que se espera que faça em um sentido geral. Se estiver criando um modelo de Bayes ingênuo, é necessário, em primeiro lugar, demonstrar que seu código realmente implementa um modelo de Bayes ingênuo. Após demonstrar a capacidade do modelo para fazer o que os modelos dessa classe fazem, você poderá começar a preenchê-lo com dados e usá-lo para os objetivos de sua organização.

Usar bibliotecas e frameworks permite que você omita a fase básica de avaliação da criação do modelo. O principal propósito de usar o código de outras pessoas é evitar ter de fazer tudo você mesmo. A desvantagem é que terá de usar o modelo conforme é disponibilizado por suas bibliotecas ou framework. Se não gostar da forma como um modelo é implementado, terá de conviver com isso ou modificá-lo por conta própria. Mas, na maioria dos casos, os modelos analíticos são bem documentados e genéricos em múltiplos conjuntos de ferramentas. Geralmente, não há muito ganho de funcionalidade ao escrever o código você mesmo — outras pessoas já fizeram isso.

Dando um escopo ao seu trabalho de testar

Os testes de um modelo analítico são uma extensão da discussão apresentada na seção anterior. Uma das maiores implicações de escrever o próprio código de seu modelo é que você também deve testar o que escreve. O teste de softwares é iterativo, demorado e necessário. E para piorar, raramente é bem feito em projetos menores de software.

DICA

Observe que me referi a *projetos de software*, e não a *produtos de software*, quando mencionei que os testes raramente são bem feitos. Os produtos de software que geram um fluxo de receitas usam testes consolidados para garantir a qualidade do produto. Os projetos de software, incluindo os projetos analíticos, geralmente não podem se dar ao luxo do tempo ou do orçamento para incluir atividades caras de testes que são necessárias para validar o alinhamento do software com os objetivos planejados. Os testes de projetos menores geralmente são mínimos, o que resulta em mais código com bugs.

Quanto mais código escrever, mais código terá de testar. Pode parecer óbvio, mas muitas organizações falham ao reconhecer esse requisito básico do desenvolvimento de software. Os testes muitas vezes se resumem a atividades realizadas com pressa apenas para dar um Ok em uma lista. Caso sua organização escolha criar modelos totalmente do zero, seus requisitos de testes serão muito mais extensivos do que se incorporasse bibliotecas e frameworks de terceiros. Ainda terá de testar o código que escreve, não importa se escreva muito ou pouco, mas o escopo de seus testes poderá ser drasticamente menor se não escrever tudo você mesmo.

É um erro presumir que você não precisa testar as bibliotecas e os frameworks de terceiros. No entanto, não é preciso testar com o mesmo vigor do código que se escreve do zero.

Usei o termo *do zero* diversas vezes ao longo deste capítulo. O motivo de escrever um código do zero ser uma faceta tão importante do desenvolvimento de softwares é que o desenvolvedor assume toda a responsabilidade pela qualidade. Produtos de software comprados ou obtidos vêm com certa garantia do fabricante de que atingiram os padrões de qualidade declarados. Ao desenvolver um código baseado em suas próprias especificações, você, ou mais especificamente sua organização, assume a responsabilidade de garantir a qualidade. Aceitar tal responsabilidade nunca deve ser algo casual, porque traz custos nada triviais.

Alinhando a expertise da equipe com as tarefas

A última categoria principal de consideração ao decidir quando usar bibliotecas e frameworks de terceiros é a expertise do pessoal de sua organização. Se as únicas pessoas disponíveis para criar modelos forem os analistas com habilidades limitadas de programação, muito provavelmente será bom selecionar um framework que abstraia o máximo possível de programação. Quando evitar a escrita de muito código for uma opção sedutora, os frameworks e as extensas bibliotecas poderão ajudar a reduzir a quantidade de código necessário para criar modelos analíticos.

Se, por outro lado, a equipe de seu projeto analítico incluir diversos desenvolvedores experientes de software que gostam de escrever código para implementar modelos analíticos, pode valer a pena considerar escrever tudo do zero. Os desenvolvedores experientes muito provavelmente terão acesso a, pelo menos, parte de seus códigos-fontes anteriores a partir dos quais podem criar, então há chances de que, tecnicamente, não escreverão tudo do zero. E eles devem ser bem versados no ciclo de vida do desenvolvimento de software e preparados para realizar cada fase, incluindo os testes e a manutenção pós-implementação.

A decisão de fazer ou comprar modelos analíticos depende da cultura, dos recursos e dos objetivos de sua organização. Este capítulo apresentou alguns dos aspectos mais importantes a serem considerados ao escolher a base certa para seus modelos. Você não está limitado a uma única escolha. A melhor opção para você e sua organização pode ser uma abordagem híbrida. Independentemente de qual caminho decidir trilhar, passar pelo processo de escolha o ajudará a aprender mais sobre o que é necessário para criar modelos analíticos eficazes.

262   PARTE 4 **Implementando Modelos Analíticos do Blockchain**

NESTE CAPÍTULO

» **Apresentando os frameworks de terceiros**

» **Explorando os atributos dos frameworks**

» **Descrevendo as diferenças entre os frameworks**

» **Comparando frameworks analíticos**

Capítulo **15**

Usando Ferramentas e Frameworks de Terceiros

No Capítulo 14, você aprendeu sobre diversos motivos pelos quais os frameworks e outras ferramentas de terceiros podem ajudar seus modelos analíticos. Outra coisa que também aprendeu foram as razões pelas quais talvez ainda precise criar modelos do zero. Se escolher usar conjuntos de ferramentas de terceiros para alavancar o processo inicial de criação de seus modelos, você terá diversas opções disponíveis. Assim como com praticamente todas as escolhas no processo de criação de modelos, não há uma escolha correta para todas as organizações e projetos.

Uso os termos *conjunto de ferramenta*, *biblioteca* e *framework* de forma alternada. Embora sejam termos distintos, também se parecem muito. Todos os três podem fazer referência ao código pré-escrito que você inclui em seus programas, juntamente com os utilitários que facilitam a integração do código pré-escrito com o que você já escreveu. Para esta discussão, foco o uso do termo *framework*.

O segredo para escolher o framework de terceiros certo para sua situação única começa com uma percepção do que está disponível. No entanto, não cometa o erro de selecionar um conjunto de ferramentas e ficar com ele para sempre. Lealdade à marca é algo bom, mas esteja aberto a reavaliar as decisões sobre as ferramentas que usará sempre que começar um novo projeto.

Mudar de um framework para outro demandará tempo para aprender sobre as funcionalidades novas ou diferentes, mas talvez não seja oneroso. Conforme pesquisar as opções de terceiros, encontrará áreas em comum que podem fazer com que a substituição de um produto por outro seja uma decisão sensata. Estar familiarizado com o que há por aí significa que está pronto para atender aos requisitos do novo projeto.

Analisando Ferramentas e Frameworks

Nos Capítulos 7 a 9, você usou diversas bibliotecas que disponibilizam funções para ajudá-lo a criar modelos. Ao usar bibliotecas na linguagem Python, você as importa para seu código para disponibilizar aos seus programas as funções fornecidas. Por exemplo, no Capítulo 7, você importou a biblioteca `pandas` e usou sua função `read_table()` para ler os dados em um arquivo de texto. No Capítulo 10, importou o pacote `tree` da biblioteca `sklearn` para criar um modelo de árvore de decisão. As bibliotecas facilitam o agrupamento de funções relacionadas em pacotes que seus programas Python podem usar facilmente, sem ter de escrever todo o código você mesmo.

Um framework é um tipo de superbiblioteca. Em muitos casos, você simplesmente o importa como uma biblioteca. A principal diferença é que o framework foca a funcionalidade de níveis mais altos do que as bibliotecas. Não é difícil argumentar que um framework é apenas uma biblioteca extensa e que uma biblioteca que atende muitas das necessidades analíticas é realmente um framework versão light. A distinção não é importante aqui. A questão é que você pode usar repositórios de código pré-escrito (e pré-testado) para criar seus modelos.

264 PARTE 4 **Implementando Modelos Analíticos do Blockchain**

Veja a seguir uma lista dos frameworks analíticos mais usados:

» **TensorFlow,** do Google, é uma família de produtos de código aberto com suporte para o desenvolvimento de modelos escaláveis de aprendizado de máquina com foco no alto desempenho.

» **Keras** é um framework de alto nível escrito em Python que isola os desenvolvedores das funcionalidades de baixo nível do TensorFlow, fornecendo uma interface fácil de usar para o TensorFlow.

» **PyTorch** é uma implementação Python da Torch, uma popular biblioteca de aprendizado de máquina. O PyTorch fornece aos programadores Python modelos de aprendizado de máquina com alto desempenho.

» **fast.ai** apresenta uma interface fácil de usar em cima do PyTorch, facilitando aos programadores Python que potencializem os benefícios do PyTorch. (O PyTorch oferece aos desenvolvedores desempenho e flexibilidade extremos, às custas da complexidade.)

» **MXNet** é um framework baseado em Python com suporte a muitas plataformas e linguagens. O MXNet ganhou sua reputação como framework sólido e foi adotado como a opção de framework da Amazon Web Services.

» **Caffe** é um framework para propósitos especiais de alto desempenho de processamento de imagens, desenvolvido como parte de um projeto de doutorado na UC Berkeley.

» **Deeplearning4j** é um framework de aprendizado de máquina para ambientes Java. O Deeplearning4j fornece muitos dos recursos de outros frameworks, mas é específico para desenvolvedores e ambientes Java.

Você deve se familiarizar com o básico de cada um desses frameworks. Conhecer o que existe por aí é o primeiro passo em direção à escolha do framework certo para seu projeto. Nas seções a seguir, você aprenderá sobre as características de cada framework e por que os analistas os usam.

Descrevendo o TensorFlow

O Google é o rei dos dados, com quantidades imensas de dados sobre praticamente tudo e todos que podemos imaginar. Como seu repositório massivo de dados começou a crescer mais rápido do que podiam digerir, a equipe do Google Brain desenvolveu uma biblioteca de algoritmos de aprendizado de máquina para dar suporte aos modelos de redes neurais. O objetivo principal do Google era fornecer resultados precisos, mas também produzir modelos que poderiam administrar seus vastos dados. A escalabilidade foi um atributo central do projeto.

O produto patenteado do Google, DistBelief, foi um grande sucesso que rapidamente encontrou seu lugar em projetos de aprendizado de máquina em diversas unidades empresariais em toda a mantenedora do Google, a corporação Alphabet. O Google reconheceu o valor da biblioteca e transformou o DistBelief em um framework de código aberto, melhorado e expandido para propósitos gerais de aprendizado de máquina, renomeado como TensorFlow (www.tensorflow.org) [conteúdo em inglês]. Modelos foram acrescentados como parte dessa transformação, tornando o TensorFlow um framework poderoso para propósitos gerais de aprendizado de máquina.

O TensorFlow foi projetado logo no começo para ser escalável e ser executado em múltiplas CPUs e GPUs. A Figura 15-1 mostra o site do TensorFlow, que contém a documentação do produto, recursos de aprendizagem e maneiras de se conectar à comunidade do TensorFlow. O nome do produto se originou na forma como ele funciona. O TensorFlow executa uma lista ordenada de operações, chamada Graph, operando em sua entrada armazenada como um tipo de conjunto multidimensional, formalmente chamado de *tensor*. O TensorFlow é um dos frameworks mais populares sobre os quais falo neste capítulo, devido, em grande parte, ao fato de que ele se origina e é usado no Google.

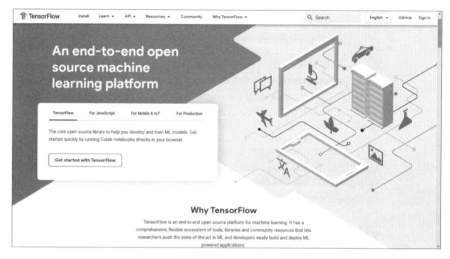

FIGURA 15-1: Site do TensorFlow.

DICA

Outras bibliotecas Python têm suporte a conjuntos multidimensionais, como `ndarray` na biblioteca `numpy`. Os tensores são diferentes porque têm suporte a operações que são executadas em GPUs. Com tensores, você pode criar modelos que são capazes de ter um desempenho extremamente rápido.

O TensorFlow existe em diversas modalidades, possibilitando sua execução em computadores tradicionais, na nuvem ou até mesmo em dispositivos móveis. A flexibilidade de sua plataforma, juntamente com o suporte que tem para múltiplos tipos de modelos, permite que tenha suporte para uma vasta gama de aplicativos. Existem bibliotecas do TensorFlow para Python e JavaScript, e suporte também é fornecido para C++ e R, facilitando a criação de modelos analíticos em múltiplas linguagens.

O TensorFlow é um framework granular, o que significa que você escreverá pelo menos algumas dezenas de linhas de código para criar um modelo. O framework é muito flexível e com capacidade de suporte para inúmeros requisitos. Outros frameworks levam a um código mais compacto, mas poucos são páreo para a escalabilidade e a flexibilidade do TensorFlow.

A maioria dos programas que você cria com o TensorFlow segue uma estrutura comum:

1. **Crie o gráfico. Acrescente operações do TensorFlow que podem rodar seu algoritmo desejado.**

2. **Alimente seu modelo com dados. Preencha o modelo com dados de treinamento e teste.**

3. **Execute o gráfico e as operações definidas no Passo 1.**

4. **Atualize e retorne os resultados. Capture a saída do gráfico, atualize os dados gráficos internos e retorne os resultados.**

DICA

Visto que o TensorFlow é atualmente o framework mais popular de aprendizado de máquina disponível, há muitos tutoriais e exemplos disponíveis na internet para ajudá-lo a começar.

Examinando o Keras

Alguns programadores, novos ao aprendizado de máquina e às análises, podem achar o TensorFlow muita areia para seu caminhão. Sua natureza granular resulta em uma curva íngreme de aprendizado inicial, ou seja, é necessário esforço para aprender o TensorFlow, e você precisa fornecer entradas específicas em cada passo para criar e usar os modelos avançados suportados. Caso seu foco principal seja a criação de modelos de redes neurais, o framework Keras (https://keras.io/ [conteúdo em inglês]) pode fornecer as vantagens do TensorFlow, mas com uma interface muito mais simples. A Figura 15-2 mostra o site do Keras, onde você pode aprender sobre esse framework e como instalá-lo em seu ambiente.

CAPÍTULO 15 **Usando Ferramentas e Frameworks de Terceiros**   267

FIGURA 15-2: Site do Keras.

O Keras é uma biblioteca de código aberto com componentes de criação de modelos de redes neurais no Python. É uma biblioteca de alto nível que funciona em cima de outros produtos, como TensorFlow, Microsoft Cognitive Toolkit, R, Theano e PlaidML. O Keras facilita mais o acesso aos modelos de redes neurais para analistas e desenvolvedores do que o TensorFlow ou outras bibliotecas de nível mais baixo.

O Keras foi desenvolvido por um engenheiro do Google como uma interface, e não como uma ferramenta autônoma de criação de modelos. Um dos objetivos do design era facilitar mais a criação de redes neurais (uma classe específica de modelos de aprendizado de máquina) com menos linhas de código. Para tanto, o Keras oferece funções de fácil utilização que presumem valores padrão para muitos parâmetros de modelos. É possível substituir diversos padrões do Keras ou criar modelos com entradas mínimas.

Sua simplicidade e seus recursos para funcionar com múltiplos produtos subjacentes o tornam uma ótima ferramenta para a prototipagem. Ele também facilita a avaliação de diferentes modelos sem ter de escrever muito código. Aqui temos um exemplo de programa Python que usa o Keras para criar um modelo de rede neural:

```
from numpy import loadtxt
from keras.models import Sequential
from keras.layers import Dense
# load your data
mydata = loadtxt('your-data.csv', delimiter=',')
# partition data into input (X) and output (y)
X = mydata[:,0:8]
y = mydata[:,8]
# define the neural network model and layers
```

```
nn = Sequential()
nn.add(Dense(12, input_dim=8, activation='relu'))
nn.add(Dense(8, activation='relu'))
nn.add(Dense(1, activation='sigmoid'))
# compile the model
nn.compile(loss='binary_crossentropy', optimizer='adam',
    metrics=['accuracy'])
# fit the model to your data
nn.fit(X, y, epochs=150, batch_size=10, verbose=0)
# predict classes using your model
predict = nn.predict_classes(X)
# summarize the first 5 cases
for i in range(5):
    print('%s => %d (predicted %d)' % (X[i].tolist(),
    predict[i], y[i]))
```

DICA

Não se preocupe se o código Python que usa o Keras não faz sentido. Como mencionado, esse exemplo cria um modelo de rede neural, assunto que não trato neste livro. É um tipo de modelo que você deve estudar após estar confortável com os modelos básicos que apresento nos Capítulos 9-12

Não analisarei o código desse exemplo. A questão é que, se você usasse o TensorFlow, em vez do Keras, para desenvolver a mesma rede neural, seria necessário pelo menos o dobro de linhas de código. Embora não seja ruim, fazer as coisas com menos linhas de código é desejável durante a prototipagem ou a exploração de modelos. O Keras pode ajudá-lo a pegar o jeito e comparar os modelos rapidamente.

Dando uma olhada no PyTorch

O Google não é a única organização gigante interessada em modelos analíticos e de aprendizado de dados. O laboratório AI Research [Pesquisas de IA] do Facebook desenvolveu seu próprio framework para o desenvolvimento interno de modelos. Esse produto cresceu e se tornou o PyTorch (https://pytorch.org/), um framework de código aberto para desenvolvedores Python com foco na criação de modelos de aprendizado de máquina. O PyTorch, assim como o TensorFlow e o Keras, foca os modelos de redes neurais, mas também tem suporte para muitas funções de conjuntos multidimensionais que são úteis para a análise. A Figura 15-3 mostra o site do PyTorch, onde você pode aprender a usar o framework e encontrar diversos recursos para ajudá-lo a aprender sobre os recursos e melhores práticas.

FIGURA 15-3: Site do PyTorch.

O PyTorch é uma adaptação da clássica biblioteca Torch. Ele é escrito na linguagem Lua e foi apresentado em 2002, então está em uso há um bom tempo. O Torch não está mais sendo desenvolvido, mas seu desdobramento, o PyTorch (escrito na linguagem Python), está atualmente sendo aprimorado com a nova funcionalidade.

A principal estrutura de dados do PyTorch é o tensor, permitindo que muitas operações sejam executadas em GPUs e CPUs. Alguns de seus usos mais comuns são o processamento de imagem e de linguagem natural. As redes neurais são modelos comuns usados nesses processamentos, então o PyTorch é uma escolha natural para muitas organizações. Não é difícil perceber o foco do Facebook quando observamos o que o PyTorch faz tão bem.

O PyTorch implementa diversos módulos distintos para dar suporte à criação de modelos. Embora as redes neurais sejam a essência dos tipos de modelos que verá nesse framework, é possível usá-los para implementar outros tipos também. Aqui estão os principais módulos que você encontrará no PyTorch:

» **Módulo `Autograd`:** Implementa a diferenciação automática, que rastreia as operações realizadas e as reproduz de novo automaticamente em ordem reversa para calcular os gradientes para você. (Os gradientes são usados para fazer a estimativa de erros e treinar um modelo.) O módulo `Autograd` realiza muito trabalho que costumava ser feito manualmente.

» **Módulo `Optim`:** Fornece uma coleção de algoritmos de otimização que ajudam a criar modelos escaláveis para muitas plataformas.

» **Módulo `nn`:** Esse módulo pode ser considerado uma biblioteca de wrapper e fornece um alto nível de interface para os programadores criarem os modelos sem ter de explicitamente chamar as funções `Autograd`. O módulo `nn` encapsula muitas funções de baixo nível em uma interface mais simples.

Pode ser complexo e tedioso criar redes neurais. Não mostrarei um programa Python completo aqui, mas pode ser interessante observar como o PyTorch pode ser usado. Aqui temos um segmento de um programa Python que usa o PyTorch para definir um modelo de regressão linear:

```
import torch

# define linear regression model
regressModel = torch.nn.Sequential(
torch.nn.Linear(inputUnits, hiddenUnits),
torch.nn.ReLU(),
torch.nn.Linear(hiddenUnits, outputUnits),
)
loss_fn = torch.nn.CrossEntropyLoss()

# define optimization algorithm
optimizer = torch.optim.Adam(regressModel.parameters(),
   lr=learning_rate)
```

Nesse código, você pode observar como é possível usar os módulos nn e optim para chamar a funcionalidade do PyTorch.

Turbinando o PyTorch com fast.ai

Se achou que a sintaxe do PyTorch é um pouco complexa demais, há uma alternativa. Assim como o Keras facilita o uso do TensorFlow, o fast.ai (www.fast. ai [conteúdo em inglês]) deixa o PyTorch muito mais fácil e acessível. O fast.ai é muito mais do que um framework de aprendizado de máquina. É um laboratório de pesquisa que criou um framework fácil de usar e também cursos para ensiná--lo sobre análises, data science e como usar os recursos do próprio fast.ai para se tornar um analista melhor.

A Figura 15-4 mostra o site do fast.ai. Talvez você perceba que a página se parece muito mais com um blog do que com o site de um produto de software. Não demorará até que veja que o fast.ai é tanto um movimento e um projeto educacional como um produto de software. Seus criadores querem que o aprendizado de máquina seja o mais acessível possível. Muitos cursos e recursos ótimos no site do fast.ai o ajudarão a aprender sobre o aprendizado de máquina e a análise.

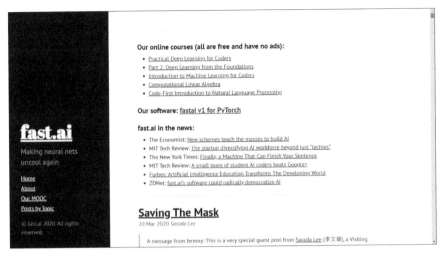

FIGURA 15-4: Site do fast.ai.

A biblioteca fast.ai (eles a chamam de biblioteca, mas ainda o classifico como um framework) é criada com o PyTorch usando a linguagem Python. O PyTorch fornece a velocidade, a flexibilidade e a potência, enquanto o fast.ai torna os recursos do PyTorch acessíveis para todos. A biblioteca fast.ai se sobressai na classificação de imagens e no processamento de linguagens naturais, mas pode fazer mais. Você pode fazer basicamente tudo que o PyTorch faz, com menos linhas de código.

Para dar uma ideia do que o fast.ai lhe permite fazer, aqui há uma amostra de um programa Python que usa o fast.ai para criar um modelo de classificação de imagens:

```
import fastai

PATH = 'directoryOf/imagesToTrain'
arch = resnet34
data = ImageClassifierData.from_paths(PATH, tfms=tfms_
    from_model(arch, sz))
learn = ConvLearner.pretrained(arch, data, precompute=True)
learn.fit(0.01, 3)
```

É possível fazer muito com apenas algumas linhas de código no fast.ai. Além de ser uma ótima biblioteca, sua melhor parte são seus cursos gratuitos e uma extensa comunidade. Os cursos fazem um ótimo trabalho de ensinar os conceitos de aprendizado de máquina e de análise, assim como mostram boas práticas de codificação para a criação de modelos. Os recursos de aprendizagem tornam o fast.ai uma parte valiosa de qualquer caixa de ferramentas de um analista.

Apresentando o MXNet da Apache

Mais um framework de aprendizado de máquina é o MXNet da Apache (`https://mxnet.incubator.apache.org/` [conteúdo em inglês]). É um framework de código aberto usado para desenvolver, treinar e implantar uma grande variedade de modelos analíticos. O MXNet foi adotado pela Amazon Web Services como seu framework escolhido para aprendizado de máquina. A Figura 15-5 mostra o site do MXNet, com os recursos para ajudá-lo a começar e efetivamente usar o MXNet.

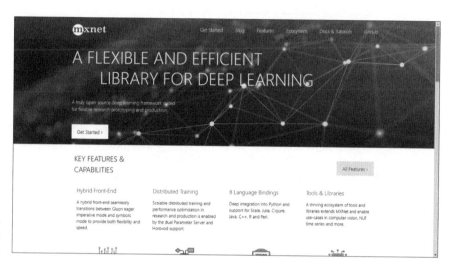

FIGURA 15-5: Site do MXNet.

Embora a principal linguagem suportada pelo MXNet seja o Python, o MXNet (assim como outros frameworks tratados neste capítulo) tem suporte para outras linguagens também. Na verdade, ele tem suporte para nove linguagens. É possível criar modelos usando Python, C++, JavaScript, Go, R, Scala, Perl, Wolfram ou MATLAB. A variedade de linguagens suportadas significa que você escreve o código em uma linguagem familiar, enquanto o back-end do MXNet é executado consistentemente com um desempenho excepcional.

A diversidade de linguagens, o fato de que o MXNet é membro da família Apache e sua inclusão no ambiente AWS faz desse framework um forte concorrente nas escolhas das empresas.

Dois dos atributos principais oferecidos pelo MXNet são a escalabilidade e a portabilidade. Os modelos que o usam podem ser executados em muitos tipos de hardware, desde processadores leves, como os smartphones e dispositivos Raspberry Pi, até servidores com GPUs de alto desempenho e plataformas na nuvem. O MXNet se concentra no ciclo de vida completo do modelo, incluindo a implantação. Você pode prototipar rapidamente um modelo e, depois, operacionalizá-lo com o mesmo framework.

Outro forte atributo do MXNet é sua API Gluon. Ela fornece uma interface de alto nível para muitos atributos valiosos do MXNet, da prototipagem até a implantação. Embora seja possível chamar diretamente a funcionalidade do MXNet, a API Gluon facilita muito a interação com o MXNet.

Os modelos MXNet requerem muito mais linhas de código Python do que a maioria dos outros frameworks apresentados neste capítulo. Porém, o suporte para múltiplas linguagens e sua portabilidade podem valer a pena. Caso seu objetivo principal seja implantar modelos para uma grande variedade de dispositivos e suportes, o MXNet é uma boa opção a ser considerada.

Apresentando o Caffe

Caso seu principal objetivo analítico seja examinar e aprender com imagens, o framework Caffe pode ser de interesse. O Caffe (http://caffe.berkeleyvision.org/ [conteúdo em inglês]) é um framework de aprendizado profundo com código aberto que permite aos analistas criar e usar modelos que podem processar imagens em uma taxa impressionante. De acordo com seu site, o Caffe pode processar "mais de 60 milhões de imagens por dia com uma única GPU NVIDIA K40", e suas novas versões são ainda mais rápidas.

A Figura 15-6 mostra o site do Caffe, que disponibiliza um ponto simples de acesso para instalar e usar o framework.

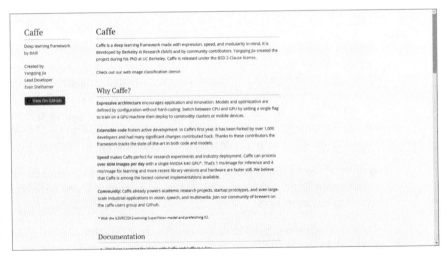

FIGURA 15-6: Site do Caffe.

O framework Caffe foi desenvolvido e é mantido pelo grupo de pesquisas Berkeley AI Research (BAIR), juntamente com uma quantidade significativa de colaboradores na comunidade. O Caffe começou quando seu criador, Yangqing Jia, desenvolveu o framework inicial como parte de seu projeto para um doutorado na UC Berkeley. A comunidade ativamente participativa resultou na adição de muitos recursos ao framework em seu primeiro ano de lançamento. Ele continua a crescer para atender às necessidades de novos e contínuos projetos de aprendizado profundo ao redor do mundo.

O Caffe tem suporte para uma alta taxa de transferência (throughput) com uma sintaxe expressiva que permite mudanças arquiteturais por meio da configuração, em vez da recodificação. Por exemplo, você pode mover um algoritmo de uma CPU para uma GPU alterando o flag de configuração, em vez de escrever um código para mover o processador-alvo.

Quando precisar escrever código para criar modelos usando o Caffe, pode usar Python, C, C++ ou MATLAB. Para a prototipagem e as comparações iniciais de modelos, também é possível criar modelos rapidamente usando uma linha tradicional de comando.

Um dos aspectos valiosos do Caffe, que é um resultado direto das contribuições da comunidade, é o framework Caffe Model Zoo, uma coleção de modelos pré-treinados de múltiplas fontes. O BAIR oferece diversos modelos de repositórios e a comunidade de colaboradores mantém uma página wiki onde é possível baixar e usar um número cada vez maior de modelos pré-treinados. A disponibilidade desses modelos significa que você pode aprender o Caffe e usá-lo produtivamente mais rápido do que a maioria dos outros frameworks.

Para mostrar como a interação com modelos pode ser fácil, aqui temos um exemplo simples do site do Caffe para o treinamento de um modelo usando a linha de comando no Caffe:

```
# train LeNet
caffe train -solver examples/mnist/lenet _ solver.prototxt
# train on GPU 2
caffe train -solver examples/mnist/lenet _ solver.prototxt
  -gpu 2
# resume training from the half-way point snapshot
caffe train -solver examples/mnist/lenet _ solver.prototxt
  -snapshot examples/
              mnist/lenet _ iter _ 5000.solverstate
```

Ao usar a linha de comando, o Caffe usa definições de modelos e muitas configurações armazenadas em arquivos. Embora você não possa ver o modelo em detalhes nesse exemplo, é possível observar como é fácil treinar um modelo usando uma GPU. Tudo que tem de fazer é fornecer um parâmetro da linha de comando. Se quiser aproveitar uma taxa de transferência extremamente alta para o processamento de imagens, o Caffe é uma boa escolha para seu próximo projeto.

Descrevendo o Deeplearning4j

Os frameworks sobre os quais falei até aqui neste capítulo têm suporte para a linguagem Python, e a maioria o tem para linguagens adicionais também. Embora o Python seja extremamente popular para a criação de modelos analíticos, o Java é outro exemplo extremamente popular de linguagem com propósitos gerais. Como muitos desenvolvedores têm experiência com Java, faz sentido que queiram usar um framework baseado na linguagem que melhor conhecem.

O Deeplearning4j (https://deeplearning4j.org/ [conteúdo em inglês]) é um framework de código aberto de aprendizado de máquina escrito para as linguagens Java e Scala. Ele se integra com outros frameworks e bibliotecas, incluindo ND4J (uma biblioteca tensor), Hadoop e Apache Spark. Usar outras bibliotecas e frameworks possibilita que o Deeplearning4j forneça uma interface Java simplificada e de alto nível, enquanto apresenta modelos analíticos portáteis e de alto desempenho.

A Figura 15-7 mostra o site do Deeplearning4j, com recursos para começar e usar esse framework de aprendizado profundo em Java.

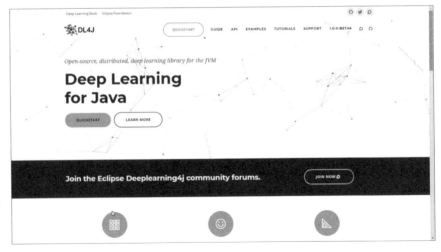

FIGURA 15-7: Site do Deeplearning4j.

DICA

Caso você seja um desenvolvedor Python e goste do que o Deeplearning4j oferece, não se preocupe! O framework Keras funciona com o Deeplearning4j e serve como sua API em Python. O Deeplearning4j junta os desenvolvedores Java e Python em um único framework.

O Deeplearning4j foi desenvolvido por um grupo independente de aprendizado profundo, que o forneceu à Fundação Eclipse em 2017. Como o Deeplearning4j foi desenvolvido em cima de frameworks de alto desempenho existentes, ele potencializa os recursos distribuídos e paralelos. O treinamento de modelos acontece no contexto de um agrupamento, e a computação baseada nos agrupamentos facilita a distribuição e paralelização dos algoritmos. Além disso, o framework cuida de todos os detalhes de distribuição e paralelização das computações entre os participantes do agrupamento e o hardware (como CPUs e GPUs).

Aqui temos o esqueleto de um classificador Java usando o banco de dados da flor íris. (Observe que o programa Java original tinha um total de 81 linhas, mas reduzi o número de linhas de código mostrado aqui.)

```java
public class IrisClassifier {

    public static void main(String[] args) throws
            IOException, InterruptedException {

        DataSet allData;
        try (RecordReader recordReader = new
CSVRecordReader(0, ',')) {
            recordReader.initialize(new FileSplit(new
ClassPathResource("iris.
                txt").getFile()));
            DataSetIterator iterator = new
RecordReaderDataSetIterator(record
                Reader, 150, FEATURES_COUNT, CLASSES_
COUNT);
            allData = iterator.next();
        }
        SplitTestAndTrain testAndTrain = allData.
splitTestAndTrain(0.65);
        DataSet trainingData = testAndTrain.getTrain();
        DataSet testData = testAndTrain.getTest();

        MultiLayerConfiguration configuration = new
NeuralNetConfiguration.
            Builder();
        MultiLayerNetwork model = new
MultiLayerNetwork(configuration);
        model.init();
        model.fit(trainingData);
```

```
        INDArray output = model.output(testData.
getFeatures());

        Evaluation eval = new Evaluation(CLASSES _ COUNT);
        eval.eval(testData.getLabels(), output);
        System.out.println(eval.stats());
    }
}
```

Caso você seja um desenvolvedor Java experiente, o Deeplearning4j pode ser uma ótima escolha como seu framework analítico.

Comparando Ferramentas e Frameworks

Você viu sete frameworks para ajudá-lo a criar modelos analíticos de uma maneira estruturada e repetida. Há mais frameworks disponíveis atualmente, e é provável que muitos outros estarão disponíveis no futuro. Decidir o melhor framework de modelos analíticos pode ser difícil. É preciso fazer muitas perguntas e considerar muitos recursos.

A Tabela 15-1 mostra cada um dos frameworks vistos neste capítulo. Use-a como um ponto de partida ao decidir qual é o melhor framework para sua organização e produto.

TABELA 15-1 **Comparando Frameworks de Análise de Dados**

Framework	Ano de Lançamento	Linguagens Suportadas	Vantagens	Desvantagens
TensorFlow	2015	C++, JavaScript, Python, R	É o framework mais popular; usado pelo Google.	Complexo para aprender.
Keras	2015	Python	Interface mais fácil para o TensorFlow; foca resultados, não detalhes do modelo.	Acesso menos direto aos detalhes do modelo.

Framework	Ano de Lançamento	Linguagens Suportadas	Vantagens	Desvantagens
PyTorch	2016	C, Python	Mais intuitivo que o TensorFlow; tem suporte para experimentações rápidas.	Não tem ferramenta dedicada de visualização.
fast.ai	2018	Python	Interface mais fácil para o PyTorch; diversos cursos gratuitos.	Pouco controle direto do modelo para codificadores experientes.
Caffe	2013	C++	Processamento de imagens extremamente rápido.	Opções limitadas de linguagens ou modelos além de seu propósito principal.
MXNet	2017	C++, Python, JavaScript, Go, R, Perl	Enxuto e escalável em muitos tipos de dispositivos, incluindo a nuvem; inclui uma interface fácil de usar.	A flexibilidade de treinamento e implantação pode deixar a criação de modelos mais complexa.
Deeplearning4j	2014	C++, Java	Tem suporte para desenvolvedores e ambiente Java; tem suporte para muitos modelos.	Limitado para ambientes de desenvolvimento em Java.

Neste capítulo, você aprendeu sobre apenas alguns dos frameworks de modelos analíticos disponíveis para ajudá-lo a criar modelos melhores. Como mencionado, não há uma melhor opção para todas as situações. Avalie as necessidades e recursos de sua organização e projeto, então, use essas informações para identificar dois ou três frameworks. Depois disso, crie um pequeno modelo usando cada um desses frameworks para ter uma boa noção de como eles funcionam em seu caso.

Não hesite em fazer uma nova avaliação no futuro. Usar o framework certo para sua organização pode aumentar as chances de sucesso do projeto.

280   PARTE 4 **Implementando Modelos Analíticos do Blockchain**

NESTE CAPÍTULO

» **Avaliando suas necessidades**

» **Alinhando a análise com sua organização**

» **Resolvendo problemas com dados do blockchain**

» **Definindo a melhor abordagem para a criação de modelos**

» **Gerenciando seu projeto analítico**

Capítulo **16**

Juntando Tudo

A o longo deste livro, você descobriu diversos aspectos da análise de blockchain. Aprender sobre qualquer tópico multidisciplinar significa que você precisa entender muitos conceitos e técnicas, e às vezes pode parecer que os componentes individuais não formam um todo. No entanto, perceba isso ou não, você já aprendeu sobre a maioria dos conceitos e das habilidades de que precisará para lançar e gerenciar um projeto de análise de blockchain. Tudo que resta é se afastar dos detalhes e ver seu projeto sob uma perspectiva mais geral.

Arregaçar suas mangas e criar modelos não é a melhor forma de começar seus projetos de análise de blockchain. Em vez disso, identifique os dados de interesse no blockchain (Capítulo 3) e interaja com eles (Capítulo 5). Porém, começar com os dados do blockchain é colocar a carroça na frente dos bois. Os projetos analíticos mais bem-sucedidos, independentemente dos recursos dos dados, começam fazendo-se perguntas relacionadas à empresa, e não aos dados.

Neste capítulo, você pegará o que aprendeu nos capítulos anteriores e juntará tudo em um plano de ação coeso. Não há um planejamento analítico geral que funcione em todas as organizações. Para aproveitar o nível máximo de sucesso, sua organização deve avaliar suas próprias necessidades — que é o tema deste capítulo. Você verá o projeto de análise de blockchain sob a perspectiva do que sua organização precisa, então tomará uma decisão que lhe trará os melhores resultados.

Avaliando Suas Necessidades Analíticas

Um erro comum em qualquer tipo de projeto é pular as fases iniciais e começar diretamente fazendo o trabalho. No entanto, para obter os melhores resultados, é preciso começar do início. O início de qualquer projeto, incluindo os de análise de dados, é definir a necessidade dele e, depois, planejá-lo. Uma abordagem estruturada será necessariamente gerenciar seus projetos analíticos, mas por ora você aprenderá como avaliar suas necessidades e definir os objetivos que seu projeto de análise de blockchain deve alcançar.

Não é difícil avaliar as necessidades de um projeto. É necessário apenas separar tempo para pensar nos problemas e em formas de resolvê-los. Quando sua organização tira um tempo para discutir em profundidade os problemas e as possíveis soluções, às vezes você encontra soluções simples e em outras, talvez possa definir que a solução não vale a pena. Em qualquer caso, o processo de analisar os problemas e as soluções economiza tempo e dinheiro para a organização.

O objetivo é encontrar soluções para os seus problemas que façam sentido e tragam um retorno sobre o investimento (ROI) positivo. Veremos algumas formas de começar a analisar as necessidades que um projeto de análise de blockchain pode resolver.

Descrevendo o propósito do projeto

Antes de decidir o que fazer, é necessário decidir por que está pensando na análise de dados, para começar. Ou seja, é importante definir o propósito de seu projeto. Cada projeto de análise de dados — orientado ao blockchain ou não — existe apenas para responder a algumas perguntas. Se você não souber quais são as perguntas que está tentando responder, nunca conseguirá apresentar as soluções certas. Embora a extração e a análise de muitos dados possam ser divertidas, a menos que sejam feitas para atender às necessidades de uma empresa e seus resultados sobre o investimento, você estará basicamente desperdiçando seu tempo.

O primeiro passo na definição do propósito de seu projeto é documentar a necessidade da análise de dados e listar as perguntas que está tentando responder. Tais questões poderiam incluir perguntar por que certas coisas aconteceram no passado, o que está acontecendo no presente e o que acontecerá no futuro. Após saber quais perguntas está tentando responder, você poderá trabalhar para encontrar uma solução ou uma resposta a essas perguntas.

DICA

Também é de ajuda saber por que seus resultados serão valiosos para a organização. Às vezes, apenas conhecer as perguntas que está tentando responder não é o suficiente. Muitas vezes, saber como seus resultados serão usados pode afetar a forma como você conduz sua análise e apresenta, subsequentemente, os resultados.

Após especificar as perguntas que quer responder, o próximo passo lógico é perguntar para quem seus resultados serão apresentados. Apresentar resultados analíticos para executivos é diferente de apresentá-los para o pessoal técnico. Um sumário executivo provavelmente focará os dados resumidos que afetam diretamente os objetivos centrais da organização. As apresentações técnicas provavelmente incluirão mais detalhes e explicações sobre as nuances. Independentemente do público, é necessário entender como ele define o ROI. Cada público-alvo pode ter definições diferentes de valor e como seus resultados podem ser usados para alcançar tal valor. A percepção de seu público sobre o ROI deve sempre orientar como os resultados são apresentados.

E, por fim, você também precisa entender como os resultados pretendem ser utilizados. A intenção de uso dos resultados analíticos pode orientar quais modelos você escolhe criar, as métricas que usa neles, o tipo de saída que eles produzem e a forma como você os apresenta para o público. Alguns exemplos de usos analíticos incluem uma explicação dos eventos, uma previsão e uma análise da causa-raiz deles. Depois, compreender quais são os patrocinadores de seu trabalho analítico facilitará seus esforços e aumentará as chances de sucesso do projeto.

Uma tarefa dedicada à descoberta do propósito de seu projeto também é um bom ponto de partida para observar grandes obstáculos em potencial. Quanto antes identificá-los, mais fácil será resolvê-los. Uma forma infalível para fazer um projeto desandar é encontrar, já no fim do jogo, obstáculos pelos quais não esperava. Embora haja muitos tipos de obstáculos, aqui temos apenas alguns que você deve examinar no começo de qualquer projeto:

» **Falta de confiança dos executivos:** A menos que os executivos de sua organização como um todo abracem a análise de dados, até mesmo os resultados impressionantes poderão ter pouco valor para eles.

» **Colaboração fraca:** Todos os projetos analíticos, especialmente aqueles que envolvem a tecnologia blockchain, dependem da colaboração entre os membros da equipe que têm diferentes habilidades. Uma falta de colaboração quase sempre resultará em mais dificuldades encontradas ao longo do projeto.

» **Falta de comprometimento:** Para ter chances razoáveis de sucesso, todos os níveis de gerência devem estar comprometidos a levar o projeto a cabo. Seus patrocinadores, a liderança da organização, os gerentes associados com o projeto e as partes interessadas em todos os níveis devem estar comprometidos a fazer com que o projeto tenha sucesso. A falta de comprometimento em qualquer nível é uma causa comum de dificuldades em projetos.

» **Baixa qualidade de dados:** Todo o esforço da análise de dados está baseado na qualidade destes. Embora seja comum encontrar dados faltantes ou que requerem limpeza, problemas de qualidade nos dados em grande escala podem dificultar a produção de resultados de qualidade em um projeto analítico.

Caso preveja que encontrará quaisquer restrições listadas aqui, tente trabalhar com o patrocinador de seu projeto e outras lideranças para resolver os problemas antes de continuar. Nessa altura, você já deverá ter uma ideia do motivo da existência do projeto, o que precisa fazer para produzir os resultados analíticos exigidos por sua organização e como o público usará seus resultados para buscar um ROI positivo. Quando você tiver claro esse quadro de alto nível de seu projeto de análise de dados do blockchain, estará pronto para definir qual é a real aparência de seu projeto.

Definindo o processo

Na seção anterior, você aprendeu como encontrar o propósito de seu projeto analítico de blockchain. Após conhecer o motivo pelo qual está considerando a análise, está pronto para começar a definir o processo necessário para realizar esse propósito. No nível mais simples, qualquer projeto de análise de dados consiste em adquirir dados, analisá-los e reportar os resultados. Como você viu em todo este livro, no entanto, o processo real é muito mais complexo do que uma simples lista com três itens. À medida que avançar pela fase de criação do processo de seu projeto analítico, nunca perca de vista o propósito geral e as perguntas que precisa responder.

Enquanto mantém os objetivos de alto nível em mente, precisará começar a considerar os componentes de baixo nível que formam as peças do quebra-cabeça analítico. A primeira representa seus dados. Inventariar e avaliar os dados é um dos primeiros passos no processo analítico que têm grande efeito na qualidade de seus resultados. No Capítulo 6, você aprendeu a identificar e extrair dados de um blockchain para usá-los em seus modelos. Uma coisa que não discuto são as categorias especiais de dados que você pode encontrar. Por exemplo, alguns dados de que precisará para seus modelos serão protegidos, como informações pessoais identificáveis (PII) e informações pessoais de saúde (PHI)? Caso qualquer dado esteja nessa categoria, você deve ajustar seus modelos, provavelmente o relatório de resultados, para evitar a violação de leis e regulações de privacidade.

DICA

Menciono a privacidade em uma seção sobre o processo devido à importância de qualquer processo lidar com os dados privados adequadamente. A privacidade é a respeito do indivíduo, enquanto a confidencialidade é a respeito dos dados. Talvez você consiga aplicar a confidencialidade com controles como a criptografia, mas a privacidade é mais uma questão de controle de processo. Para protegê-la, talvez precise usar métodos levemente diferentes para obter e analisar seus dados. A análise de preservação de privacidade está além do escopo deste livro, mas é um tópico fascinante e que merece uma pesquisa adicional.

Após ter uma ideia se espera ou não trabalhar com dados protegidos, você precisa fazer o inventário daqueles atualmente disponíveis. Os resultados desse inventário o ajudarão a determinar o tamanho da tarefa para obter dados adicionais. Nessa parte da definição de seu processo, você precisa fazer a si mesmo e à sua equipe várias perguntas. Aqui estão algumas para começar:

>> Quanto dos dados necessários estão atualmente disponíveis?

>> Precisaremos de dados externos adicionais?

>> Precisaremos armazenar algum dado em repositórios novos off-chain?

>> Quem desenvolverá o código ETL (código para extrair, transformar e carregar os dados para nossos modelos)?

>> Após a implantação do modelo, quem irá atualizá-lo e mantê-lo?

Essas perguntas são apenas um ponto de partida de coisas que precisam ser consideradas no planejamento do processo de criação de seus modelos. Nos Capítulos 9 a 12, você aprendeu como criar tipos diferentes de modelos analíticos. No entanto, ao juntar todas as peças, é necessário prestar atenção ao processo de criação desses modelos, além de apenas seguir os passos para criar um modelo individual.

O real segredo para criar um processo sólido é que ele seja uma ponte entre as necessidades iniciais e o produto entregue. Ao longo de toda a fase de planejamento do processo, preste atenção aos objetivos de sua empresa. Conforme desenvolve um guia de como irá dos objetivos aos resultados, sempre envolva a análise e os objetivos de sua empresa, quer dizer, todos os resultados que você reportará no fim de seu projeto analítico devem dar suporte direto a um ou mais objetivos empresariais. Deixe essa associação clara. Quando puder mostrar como seus resultados dão suporte aos objetivos da empresa, seu público entenderá o valor que você está trazendo por meio da análise de dados.

Fazendo inventário de recursos

Após examinar cuidadosamente o propósito de seu projeto de análise e tirar um tempo para considerar o processo que o projeto seguirá para produzir resultados, comece a procurar os recursos de que precisará para apresentar esses resultados. Porém, antes de começar a montar a equipe de projeto, considere a estabilidade financeira e a cultura política de sua organização.

Por exemplo, se sua organização for muito lucrativa e as coisas estiverem bem, provavelmente será muito fácil obter os recursos necessários. Por outro lado, caso a organização esteja passando por uma fase mais enxuta e há cortes à vista, você terá de ser cuidadoso quanto a pedir recursos para um novo projeto.

CAPÍTULO 16 **Juntando Tudo**   285

DICA

Pode parecer óbvio prestar atenção à estabilidade da organização, mas muitos gerentes de projeto avançam nos projetos sempre da mesma forma, independentemente das mudanças ambientais. Olhe ao redor para definir a melhor forma de proceder. Entender as limitações o posicionará para fazer os pedidos que têm uma chance maior de serem cumpridos.

O cenário político é outra área que pode ajudar ou segurar qualquer projeto. Algumas organizações operam sem quaisquer conotações políticas evidentes, enquanto outras encorajam aquelas com maior peso político. Talvez você não consiga fazer muito a respeito do posicionamento político de seu patrocinador ou de outros membros da equipe, mas estar consciente de seu efeito potencial (positivo ou negativo) no projeto é de ajuda durante o planejamento. Compreender o estado atual de sua organização é crucial para ter sucesso em obter os recursos necessários ao seu projeto.

Anteriormente neste capítulo, mencionei o público da apresentação de seus resultados. Ele está relacionado de perto com as partes interessadas do projeto. Uma parte interessada é qualquer pessoa ou grupo de pessoas que são afetadas por seu projeto ou que o afetam. Você precisa prestar atenção a elas durante um projeto inteiro, pois podem ajudar as coisas a fluírem bem ou se tornar obstáculos que ameaçam tirar seu projeto dos trilhos. Comece identificando todas as partes interessadas, anotando em um pedaço de papel ou uma planilha e descrevendo cada uma, bem como seus efeitos no projeto. Conhecer qual parte interessada provavelmente afetará mais seu projeto do que outra é importante para garantir que seus resultados alcancem os objetivos estabelecidos.

DICA

Na gerência formal de projetos, a gestão das partes interessadas é um processo à parte. Conhecer as partes interessadas e garantir que suas necessidades sejam atendidas são ações importantes para a finalização bem-sucedida do projeto. A gestão das partes interessadas inclui sua identificação, a análise do efeito que cada uma tem, a comunicação com elas e a garantia de que continuem felizes.

Após saber quem são as partes interessadas e quais demandarão uma gestão mais ativa, você poderá começar a pensar na equipe de projeto. A menos que planeje obter todos os dados e criar todos os modelos por conta própria, precisará de outros colegas de equipe para ajudar. Montar sua equipe envolve a identificação de possíveis recursos, a determinação de sua disponibilidade e a obtenção de aprovação desses recursos para que sejam atribuídos à sua equipe. Os membros da equipe podem ser recursos de tempo integral ou parcial. Também podem ser recursos externos.

O segredo aqui é apenas fazer uma lista de recursos necessários para seu projeto de análise de blockchain. E não se esqueça de que os recursos podem ser mais do que pessoas. Além dos membros da equipe, talvez você possa precisar de acesso à infraestrutura, como computadores, contas online e outros serviços, para a obtenção dos dados. Compreender as exigências de recursos de seu projeto é necessário para fornecer um orçamento realista para aprovação.

Outra parte da análise de recursos é o alinhamento das capacidades de recursos conhecidos com as exigências dos projetos. Por exemplo, caso seu projeto demande que os modelos sejam criados na linguagem Python, será importante ter recursos em sua equipe que entendam Python. O processo de alinhar capacidades com as demandas pode, às vezes, ser bidirecional.

Imagine que haja três analistas de dados muito experientes disponíveis para seu projeto. Um desses recursos tem experiência com tecnologia blockchain, e os outros dois têm certa familiaridade com o assunto. Nenhum desses recursos sabe Python, mas todos têm experiência na linguagem R. Isso não precisa se tornar um problema. Nesse caso, a disponibilidade de recursos com conjuntos específicos de habilidades pode influenciar suas decisões para quais ferramentas usar em seu projeto. Desde que a linguagem R permita alcançar os objetivos, os recursos propostos podem ser a melhor escolha para seu projeto analítico. O segredo não é encontrar os recursos perfeitos, mas aqueles que podem ajudar, da melhor forma, a cumprir com os objetivos.

Escolhendo a Melhor Opção

No Capítulo 15, você aprendeu sobre os diferentes frameworks que são de ajuda na criação de modelos analíticos. Após seu projeto ter um propósito e um processo definido, é hora de começar a juntar as ferramentas com as quais sua equipe trabalhará para criar os modelos. Escolher a melhor opção de ferramentas para sua equipe em específico pode ser um desafio, às vezes. É necessário que você entenda bastante sobre seu projeto, seus objetivos, sua organização e sua equipe. Como afirmo no Capítulo 15, não há uma solução melhor para todas as situações. Cada projeto é diferente, e cada equipe traz uma expertise diferente à mesa.

Não importa o quanto você possa gostar do framework e das ferramentas que escolheu para seu último projeto, reveja seu processo de tomada de decisão para cada projeto novo. Não é necessário começar o processo do zero, mas no mínimo você deve avaliar as decisões tomadas anteriormente. O mais importante: observe as lições aprendidas. Se um framework ou um conjunto de ferramentas funciona bem, talvez deva ficar com eles. Por outro lado, se algo não se encaixou bem, busque outro framework. Permanecendo com uma solução conhecida ou usando algo novo, tire um tempo para garantir que suas escolhas representam o melhor para o projeto.

Entendendo as habilidades e as afinidades pessoais

Antes de poder efetivamente decidir qual framework, conjunto de ferramentas e componentes de ambiente são os melhores para seu projeto, você deve entender os recursos para ele. Os recursos incluem componentes tanto de pessoal como de infraestrutura. Sob uma perspectiva do componente de infraestrutura, se sua organização for exclusivamente baseada no sistema operacional Windows, suas soluções devem funcionar no Windows. Caso tenha acesso a computadores com Linux e Windows, pode ser que tenha mais opções.

As capacidades de pessoal não são tão fáceis de serem analisadas como as de infraestrutura. Após montar sua equipe, procure definir o conjunto de habilidades de cada membro. Como as habilidades mudam com o passar do tempo, atualize as informações de seu pessoal a cada projeto. E não tome decisões com base exclusiva em conjuntos existentes de habilidades. Pelo contrário, pergunte o que cada membro da equipe gosta de fazer também. Geralmente verá que, quando atribui responsabilidades com base na afinidade dos membros da equipe, assim como no conjunto de habilidades, está promovendo uma produtividade maior.

Dois dos fatores de decisão mais importantes ao escolher as ferramentas de desenvolvimento nos frameworks analíticos são o sistema operacional no qual o framework funciona e a linguagem na qual está baseado. A escolha mais fácil quanto a frameworks é provavelmente uma linguagem que seja comum à maioria dos membros da equipe de desenvolvimento. Se todos estiverem confortáveis com a linguagem Python, um framework com suporte a essa linguagem será a melhor escolha. No entanto, caso os membros cruciais de sua equipe de desenvolvimento estejam ficando proficientes com a linguagem R e queiram ganhar mais experiência nessa área, talvez uma solução com base em R seja uma boa solução. É claro, afinidade sem habilidade não trará os resultados mais eficientes. É importante equilibrar os conjuntos de habilidades dos membros de sua equipe com as áreas que interessam a eles.

Sempre que possível, engaje os membros de sua equipe nas decisões que os afetarão diretamente. A escolha do conjunto de ferramentas e frameworks afetará diretamente a operação diária dos membros da equipe relacionados com o desenvolvimento. Quando apropriado, peça opiniões sobre as melhores ferramentas e frameworks para usar. Outra coisa, permita escolhas pessoais quando possível. Embora seu projeto possa ditar um framework específico, talvez você possa permitir que alguns desenvolvedores escrevam códigos nos editores que escolherem. Alguns desenvolvedores podem preferir o Eclipse, enquanto outros, o Visual Studio Code (ou qualquer outro ambiente de desenvolvimento integrado).

CUIDADO

Tome cuidado quanto a dar escolhas demais aos desenvolvedores. Embora seja legal escolher seu próprio ambiente de desenvolvimento de código, você deve garantir que as exigências organizacionais e do projeto sejam cumpridas. Um exemplo comum disso é a gestão do código-fonte. Desde que cada desenvolvedor escolha um IDE que se integre com a versão do código da organização e as exigências da gerência, não haverá problemas. Evite permitir que os desenvolvedores criem suas próprias bolhas isoladas. Quando isso acontece, você perde a habilidade de gerenciar o projeto.

Após considerar os conjuntos de habilidades e afinidades dos membros de sua equipe, use essas informações para escolher componentes para seu ambiente de desenvolvimento que se alinhem mais com sua equipe.

Potencializando a infraestrutura

Um componente equivalente à consideração das habilidades e das afinidades de sua equipe é entender a infraestrutura da organização. A infraestrutura na qual deve operar pode ser uma limitação, mas também pode fornecer um ambiente valioso para seu projeto. Por exemplo, caso seu projeto precise de uma grande quantidade de dados armazenados off-chain, será necessário armazená-los em algum lugar. Se sua organização já tiver uma licença comercial para um sistema de gestão de bancos de dados, e houver especialistas desse banco de dados na casa, provavelmente será uma melhor opção escolher o banco de dados familiar do que adquirir, instalar, configurar e usar um novo sistema.

Da mesma forma, explore como sua organização dá suporte às atividades de desenvolvimento existentes. Os desenvolvedores trabalham isolados em seus próprios computadores? Ou trabalham em ambientes compartilhados e baseados na nuvem? Ou ainda, há algum outro método usado para fornecer aos desenvolvedores um ambiente de desenvolvimento? Todas essas são perguntas que você deve fazer para entender melhor o suporte de desenvolvimento em sua organização. As respostas provavelmente darão uma direção para seu próprio projeto. Talvez você não fique preso nos ambientes de desenvolvimento existentes em sua organização, mas a percepção do que já existe pode economizar muito do seu tempo.

Além de precisar de uma infraestrutura para desenvolver códigos de extração e do modelo, assim como o software de repositório de dados para armazenar os dados extraídos, será necessário ter recursos computacionais para executar seus modelos. Um aspecto importante do planejamento de recursos para seu projeto é adquirir esses recursos. Você precisa definir onde seus modelos serão executados. Isso pode se dar em um centro de dados, um ambiente de nuvem ou até uma plataforma local de computação.

Se você leu algumas das descrições do produto dos frameworks apresentados no Capítulo 15, talvez tenha observado que diversas plataformas destacam o fato de que seus modelos podem rodar em hardware de baixa potência. No entanto, isso não quer dizer que você deve orientar seu projeto para que seja executado em um notebook de baixo custo. Embora os modelos possam rodar em hardware de baixa potência, ficam restritos pelo volume de dados que podem analisar e pela velocidade com que podem retornar os resultados.

Após entender do que seu projeto precisa e quais recursos de pessoal estão disponíveis, explore o que sua infraestrutura organizacional oferece hoje e pode oferecer no futuro. Compreender o que você tem para começar será de ajuda para associar o framework, o conjunto de ferramentas e o ambiente de desenvolvimento certos ao seu projeto.

Integrando-se à cultura organizacional

Independentemente de como você monta a equipe de seu projeto e quais escolhas de software faz, seu projeto e resultados devem se integrar à cultura da organização. Não será sábio montar uma equipe de projeto que entre em confronto com a cultura existente. Caso sua organização foque a gestão funcional, que significa que a gerência está normalmente no nível do departamento, evite pegar recursos de múltiplos departamentos de forma que frustre a gestão. Da mesma forma, se a filosofia de sua organização é usar espaços abertos de trabalho, não alugue um novo espaço com escritórios fechados para a equipe de projeto. Há muitos outros exemplos de expressão de cultura corporativa. A ideia não é abraçar uma ideia e rejeitar outra, mas abraçar a cultura de sua organização e não tentar mudá-la.

Prestar atenção à cultura de uma organização não é somente algo que se deve fazer ao montar a equipe. Mais cedo ou mais tarde, essa equipe terá de se reintegrar à organização. Um projeto é uma empreitada temporária. Há uma data de início e de fim. E uma data final significa que, à certa altura, a equipe parará de trabalhar nesse projeto e retornará a uma atribuição prévia, ou passará a uma nova atribuição. De qualquer forma, chegará a hora de todos os membros da equipe seguirem em frente. Caso seu projeto entre em conflito com a cultura de sua organização de alguma maneira, você estará dificultando que os membros de sua equipe se reintegrem com o restante da organização. Trabalhar em um projeto nunca deve ser um sacrifício. Deve sempre ser uma oportunidade. Preste atenção em como sua equipe opera no contexto da cultura de sua organização e evite atritos e tensões entre sua equipe de projeto e patrocinador, e entre a organização patrocinadora.

Abraçando a iteração

Até aqui, foquei a iniciação do projeto analítico, a montagem da equipe e a escolha de frameworks e conjuntos de ferramentas, mas escolher o processo certo tem o mesmo nível de importância. Você deve considerar que todas as tarefas de análise de dados são iterativas, e não lineares. Um *processo linear* é aquele que começa no início, passa por um número definido de passos e termina em um ponto conhecido de finalização. Um *processo iterativo*, por outro lado, é aquele em que os passos são repetidos diversas vezes. É como a análise de dados funciona.

Embora os analistas de dados experientes possam precisar iterar menos vezes, praticamente todos os projetos analíticos têm iterações frequentes. Você examina seus dados, cria um modelo, avalia o modelo e, depois, volta a limpar mais os dados ou ajustar seu modelo com base nessa avaliação. A primeira vez que você conclui um ciclo, seus resultados provavelmente são imprecisos e não confiáveis. Conforme avalia os resultados prévios e limpa os dados se necessário, ou ajusta seu modelo, seus dados devem ficar cada vez mais precisos.

Lembre-se de que o propósito da iteração não é buscar a perfeição, mas tornar útil sua saída. Dados úteis são aqueles que seu público pode usar para tomar decisões que atendam aos objetivos da empresa. Caso sua saída não empodere as pessoas para atingir os objetivos empresariais, fica difícil considerar essa saída como sendo útil. Sempre fique de olho nesse objetivo.

Gerenciando o Projeto do Blockchain

Falei bastante sobre projetos neste capítulo, e quero encerrar a discussão considerando como gerenciar seu projeto. Não há melhor lugar para obter conselhos de gerência de projetos do que o Project Management Institute (PMI), uma organização internacional dedicada ao avanço da prática do gerenciamento de projetos.

O PMI introduziu e mantém a certificação profissional de gerenciamento de projetos. O instituto também publica o PMBOK (project management body of knowledge — corpo de conhecimentos de gerenciamento de projetos), que é considerado por muitos gerentes de projeto como o recurso definitivo de conhecimento e prática de gerenciamento de projetos. Embora haja filosofias concorrentes, focarei o método prescrito pelo PMBOK para o gerenciamento de projetos.

O aspecto mais importante do gerenciamento de projetos é gerenciar cada projeto de forma contínua dentro da organização patrocinadora. O gerenciamento contínuo de projetos significa apenas que você adota e promove a filosofia de gerenciamento de projetos da organização em seus projetos. Gerenciar um projeto não é complexo, mas pode ser difícil. Você aumentará suas chances de sucesso ao seguir uma metodologia testada e comprovada.

CAPÍTULO 16 **Juntando Tudo** 291

O PMBOK divide os projetos em cinco fases distintas. Cada uma é separada das outras, e algumas são iterativas. Mas cada fase inclui atividades específicas que as tornam únicas em relação às outras fases do projeto.

O PMI define as seguintes cinco fases do projeto:

1. **Inicialização:** Processos que inicialmente definem um projeto e autorizam formalmente suas atividades. Essa fase geralmente inclui o desenvolvimento do termo do projeto, um documento de alto nível que descreve os objetivos do projeto.

2. **Planejamento:** Processos que resultam em planos detalhados para recursos, orçamento, cronograma e tarefas. Os resultados da fase de planejamento fornecem um esquema detalhado de todas as atividades planejadas do projeto.

3. **Execução:** Processos que executam os planos da fase de planejamento.

4. **Monitoramento e controle:** Processos que comparam o desempenho real com as atividades planejadas para identificar quaisquer variâncias. As variâncias são resolvidas, na esperança de trazer o desempenho do projeto de volta para se alinhar com as expectativas planejadas.

5. **Fechamento:** Processos que buscam levar o projeto, ou uma fase dele, a um fim organizado. As atividades podem incluir passar formalmente as atividades para consumidores ou unidades operacionais, fazendo acordos com entidades externas e coletando dados das lições aprendidas.

Não é necessário ter uma certificação PMP para seguir as orientações do PMBOK para gerenciar projetos. O PMI publica inúmeros recursos disponíveis para gerentes de projeto de todos os níveis de experiência. Visite o site do PMI, www.pmi.org [conteúdo em inglês] (ou a versão em português, www.pmi.org/brasil) para obter mais informações sobre os recursos de gerenciamento de projetos.

DICA

Talvez você esteja se perguntando por que não mencionei o gerenciamento ágil de projetos neste capítulo. Embora o PMBOK tenha sido desenvolvido usando o legado dos métodos em cascata, ele foi alinhado ao método ágil e se aplica muito bem a um método de iteração de sprints curtos. Comparar e contrastar os métodos de gerenciamento de projetos é um tópico interessante, mas está além do escopo deste livro. Para ter mais informações, veja os recursos no site do PMI para o gerenciamento de projetos ágeis e tradicionais. Talvez também queira dar uma olhada no livro *Gerenciamento Ágil de Projetos Para Leigos*, 2ª edição (Alta Books).

Agora que já viu como interagir com os blockchains, extrair e analisar dados, e organizar todas as atividades em um projeto repetível, você está pronto para começar sua própria empreitada de análise de dados de blockchain. Boa caçada!

5
A Parte dos Dez

NESTA PARTE. . .

Pesquise ferramentas de desenvolvimento de modelos de análise de blockchain.

Visualize dicas de dados.

Explore usos populares da análise de blockchain.

NESTE CAPÍTULO

» **Descobrindo ferramentas de produtividade**

» **Explorando IDEs para desenvolvimento de modelos**

» **Avaliando e extraindo dados do blockchain em grande escala**

» **Examinando os dados do blockchain para análise**

» **Protegendo a privacidade das pessoas**

Capítulo **17**

Dez Ferramentas para Desenvolver Modelos de Análise de Blockchain

aber como acessar os dados do blockchain e usá-los nos modelos analíticos são apenas os primeiros passos para criar resultados úteis. O próximo passo é, na verdade, realizar essas tarefas. Embora você possa desenvolver modelos usando um simples editor de texto, ter as ferramentas certas acelerará o processo e você ficará mais produtivo. A ferramenta certa para cada parte do projeto analítico pode aumentar drasticamente as chances de que seus resultados tenham valor para a organização.

Como você aprendeu nos Capítulos 14 e 15, não há uma única ferramenta, frameworks ou pacote que funcione bem em todas as situações. É necessário definir os requisitos de seu projeto, considerar os recursos disponíveis, então, fazer a melhor seleção em sua caixa de ferramentas do projeto de análise. Neste capítulo, você aprenderá sobre dez ferramentas comuns que os analistas usam nos projetos de análise do blockchain. Incluo inúmeras ferramentas que atendem a uma grande variedade de requisitos. Elas o ajudarão a dar um impulso para que entregue resultados analíticos do blockchain com qualidade.

Desenvolvendo Modelos Analíticos com Anaconda

No Capítulo 5, recomendei que você baixasse e instalasse o ambiente Anaconda por causa de seu valor em qualquer projeto analítico. Anaconda (www.anaconda.com — conteúdo em inglês) é a primeira ferramenta que recomendo devido às diversas formas pelas quais ela facilita as análises.

Apresentei a edição Anaconda Individual no Capítulo 5, mas também é possível obtê-lo para pequenas equipes e para o desenvolvimento e a implantação de análises em empresas. As licenças do Anaconda para equipes e empresas não são gratuitas, mas pela taxa de licenciamento você obterá muitos recursos de colaboração que facilitarão o desenvolvimento analítico em equipe, incluindo ferramentas para extrair e organizar dados, prototipar modelos, desenvolver soluções analíticas e implementá-las.

O ambiente Anaconda promove "uma experiência de dados de ponta a ponta", em que os membros da equipe do projeto analítico podem facilmente colaborar e compartilhar artefatos do projeto. O navegador Anaconda, mostrado na Figura 17-1, é a interface padrão do usuário, mas é possível usar a interface conda da linha de comando, caso prefira.

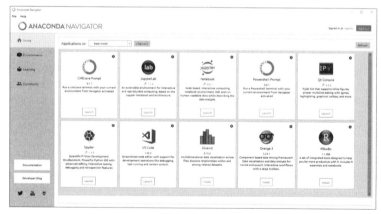

FIGURA 17-1: Navegador do Anaconda.

DICA

Na Figura 17-1, observe que apenas algumas ferramentas estão instaladas. Ao instalar o Anaconda, o processo de instalação vasculha seu computador para ver se já há alguma ferramenta instalada no Anaconda Navigator. Quaisquer ferramentas que são recomendadas como parte do ambiente Anaconda, mas não foram instaladas, têm um botão de instalação (Install) abaixo de seus ícones. Para instalar qualquer ferramenta nova, é só clicar ou tocar nesse botão.

O Anaconda é muito mais do que apenas uma coleção de ferramentas. Um de seus aspectos mais valiosos é que ele instala automaticamente muitas das bibliotecas analíticas que você usará na criação de modelos. Por exemplo, você não teria de instalar muitas das bibliotecas usadas nos Capítulos 9 a 12 porque o Anaconda já o teria feito por você.

E se as ferramentas altamente produtivas e as bibliotecas pré-instaladas não forem suficientes, o Anaconda também disponibiliza inúmeros pontos de entrada para a documentação de produtos e tutoriais para ajudá-lo a começar com tudo em tempo recorde. Se escolher apenas uma ferramenta para instalar de modo a turbinar seus projetos analíticos, escolha Anaconda.

Escrevendo Código no Visual Studio Code

Quando for escrever software em praticamente qualquer ambiente (em quase todas as linguagens) recomendo o Ambiente de Desenvolvimento Integrado (IDE — Integrated Development Environment) Visual Studio Code (https://code.visualstudio.com/ — conteúdo em inglês). Geralmente chamado de VS Code, é um editor de código disponível gratuitamente e um IDE da Microsoft que inclui suporte para depuração, execução de tarefas e controle da versão. A Microsoft o disponibiliza para Windows, Linux e MacOS.

Embora seja tecnicamente uma alternativa versão light do produto carro-chefe, o IDE Visual Studio, o VS Code traz inúmeras funcionalidades ao jogo. É gratuito para usos particular e comercial, e fornece aos desenvolvedores um ótimo ambiente para desenvolver código.

Além de ser gratuito, é extremamente funcional e de fácil uso para os desenvolvedores. Ele tem seu próprio marketplace com centenas de extensões gratuitas. Suas extensões apresentam suporte para diversas linguagens (ajuda com verificação de sintaxe e entrada de linha), lidando com diferentes tipos de formatos de arquivos e integrando-se com muitas outras ferramentas. Se você usa o VS Code e quer algum recurso adicional, há uma grande chance de que encontrará uma extensão que faz o que está buscando.

A Figura 17-2 mostra o VS Code com o código `buildSupplyChain.py` do Capítulo 5 na janela do editor. Minha versão do VS Code inclui uma extensão Python, então o VS Code verifica automaticamente qualquer código Python em busca de erros. Como não há linhas onduladas na Figura 17-2, o código que vemos está sintaticamente correto.

FIGURA 17-2: Visual Studio Code.

Embora outros bons IDEs para desenvolvimento de código estejam disponíveis, o VS Code é uma das escolhas mais populares para os desenvolvedores de software, e é por isso que é uma das ferramentas padrão no Anaconda Navigator.

Prototipando Modelos Analíticos com o Jupyter

O Jupyter Notebook e o JupyterLab são produtos populares do Project Jupyter (https://jupyter.org/ — conteúdo em inglês), um grupo de códigos e padrões abertos dedicado a fornecer suporte interativo de programação para muitas linguagens. Ambos estão incluídos no Anaconda Navigator padrão devido à sua popularidade entre os analistas de dados e os desenvolvedores de modelos de aprendizado de máquina. As duas ferramentas são aplicações online que permitem a desenvolvedores e analistas criar e preencher modelos em um ambiente compartilhado.

As ferramentas do Jupyter são opções populares para aprender sobre análise de dados e aprendizado de máquina, pois seu design online facilita o compartilhamento de códigos e dados, chamados de *notebooks*, com outras pessoas. Qualquer um que queira compartilhar um modelo, dados ou exemplos pode compartilhar um notebook. A Figura 17-3 mostra o programa Python `kmeans.py` do Capítulo 9 no Jupyter Notebook.

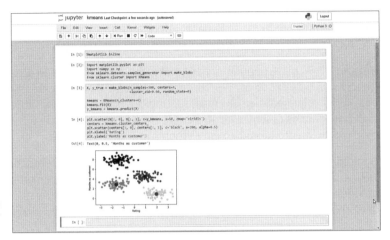

FIGURA 17-3: Jupyter Notebook.

Pegando embalo na popularidade do Jupyter Notebook, o JupyterLab é a próxima geração da interface online do Jupyter para notebooks, códigos e dados. A Figura 17-4 mostra o programa Python `kmeans.py` do Capítulo 9 no JupyterLab. Embora nas Figuras 17-3 e 17-4 vejamos apenas o código Python, os produtos Jupyter têm suporte para mais de quarenta linguagens.

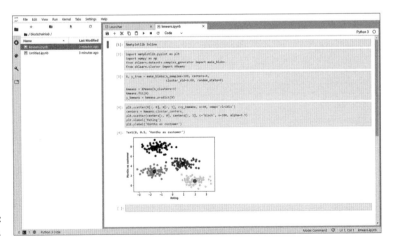

FIGURA 17-4: JupyterLab.

CAPÍTULO 17 **Dez Ferramentas para Desenvolver Modelos de Análise...** 299

Desenvolvendo Modelos em R com o RStudio

Ao longo deste livro, você aprendeu como criar modelos analíticos com a linguagem Python. Mas essa não é a única linguagem comumente usada para essa tarefa. A linguagem R é outra muito popular para a modelagem e a análise de dados. Como o Python, o R pode importar muitas bibliotecas, chamadas de *packages (pacotes)* em R, para fornecer acesso a centenas de funções analíticas.

Um dos IDEs mais populares para trabalhar com a linguagem R é o RStudio (`https://rstudio.com/` — conteúdo em inglês). É possível usar o VS Code para desenvolvimento em R, mas o RStudio é uma forte alternativa, e uma das favoritas, para os desenvolvedores em R. Na verdade, você pode usá-lo tanto para o desenvolvimento de código em Python como em R.

O RStudio está disponível como um IDE individual e uma interface de servidor na web. Ambos são produtos com código aberto. O RStudio também oferece diversos produtos profissionais pagos criados para equipes de analistas e desenvolvedores que precisam de recursos de colaboração.

A Figura 17-5 mostra um programa em R que analisa um conjunto de dados de registros de renda classificados por código postal. O IDE RStudio exibe o código R, as mensagens do console, uma lista de itens na memória e a saída visual final.

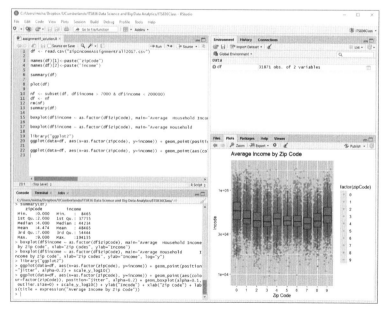

FIGURA 17-5: IDE do RStudio.

DICA: Antes de instalar o RStudio, é preciso instalar a linguagem R disponível em https://cran.r-project.org/bin/windows/base/ [conteúdo em inglês]. Se você tentar instalar e abrir o RStudio, e aparecer uma mensagem de que precisa instalar a linguagem R, é porque se esqueceu de fazer isso primeiramente.

Interagindo com os Dados do Blockchain com web3.py

Você precisa de um cliente do blockchain para interagir com os dados armazenados lá. Neste livro, foco o blockchain Ethereum. Cada implementação de blockchain é diferente, mas os conceitos gerais são semelhantes. Depois de aprender como acessar e analisar os dados de uma implementação do blockchain, será relativamente fácil relacionar esse conhecimento com outro ambiente.

No Capítulo 5, você aprendeu a instalar o cliente do blockchain Ethereum web3.py (https://pypi.org/project/web3/ — conteúdo em inglês) para acessar os dados do blockchain. Você precisará dessa biblioteca crucial para examinar e extrair os dados do blockchain que serão necessários para seus modelos analíticos.

A Figura 17-6 mostra o site do projeto web3.py e diversas opções que você pode usar para instalar a biblioteca web3.py.

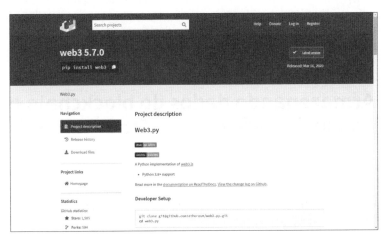

FIGURA 17-6: Site da biblioteca web3.py.

Porém, web3.py não é a única opção. O Capítulo 5 lista algumas opções para o blockchain Ethereum, e uma busca rápida na internet lhe apresentará muitas opções para outros blockchains.

Extraindo Dados do Blockchain para uma Base de Dados

Neste livro, você aprendeu como identificar dados de interesse no blockchain e extrai-los para usar em seus modelos analíticos. Em alguns casos, talvez precise primeiro extrair os dados do blockchain e explorá-los depois. Como talvez você não saiba logo de início de quais dados precisará, pode ser que seja mais eficiente extrair os dados do blockchain para um repositório off-chain para fazer a análise posteriormente. Ao extrair esses dados e armazená-los em um sistema de gerenciamento de banco de dados de alto desempenho, é possível diminuir as vezes em que acessa os dados.

Você pode escrever seu próprio código de extração, mas já existem vários produtos genéricos disponíveis para extrair os dados do blockchain e armazená-los em um banco de dados.

Extraindo dados do blockchain com o EthereumDB

EthereumDB (`https://github.com/validitylabs/EthereumDB` — conteúdo em inglês) é um produto de código aberto que extrai dados do blockchain Ethereum e os armazena em um banco de dados SQLite. O EthereumDB é um método simples e rápido para extrair dados de resumo, detalhes de transações e informações de blocos em tabelas relacionais separadas de bancos de dados. É possível usar o EthereumDB dessa forma ou como um tutorial sobre como extrair dados do blockchain Ethereum.

Armazenando dados do blockchain em um banco de dados com o Ethereum-etl

Ethereum-etl (`https://github.com/blockchain-etl/ethereum-etl` — conteúdo em inglês) é outro produto de código aberto que você pode usar para extrair dados do blockchain Ethereum. É mais complexo e flexível do que o EthereumDB. Ao usar o Ethereum-etl, é possível colocar os dados extraídos em arquivos de textos ou tabelas de bancos de dados.

Você também tem uma gama maior de dados do blockchain que pode extrair, incluindo dados do bloco, transferências de tokens e logs de eventos. Se quiser customizar os dados extraídos de um blockchain Ethereum, o Ethereum-etl será uma boa opção a ser explorada.

Acessando as Redes do Ethereum em Grande Escala com o Infura

Todos os exemplos deste livro usam blockchains locais fornecidos pelo Ganache. Embora seja uma ótima ferramenta para aprender sobre os conceitos do blockchain e desenvolver seu próprio código de blockchain, o Ganache não é uma rede ao vivo do blockchain. Os projetos reais de análise precisarão interagir com redes reais. Sua organização pode implementar sua própria rede de blockchain, caso contrário, você precisará interagir com a mainnet do Ethereum ou algum outro blockchain público.

Há algumas restrições e obstáculos ao interagir com um blockchain público. Primeiro, para ter acesso a todos os dados de um blockchain, você precisa se conectar a um nó completo. Executar um nó completo do blockchain requer um investimento em infraestrutura. Especificamente, é necessário dedicar espaço em disco para armazenar os dados do blockchain, um dispositivo para executar o cliente do blockchain e acesso suficiente à rede para baixar inicialmente todos os dados do blockchain e processar novos blocos.

Pode ser viável interagir com um blockchain, mas conforme acrescenta mais blockchains públicos ao seu universo de dados, os requisitos de infraestrutura podem se tornar insustentáveis. Uma solução comum para aumentar o investimento em infraestrutura é usar a infraestrutura de outra pessoa, e um dos serviços mais populares para o acesso ao blockchain Ethereum é o Infura (`https://infura.io/` — conteúdo em inglês).

Uma conta no Infura fornece acesso à API em HTTPS e WebSockets para múltiplas redes Ethereum e também recursos InterPlanetary File System (IPFS). Usar o Infura pode tirar um grande obstáculo (estabelecer seu próprio nó Ethereum) da frente e permitir que você se concentre na criação de modelos analíticos. A Figura 17-7 mostra a arquitetura do Infura para acessar os recursos Ethereum e IPFS.

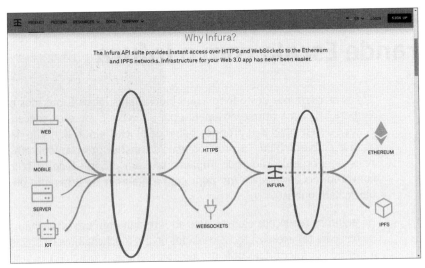

FIGURA 17-7: Arquitetura do Infura.

Analisando Conjuntos de Dados Muito Grandes em Python com Vaex

Independentemente de onde você obtém seus dados, é provável que haverá muitos. Um obstáculo comum para a operacionalização de modelos analíticos é o tamanho do conjunto de dados que você precisa analisar. A maioria dos tipos de modelos aumenta a precisão com mais dados. Mas, a certa altura, os conjuntos de dados ficam tão grandes que passa a ser difícil gerenciá-los. Muito embora a infraestrutura de sua organização possa ter vários servidores com muita memória, talvez nem sempre consiga provisionar quantidades enormes de recursos a cada vez que você precisa executar um modelo.

Para escalar modelos para o hardware disponível, muitos desenvolvedores ou analistas executam modelos em partições de seus dados ou empregam o processamento distribuído. Particionar seus dados pode deixar de fora informações importantes, e a análise distribuída pode demandar muito trabalho. No entanto, há uma opção disponível.

Vaex (https://github.com/vaexio/vaex — conteúdo em inglês) é uma biblioteca de código aberto que implementa dataframes "out of core", o que permite escrever código que explora e visualiza conjuntos de dados que são muito maiores que a memória de seu computador. Com o Vaex, mostrado na Figura 17-8, é possível executar modelos analíticos em conjuntos de dados com centenas de gigabytes de tamanho, até mesmo em um notebook!

FIGURA 17-8: Site do Vaex.

Examinando Dados do Blockchain

Um dos passos iniciais mais importantes em qualquer projeto analítico é identificar os dados de que seus modelos precisam. Você deve fazer um inventário dos dados que estão disponíveis e, depois, explorar fontes para os outros dados necessários. Ao trabalhar em ambientes blockchain, a ferramenta mais comum usada para examinar os dados disponíveis é um *blockchain explorer*. A maioria dos exploradores de blockchain são aplicações online que fornecem uma interface fácil para acessar os dados armazenados em um blockchain.

Muitas opções de exploradores de blockchain estão disponíveis, e cada implementação tem suas próprias opções. Nesta seção, descrevi três opções populares para explorar dados nos blockchains Ethereum e Bitcoin.

Explorando o Ethereum com Etherscan.io

O Etherscan.io (`https://etherscan.io/` — conteúdo em inglês) é o explorador mais popular de blockchain para as redes do Ethereum. Ao usá-lo, você pode explorar dados do blockchain a partir da mainnet do Ethereum ou de qualquer uma de suas redes de teste mais populares. É possível analisar blocos, transações, logs de eventos ou quaisquer dados relacionados com sua rede selecionada.

O Etherescan.io facilita examinar os dados de seu blockchain para identificar os dados-fonte necessários aos seus modelos. A Figura 17-9 mostra o site principal do Etherescan.io.

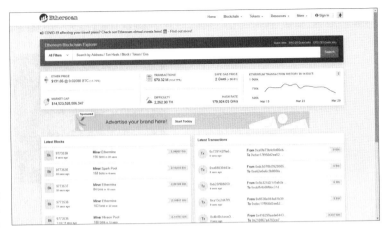

FIGURA 17-9:
Etherscan.
io.

Lendo múltiplos blockchains com Blockchain.com

Alguns exploradores de blockchain têm suporte para o acesso a múltiplas redes de blockchain. Por exemplo, o Block Explorer do Blockchain.com (https://www.blockchain.com/explorer?view=btc_blocks — conteúdo em inglês) implementa uma visibilidade similar ao Etherscan.io, mas para mais tipos de redes do blockchain.

O Block Explorer apresenta uma interface para os dados do bloco a partir das mainnets do Bitcoin, do Bitcoin Cash e do Ethereum, assim como das testnets para o Bitcoin e o Bitcoin Cash. A Figura 17-10 mostra a interface principal do Block Explorer para a rede Bitcoin.

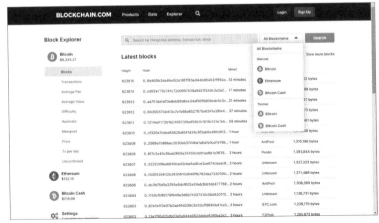

FIGURA 17-10:
Block
Explorer do
Blockchain.
com.

306 PARTE 5 **A Parte dos Dez**

Vendo os detalhes de criptomoedas com o ColossusXT

Alguns exploradores de blockchain, como o ColossusXT (https://chainz.cryptoid.info/colx/ — conteúdo em inglês), focam as transações de criptomoedas. Em vez de fornecer acesso genérico ao bloco, o ColossusXT identifica os blocos que contêm transações específicas de criptomoedas. Caso sua consulta analítica se concentre nas transações de criptomoedas, o ColossusXT pode ajudá-lo a encontrar os dados de que precisa. A Figura 17-11 mostra a interface principal do ColussusXT para as transações da criptomoeda Bitcoin.

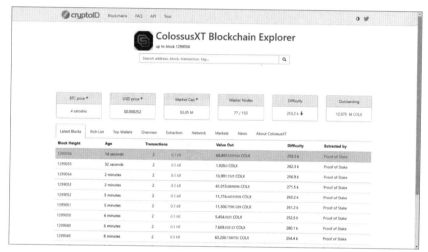

FIGURA 17-11: Block Explorer de criptomoedas do ColussusXT.

Preservando a Privacidade na Análise de Blockchain com MADANA

Uma preocupação central ao lidar com dados, incluindo no contexto de projetos analíticos, é manter o compliance com as regulações de privacidade. A privacidade é uma preocupação crescente para as entidades governamentais. A antiga e ingênua percepção de que a criptografia garante a privacidade se demonstrou falsa. A privacidade não trata dos dados, mas das pessoas. As consultas analíticas de dados geralmente fornecem resultados agregados que simplificam a classificação ou a previsão. Caso seus modelos permitam que o público associe uma pessoa com seus resultados, você estará violando a privacidade dessa pessoa.

Para evitar a publicação de qualquer dado que possa inadvertidamente vazar dados granulares que poderiam ser usados para identificar uma pessoa, há duas opções principais. A primeira é aplicar boas técnicas de preservação de privacidade em seus modelos. Você terá de aprender a respeito de k-anonimato, l-diversidade, t-proximidade e privacidade diferencial. Ou pode usar um framework como o MADANA (www.madana.io — conteúdo em inglês), que faz isso por você.

O MADANA fornece um framework que o auxilia a proteger a confidencialidade e a privacidade. Se o compliance for uma preocupação para sua empresa, um framework como esse pode ajudá-lo a permanecer em conformidade sem ter de você mesmo criar modelos de preservação da privacidade. A Figura 17-12 mostra o site do MADANA, com alguns de seus benefícios.

FIGURA 17-12: Site do MADANA.

NESTE CAPÍTULO

» **Considerando seu ambiente e seus recursos**

» **Avaliando a história dos dados**

» **Escolhendo o escopo e a escala certos**

» **Observando o compliance**

» **Causando o melhor efeito**

Capítulo **18**

Dez Dicas para Visualizar os Dados

O principal propósito da análise de dados é revelar significados ocultos nos dados. Se fosse fácil observar dados brutos e interpretar seu significado, não haveria a necessidade de uma análise de dados sofisticada. Embora um analista bem treinado possa observar a saída matemática de um modelo e fazer inferências sobre os dados, estas nem sempre seriam fáceis de explicar para os outros. Para explicar claramente os resultados da maioria das saídas dos modelos, é necessário fazer uma representação visual.

A visualização dos dados não é apenas uma coisa legal para se fazer; é essencial para transmitir um significado às outras pessoas. Pessoas técnicas e não técnicas são beneficiadas por uma boa visualização de dados. Às vezes, um gráfico de barras explica visualmente de forma mais clara os dados; outras vezes, um gráfico pizza é melhor. Saber como visualizar seus dados para causar o melhor efeito é uma habilidade importante que se aprimora com a experiência.

Uma das partes mais cruciais de qualquer projeto analítico é a apresentação dos resultados. Escolher as visualizações certas para apresentar seus resultados pode ser o sucesso ou o fracasso de sua apresentação. Neste capítulo, você descobrirá dez dicas para a visualização de dados. Essas dicas o auxiliarão a avaliar seus dados e escolher uma técnica de visualização que transmitirá da forma mais clara a história que seus dados querem contar.

Verificando a Paisagem ao Seu Redor

Da mesma forma que os grandes cientistas de nossa época são carregados pelos gigantes que vieram antes deles, você deve aproveitar a oportunidade de aprender com as visualizações existentes. Uma busca rápida na internet sobre *visualização de dados* lhe dará muitas ideias sobre quais tipos de visualização outras pessoas já usaram, indicações de como foram feitas e até algumas armadilhas em potencial. Em muitos casos, você pode visualizar um tipo específico de dados de diversas maneiras, e observar como outros já o fizeram pode lhe dar algumas ideias. E se já criou visualizações de seus dados, ver a abordagem de outra pessoa pode inspirá-lo a melhorar seu trabalho.

Para começar, veja um exemplo do rei dos dados, o Google. A Figura 18-1 mostra uma visualização do blockchain Ethereum a partir do BigQuery, a grande plataforma de análise de dados do Google.

FIGURA 18-1: Visualização do blockchain Ethereum no BigQuery do Google.

Você pode ler a respeito do BigQuery e suas visualizações do blockchain em `www.coindesk.com/google-now-provides-a-big-data-view-of-the-ethereum-blockchain` [conteúdo em inglês. Em português, veja `https://forbes.com.br/negocios/2019/07/google-decide-dar-um-google-no-blockchain/`]. Independentemente da fonte, tirar um tempo para analisar como outras pessoas visualizaram seus dados pode ser instrutivo e esclarecedor.

Potencializando a Comunidade

Muitos analistas e cientistas de dados em diversos níveis de habilidade estão online e dispostos a ajudar a direcionar os aspirantes a visualizadores de dados aos conjuntos de dados e ferramentas certos. Stack Overflow, Reddit (e reddits secundários e adequados, como www.reddit.com/r/dataviz/ ou www.reddit.com/r/predictiveanalytics/ — ambos com conteúdo em inglês) e Kaggle são ótimos lugares para fazer contatos online, tirar dúvidas e aprender como criar visualizações de alta qualidade rapidamente.

LEMBRE-SE

Muitas das ferramentas sobre as quais você aprendeu no Capítulo 17 têm comunidades ativas. Não ignore o valor de fazer perguntas a pessoas que têm mais experiência que você. Muito provavelmente, elas também tiveram inúmeras perguntas em algum momento do passado. As comunidades de usuários são ótimos lugares para aprender.

A Figura 18-2 mostra os resultados de quando pesquisei sobre *techniques for visualizing data* [técnicas para visualização de dados] no Stack Overflow.

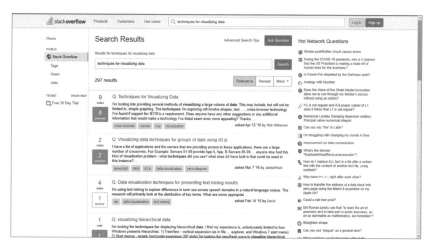

FIGURA 18-2: Resultados da pesquisa sobre *técnicas para visualização de dados* no Stack Overflow.

A Figura 18-3 mostra os resultados de comunidades e reddits secundários para a pesquisa sobre *visualizing data* [visualização de dados] no Reddit.

FIGURA 18-3: Resultados no Reddit da pesquisa sobre *visualização de dados.*

A Figura 18-4 mostra o site do Kaggle. Você encontrará muitos recursos no Stack Overflow, no Reddit e no Kaggle, e vale a pena favoritar todos para consultas posteriores.

FIGURA 18-4: Site do Kaggle.

Tornando-se Amigo das Visualizações de Redes

Uma das muitas visualizações na ciência da computação é o grafo acíclico orientado (GAO). Os GAOs têm muitos usos e indicações, sendo fácil fazer um mergulho profundo em pouco tempo. Para nosso caso, ficarei com uma explicação simples sobre eles. Um GAO, às vezes também chamado de grafo de rede, é um grafo orientado de vértices e arestas. Os vértices geralmente são estados e as arestas são transições de um estado para outro.

Se estiver pensando sobre como os GAOs se relacionam remotamente com os dados do blockchain, lembre-se de que a tecnologia blockchain se destaca ao lidar com transferências de propriedade. É possível representar uma transação de blockchain como dois vértices (contas de origem e destino) e uma aresta (quantia da transferência). Ao usar um GAO (grafo de rede), você pode mostrar visualmente como os ativos são transferidos entre as contas. Os grafos de rede possibilitam visualizar qualquer transferência, como a feita em um blockchain de cadeia de suprimentos.

A visualização de dados usando grafos de rede não é nova. Por exemplo, o aplicativo GIGRAPH (`https://appsource.microsoft.com/en-us/product/office/WA104379873` — conteúdo em inglês) facilita transformar dados de tabelas em grafos de rede. Você pode fazer a mesma coisa com qualquer tipo de dados do blockchain. A Figura 18-5 mostra um exemplo de grafo de rede gerado a partir de dados tabulares em uma planilha do Excel.

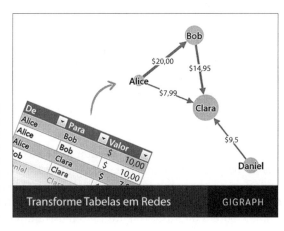

FIGURA 18-5: Exemplo no GIGRAPH de um grafo de rede a partir de dados em uma planilha do Excel.

CAPÍTULO 18 **Dez Dicas para Visualizar os Dados** 313

Reconhecendo a Subjetividade

Sempre que se engaja com análises e visualizações de criptomoedas ou outros dados do blockchain, você deve reconhecer que os sistemas legados geralmente calculam o valor de forma diferente dos novos sistemas, especialmente os sistemas novos que incorporam transações baseadas em criptomoedas. O valor das transações e da moeda em si é sujeito a, pelo menos, certo grau de subjetividade. Por exemplo, é comum explicar como as taxas de transação nos blockchains são muito mais baratas do que as taxas de processamento na vida real que deveriam substituir. Isso pode ser verdadeiro hoje, mas se o valor da criptomoeda mudar drasticamente em relação à moeda fiduciária, os valores relativos poderão se alterar também. Uma taxa de transação no blockchain hoje pode parecer muito baixa, mas a turbulência financeira mundial somada ao fortalecimento da confiança global nas criptomoedas poderia inverter as percepções atuais de valor.

Ao analisar e *especialmente* visualizar, cuide de qualquer ambiguidade que a avaliação relativa possa causar e comunique-a claramente ao público de suas visualizações. Da mesma forma, se suas visualizações são criadas com quaisquer suposições ou restrições, tenha certeza de informá-las também. É importante que suas visualizações se sustentem por conta própria o máximo possível, não estando abertas a interpretações extremamente diferentes pelo público.

Usando a Escala, o Texto e as Informações Necessárias

A análise de blockchain é um ambiente rico em dados, então é necessário assegurar de que não sobrecarregue seu público com informações demais. Apresentar nós e cores demais, ou marcadores visuais específicos de forma excessiva, pode deixar as visualizações confusas, perdendo seu sentido. Definir o que é "demais" é um tipo de arte. Em geral, use bom senso, inclua apenas as informações necessárias e apresente-as claramente.

Tableau Gurus publicou um bom artigo sobre como evitar bagunça em suas visualizações. Suas recomendações, disponíveis em `https://tableaugurus.blogs-pot.com/2016/03/visualization-best-practises.html` [conteúdo em inglês], são atemporais e dignas de serem incorporadas em seu próprio trabalho. As sugestões são simples, porém diretas. A Figura 18-6 mostra um exemplo das sugestões do Tableau Gurus para simplificar as visualizações.

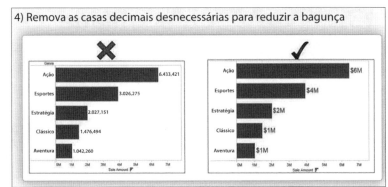

FIGURA 18-6: Exemplo de boa prática de visualização do Tableau Gurus.

Caso seus dados estejam isolados em uma faixa estreita em sua visualização ou variem extremamente, considere alterar a escala. Diminuí-la pode fazer com que dados retratados de forma apertada mostrem mais variação e uma escala logarítmica pode mostrar mais claramente as mudanças relativas. Se seus dados não contarem uma história clara, procure alterar a escala para ver se isso exibe informações interessantes.

Considerando Atualizações Constantes para Dados Voláteis

Embora seja verdade que os dados em um blockchain nunca mudam, novos blocos são acrescentados a cada minuto ou segundo. Independentemente de quando executa um modelo analítico com dados do blockchain, a volatilidade do blockchain deixa sua análise obsoleta quase que imediatamente. Novas transações são enviadas em um fluxo praticamente contínuo, e essas transações podem afetar seus modelos.

Suas opções são atualizar frequentemente o modelo e os conjuntos de dados associados para que estejam relativamente atuais com o blockchain ao vivo ou definir claramente o bloco mais alto representado em seu modelo. A segunda opção tende a ser mais fácil, porém mais confusa. Apenas relembrar seu público de que um modelo está baseado em dados desatualizados geralmente não comunica o risco potencial de usar dados antigos. Na maioria dos casos, atualizações constantes significam resultados mais precisos.

Para ter uma ideia da natureza dinâmica dos blockchains, visite Ethviewer (http://ethviewer.live/ — conteúdo em inglês), um monitor do blockchain Ethereum em tempo real, mostrado na Figura 18-7. Não é necessário observar o site do Ethviewer por muito tempo para ver como as transações são enviadas rapidamente, criando um bloco novo.

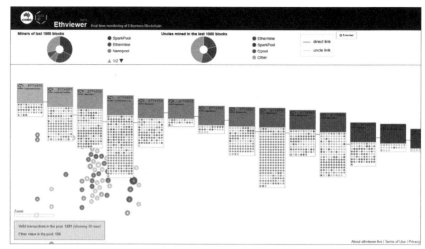

FIGURA 18-7: Ethviewer, o monitor em tempo real do blockchain Ethereum.

Preparando-se para o Big Data

A análise de blockchain dá aos analistas acesso a quantidades gigantescas de informações. Se quiser analisar e visualizar exitosamente grandes conjuntos de dados de maneiras interessantes, tanto suas ferramentas de visualização como o hardware que as executa devem aguentar a carga.

Hadoop é uma das opções mais populares para a análise de big data. Considerando a visualização, Jupyter, Tableau, D3.js e Google Charts podem ajudar. Uma rápida pesquisa sobre as ferramentas certas ajuda muito.

Quanto ao hardware, esteja certo de que sua CPU e memória aguentam o tranco — é importante ter pelo menos uma CPU quad core e 16GB de RAM. É possível executar análises de big data com menos, mas seu desempenho pode não ser o melhor.

Visite os sites a seguir para ter mais informações sobre as ferramentas de visualização que estão prontas para realizar análises de big data [conteúdos em inglês]:

» **Jupyter** (https://jupyter.org/): Descrevo o Jupyter no Capítulo 17. Esse conjunto de ferramentas extremamente útil tem suporte para visualizações de conjuntos de dados, desde os pequenos até os gigantescos. Aprenda a respeito dos produtos do Jupyter Project; você não se arrependerá.

» **Tableau** (https://www.tableau.com/): Tableau é um líder de mercado da análise e da visualização de big data. Esse produto está maturado e se integra com a maioria das plataformas de processamento de dados em larga escala e com alto desempenho. Para um framework analítico profissional, é difícil bater o Tableau.

- » **Google Charts** (`https://developers.google.com/chart/`): O site do Google Charts diz tudo: "As ferramentas de gráfico do Google são potentes, simples de usar e gratuitas. É do Google e gratuito.

- » **D3.js** (`https://d3js.org/`): A biblioteca JavaScript de Data Driven Document (D3.js) fornece o recurso de visualizar big data usando muitas técnicas em programas JavaScript. Se estiver usando JavaScript para criar modelos analíticos, D3.js deve estar em sua lista de avaliação.

Protegendo a Privacidade

No ambiente atual hiper-regulado e sensível à privacidade, você deve garantir que esteja usando um conjunto de dados ou partições grandes o suficiente para evitar a possibilidade de associar qualquer pessoa com os dados vistos por seu público. Para piorar as coisas, até mesmo grandes conjuntos de dados, ou partições, podem não ser suficientes para proteger a privacidade. Recursos sofisticados de reidentificação podem deduzir identidades pessoais com o que parece ser uma quantidade mínima de dados. Além dos cuidados para preservar a privacidade quando criar conjuntos de dados, seus modelos também devem ser criados para preservar a privacidade nos resultados que produzem.

O blockchain parece imune às questões de privacidade, porque nenhuma identidade da vida real está associada com as transações. Porém, Peter Szilagyi, um dos principais desenvolvedores do Ethereum, falou sobre diversos sites capazes de criar links entre o endereço IP de um usuário e um endereço de transação no Ethereum (`www.coindesk.com/the-little-known-ways-ethereum-reveals-user-location-data` — conteúdo em inglês). Embora a habilidade por ele descrita tenha sido bloqueada, de forma geral, em muitos aplicativos, outros ataques à privacidade surgirão. Assim como em todos os esforços de análise e visualização de dados, é melhor prevenir do que remediar. Sempre preste atenção à privacidade quando estiver criando conjuntos de dados e modelos que analisam seus dados.

Contando Sua História

Sempre que você busca digerir uma grande quantidade de dados e apresentar resultados, é fácil sobrecarregar seu público com informações demais e visualizações complexas. Tão importante quanto a criação de visualizações fáceis de serem entendidas é a garantia de que elas contribuam para aquilo que você está tentando dizer. Isso é verdade para qualquer visualização, e não apenas para aquelas relacionadas com o blockchain. Tenha em mente o panorama completo que está criando.

Volte ao início de seu projeto analítico. Lembre a si mesmo dos objetivos originais do projeto. Depois, à medida que trabalha nas visualizações de cada modelo, revise os objetivos de cada um. Se cada visualização transmitir a mensagem que você quer passar e atender a um ou mais objetivos do projeto, você terá criado uma visualização útil. Apenas inclua aspectos visuais úteis. Os excedentes, não importa quão brilhantes possam ser, afastam-se do objetivo principal do projeto. Permaneça focado naquilo que lhe pediram para fazer.

Desafiando-se!

O blockchain é uma tecnologia emergente, e seus usos ainda estão sendo descobertos e demonstrados. Acompanhe as pesquisas e os artigos mais recentes, bem como as competições em sites como Kaggle, para manter afiadas suas habilidades de análise e visualização. Faça cursos online sobre temas de visualização e ferramentas, e continue aprendendo!

Lembre-se de que, se uma imagem realmente vale mais do que mil palavras, lute para usar essas mil palavras da melhor forma possível com cada novo projeto.

NESTE CAPÍTULO

» **Examinando as transações financeiras e a movimentação de produtos**

» **Aplicando a Internet das Coisas**

» **Fazendo previsões em tempo real**

» **Compartilhando dados**

» **Gerenciando a integridade de documentos**

Capítulo **19**

Dez Usos para a Análise de Blockchain

Uma pergunta comum feita pela gerência quando começa a considerar a análise de dados e novamente no contexto específico do blockchain é: "Por que precisamos disso?" Sua organização terá de responder a essa pergunta, e você precisará explicar por que criar e executar modelos analíticos com os dados de seu blockchain beneficiará a organização. Sem um ROI (retorno sobre o investimento) esperado, a gerência provavelmente não autorizará e financiará qualquer trabalho analítico.

A boa notícia é que você não é o pioneiro da análise de blockchain. Outras organizações, de todos os tamanhos, já perceberam o valor da análise formal de dados do blockchain. Examinar o que outras organizações fizeram pode ser encorajador e trazer muitos insights. Provavelmente você encontrará ideias novas à medida que se familiariza com aquilo que outros já realizaram com seus projetos de análise de blockchain.

Neste capítulo, você aprenderá dez maneiras de a análise do blockchain ser útil para as organizações de hoje (e do futuro). A análise de blockchain foca o que aconteceu no passado, explicando o que está acontecendo agora e até se preparando para o que se espera que acontecerá no futuro. Ela pode ajudar qualquer organização a reagir, entender, se preparar e diminuir o risco geral.

Acessando Dados Públicos de Transações Financeiras

A primeira implementação do blockchain, o Bitcoin, tem tudo a ver com criptomoedas, então faz sentido que examinar transações financeiras seja um uso óbvio da análise de blockchain. Se rastrear transações foi seu primeiro pensamento sobre como usar a análise de blockchain, você está certo. O Bitcoin e outras criptomoedas do blockchain costumavam ser vistas como métodos completamente anônimos de executar transações financeiras. A percepção errônea desse completo anonimato incitou criminosos a usar o novo tipo de moeda para negócios ilegais. Visto que as contas de criptomoedas não estão diretamente associadas com identidades do mundo real (pelo menos no blockchain), qualquer usuário que quisesse conduzir um negócio secreto se afeiçoava ao Bitcoin e a outras criptomoedas.

Quando as autoridades perceberam o crescimento das transações de criptomoedas, começaram a buscar maneiras de reidentificar as transações de interesse. Acontece que, com um pouquinho de esforço e a devida autoridade legal, não é difícil descobrir quem tem uma conta de criptomoedas. Quando essa conta é convertida e transferida para uma conta tradicional, caem as máscaras de muitos criminosos. As autoridades se tornaram os primeiros seguidores da análise de blockchain e ainda usam modelos hoje para ajudar a identificar suspeitas de atividades criminosas e fraudulentas.

Chainalysis é uma empresa especializada em investigações de criptomoedas. Seu produto, Chainalysis Reactor (`https://www.chainalysis.com/chainalysis-reactor/` — conteúdo em inglês), permite que os usuários façam perícias em criptomoedas para ligar transações com identidades do mundo real. A Figura 19-1 apresenta a ferramenta Chainalysis Reactor.

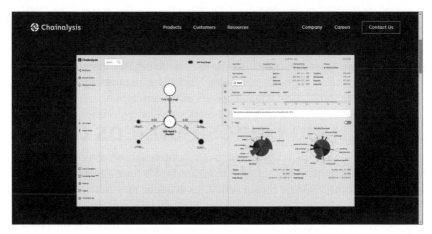

FIGURA 19-1:
Chainalysis Reactor.

Porém, a tecnologia blockchain não serve apenas para criminosos, e a análise de blockchain não serve apenas para pegar bandidos. A popularidade crescente do blockchain e das criptomoedas pode levar a novas formas de avaliar setores inteiros, transações peer to peer, fluxos de moedas, a riqueza de Estados-nação e inúmeras avaliações de mercado com essa nova área de análise. Por exemplo, o Ethereum surgiu como uma grande via de arrecadação de fundos para startups de tecnologia, e sua análise poderia revelar um olhar mais profundo sobre esse setor.

Conectando-se com a Internet das Coisas (IoT)

A *Internet das Coisas (Internet of Things — IoT)* é vagamente definida como o conjunto de dispositivos de todos os tamanhos conectados à internet e que operam de alguma forma com pouca interação humana. Os dispositivos IoT incluem campainhas com câmeras, sensores remotos de temperatura, detectores de vazamentos de óleo no oceano, geladeiras e componentes veiculares. A lista é praticamente infinita, assim como o número de dispositivos que estão se conectando à internet.

Cada dispositivo IoT tem uma identidade única, produz e consome dados. Todos esses aparelhos precisam de alguma entidade que gerencie a troca de dados e suas operações. Embora a maioria deles seja autônoma (operam sem a necessidade de orientação externa), todos os dispositivos precisarão, mais cedo ou mais tarde, solicitar ou enviar dados para alguém. Mas esse alguém não precisa ser um humano.

Atualmente, a natureza centralizada dos sistemas tradicionais de IoT reduz sua escalabilidade e pode criar gargalos. Uma entidade central de gerenciamento pode lidar apenas com um número limitado de dispositivos. Muitas empresas que trabalham na área da IoT estão buscando potencializar os contratos inteligentes nas redes blockchain para permitir que os dispositivos IoT funcionem de forma mais segura e autônoma. Esses contratos inteligentes estão se tornando cada vez mais atrativos e o número de dispositivos IoT passou de 20 bilhões no mundo todo em 2020.

A Figura 19-2 mostra como a IoT cresceu de uma rede puramente centralizada no passado para ser uma rede distribuída (que ainda tem alguns hubs centrais) e uma visão do futuro sem a necessidade de gerenciamentos centrais.

FIGURA 19-2: Movimento em direção a uma IoT distribuída e autônoma.

As aplicações de dados da IoT são infinitas, e se o setor tem mudanças em sua direção, será necessário saber e entender a análise de blockchain para realmente desbloquear seu potencial. Usar a tecnologia blockchain para gerenciar dispositivos IoT é apenas o início. Sem a aplicação da análise para realmente compreender o volume gigantesco de dados que os dispositivos IoT gerarão, muito do valor em ter tantos dispositivos autônomos será perdido.

Garantindo a Autenticidade de Dados e Documentos

Lenovo Group é uma empresa multinacional de tecnologia que fabrica e distribui eletrônicos de consumo. Durante uma revisão do processo empresarial, a empresa identificou várias áreas de ineficiência em sua cadeia de suprimentos. Após analisar os problemas, a Lenovo decidiu incorporar a tecnologia blockchain para aumentar a visibilidade, a consistência e a autonomia, e também diminuir desperdícios e atrasos nos processos. Eles publicaram um artigo, "Blockchain Technology for Business: A Lenovo Point of View" [Tecnologia

Blockchain para Empresas: Um Ponto de Vista da Lenovo, em tradução livre] (`https://lenovopress.com/lp1221.pdf` — conteúdo em inglês), detalhando seus esforços e resultados.

Além de descrever seu aplicativo blockchain de cadeia de suprimentos no artigo, a Lenovo citou exemplos de como o jornal *New York Times* usa o blockchain para provar que as fotos são autênticas. Também descreveram como a cidade de Dubai está trabalhando para ter todos os documentos governamentais no blockchain até o fim de 2020, em um esforço para acabar com a corrupção e o mal uso dos fundos.

Na era dos deep fakes, das fotos manipuladas e dos métodos cada vez mais avançados de corrupção e desvio de fundos, o blockchain pode identificar casos de fraudes e mal uso de dados. A transparência e a imutabilidade inerentes ao blockchain significam que os dados não podem ser manipulados retroativamente para apoiar uma narrativa. Os fatos em um blockchain ficam gravados como imutáveis. Os modelos analíticos podem ajudar os pesquisadores a entender como qualquer tipo de dado foi originado, quem era o dono original, como são alterados ao longo do tempo e se qualquer alteração é coordenada.

Controlando a Integridade de Documentos Seguros

Como acabei de mencionar, a tecnologia blockchain pode ser usada para garantir a autenticidade documental, mas também garantir a integridade dos documentos. Nas áreas em que os documentos não devem ser alterados, como nos setores jurídicos e de saúde, o blockchain pode tornar transparentes e imutáveis os documentos e suas alterações, assim como aumentar o poder que o dono dos dados tem para controlá-los e gerenciá-los.

Os documentos não precisam estar armazenados no blockchain para aproveitar a tecnologia, eles podem ficar em repositórios off-chain, com um hash armazenado em um bloco do blockchain. Cada transação (solicitada para ser gravada em um novo bloco) contém a conta do proprietário e um timestamp da ação. A integridade de qualquer documento em um ponto específico do tempo pode ser validada simplesmente pela comparação do hash on-chain com o valor calculado do hash do documento. Caso os valores sejam iguais, o documento não foi alterado desde que a transação no blockchain foi criada.

A empresa DocStamp (`https://docstamp.io/` — conteúdo em inglês) implementou um novo uso para a gestão de documentos no blockchain. Ao usar o DocStamp, mostrado na Figura 19-3, qualquer um pode autorreconhecer qualquer documento. O proprietário do documento mantém controle do documento enquanto armazena um hash dele em um blockchain Ethereum.

FIGURA 19-3: Site do DocStamp.

CUIDADO

Serviços como o DocStamp oferecem o recurso de garantir a integridade de documentos pelo uso da tecnologia blockchain. No entanto, a validação da integridade de documentos e seus usos dependem dos modelos analíticos. O modelo DocStamp geralmente não é reconhecido pelos tribunais como sendo tão seguro quanto os cartórios. Para que isso mude, os analistas precisam apresentar resultados de modelos que mostrem como a abordagem funciona e como o blockchain pode fornecer evidências de que a integridade documental está garantida.

Rastreando Itens da Cadeia de Suprimentos

No artigo da Lenovo sobre o blockchain (mencionado na seção anterior), o autor descreveu como a empresa substituiu a papelada impressa em sua cadeia de suprimentos pelos processos gerenciados por meio de contratos inteligentes. A mudança para a gestão de processos baseados no blockchain diminui muito o potencial de erros humanos e removeu muitos atrasos nos processos causados por pessoas. Substituir a interação humana pela eletrônica aumentou a auditabilidade e concedeu a todas as partes mais transparência na movimentação de produtos. A cadeia de suprimentos da Lenovo se tornou mais eficiente e fácil de ser analisada.

As soluções baseadas em blockchain para cadeias de suprimentos são uma das formas mais populares de implementar a tecnologia blockchain. Essa tecnologia facilita rastrear itens ao longo da cadeia de suprimentos, tanto para a frente como para trás. O recurso de rastreamento de itens facilita definir onde um item está e por onde já passou. Rastrear a proveniência, ou a origem, de um item possibilita a análise da causa-raiz. Como o blockchain mantém todo o histórico de movimentações ao longo da cadeia de suprimentos, muitos tipos de análise são mais fáceis do que os armazenamentos tradicionais de dados, que podem sobrescrever os dados.

A agência federal dos EUA, FDA (Food and Drug Administration — Administração de Alimentos e Medicamentos), está trabalhando com diversas empresas privadas para avaliar o uso de aplicativos com a tecnologia blockchain para a cadeia de suprimentos para identificar, acompanhar e rastrear remédios receitados. A análise de dados do blockchain pode fornecer evidências para a identificação de medicamentos falsificados e apresentar os caminhos usados por criminosos para colocar tais medicamentos no mercado.

Empoderando a Análise Preditiva

Nos Capítulos 10 e 11, você aprendeu como criar diversos modelos que permitem prever comportamentos futuros com base em observações do passado. A análise preditiva é geralmente um dos objetivos dos projetos analíticos de uma organização. Grandes organizações podem já ter uma coleção de dados que dão suporte à previsão. Organizações menores, no entanto, talvez não tenham dados suficientes para fazer previsões precisas. Mesmo as grandes seriam beneficiadas pelos conjuntos de dados que se estendem além de seus consumidores e parceiros.

No passado, uma abordagem comum para obter dados suficientes para uma análise significativa era comprá-los de um agregador. Cada pedido de aquisição de dados custa dinheiro, e os dados obtidos podem ainda estar limitados em escopo. Os prospectos do uso dos blockchains públicos têm o potencial de mudar a forma como todos nós acessamos os dados públicos. Se a maioria das interações da cadeia de suprimento, por exemplo, usar um blockchain público, esses dados estarão disponíveis para qualquer um — e de graça.

À medida que mais organizações incorporam os blockchains em suas operações, os analistas podem potencializar os dados adicionais para empoderar mais empresas a usarem as análises preditivas com menos dependência dos dados localizados.

CAPÍTULO 19 **Dez Usos para a Análise de Blockchain** 325

Analisando Dados em Tempo Real

As transações no blockchain acontecem em tempo real, cruzando fronteiras inter e intranacionais. Não são apenas bancos e inovadores da tecnologia financeira buscando o blockchain pela velocidade que oferece às transações, mas também cientistas e analistas de dados estão observando as mudanças e as adições aos dados do blockchain em tempo real, aumentando enormemente o potencial para a tomada rápida de decisões.

Para ver como os dados do blockchain são realmente dinâmicos, visite o site do Ethviewer, monitor do blockchain Ethereum: `http://ethviewer.live` [conteúdo em inglês]. A Figura 19-4 mostra o site do Ethviewer.

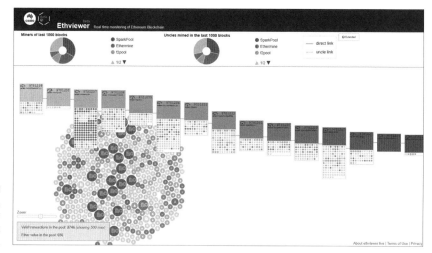

FIGURA 19-4: Ethviewer, monitor do blockchain Ethereum.

Cada círculo pequeno na bolha no canto inferior esquerdo do site é uma transação distinta esperando para ser inserida em um novo bloco. Podemos ver como funciona a dinâmica do blockchain Ethereum — ele muda constantemente. E também os dados do blockchain usados por seus modelos para fornecer resultados precisos.

Turbinando a Estratégia Empresarial

As grandes e pequenas empresas — agências de marketing, gigantes da tecnologia financeira, pequenos comércios e muitas outras — podem ajustar suas estratégias para que acompanhem, e até estejam à frente, as mudanças do mercado, da economia e de sua base de consumidores. Como? Utilizando os resultados de modelos analíticos criados com os dados do blockchain da organização.

O objetivo máximo para qualquer projeto analítico é fornecer o ROI para a organização patrocinadora. Os projetos de análise de blockchain apresentam uma oportunidade única de oferecer valor. Apenas recentemente novas implementações do blockchain estão se tornando comuns nas empresas, e agora é o momento de ver essas fontes de dados como novas oportunidades de agregar valor. A análise pode ajudar a identificar fontes potenciais de ROI.

Gerenciando o Compartilhamento de Dados

A tecnologia blockchain geralmente é considerada disruptiva, e há verdade nessa caracterização. O blockchain causa disrupção, sim, em muitas coisas. No contexto da análise de dados, ele muda a forma como os analistas obtêm pelo menos parte de seus dados.

Se um blockchain público ou de consórcio é a fonte para um modelo analítico, é praticamente certo que a organização patrocinadora não é dona de todos os dados. Muitos dos dados em um blockchain não privado vêm de outras entidades que decidiram alocar os dados em um repositório compartilhado, o blockchain.

O blockchain pode auxiliar no armazenamento de dados em uma rede distribuída e deixar esses dados facilmente acessíveis às equipes do projeto. Isso facilita todo o processo analítico. Talvez ainda haja muito trabalho a fazer, mas você sempre poderá contar com o fato de que os dados do blockchain estão acessíveis e não mudaram desde que foram escritos. O blockchain facilita mais a colaboração entre analistas de dados e outros consumidores de dados do que os repositórios mais tradicionais de dados.

Padronizando a Colaboração

A tecnologia blockchain potencializa a análise de muito mais formas do que apenas oferecer acesso a mais dados. Não importa se essa tecnologia é implementada no sistema de saúde, no sistema jurídico, no governo ou em outro domínio organizacional, o blockchain pode levar a uma automação de processo mais eficiente. Além disso, sua abordagem revolucionária de como os dados são gerados e compartilhados entre as partes pode levar a uma padronização maior e melhor sobre como os usuários finais preenchem os relatórios e como outros dados são obtidos. Os blockchains podem ajudar a motivar o cumprimento de padrões aceitos para lidar com os dados.

O uso de padrões de processamento de dados diminuirá enormemente a quantidade necessária de tempo para a limpeza e a gestão de dados. Como a limpeza geralmente exige um grande investimento de tempo no processo analítico, a padronização por meio do uso do blockchain pode facilitar a criação e a modificação de modelos com um curto tempo de colocação no mercado.

Índice

A

ABI, 242–243
ABI. Ver interface binária de aplicação, 96
agrupamento
    análise, 161
    eficácia, 166
algoritmo
    CART, de aprendizado, 182
    consenso, 22, 24
    Keccak-256, 45
    SHA-3, 45
ambiente de desenvolvimento integrado (IDE), 76
Anaconda, 87, 90, 296
análise
    associação, 131
    classificação, 129
    de dados, avaliação, 56
    duas caudas, 137
    modelos, 13
    não supervisionada, 126
    opções, 84
    preditiva, 17, 136, 177, 325
    prescritiva, 17–18, 136
    séries temporais, 218
API, 236–237
aplicativo
    cadeia de suprimentos, 29–30
aprendizado de máquina, 135
apriori, algoritmo, 171
aquisição de dados, 59
ARIMA, modelo, 220
arquitetura, 149
árvore de decisão, 129–131, 133, 179, 180
    algoritmo de aprendizado, 182
associação
    regras, 170, 174
atributos, 14, 118, 125, 126
    exagero, 256
atualizações, 315
automineração, 69, 104
autorregressão, 220

B

Bayes
    ingênuo, 179, 182
    modelo, 193
    teorema, 183
bibliotecas, 237–238
big data, 316
BigQuery, 310
blockchain
    benefícios, 26
    conectar, 235–236
    confiar, 152
    dados
        inventário, 112
    em tempo real, 326
    exigências, 34
    implementações, 31
    modelos, 28
    primeira geração, 23
    público, 303
    segunda geração, 23
    soluções de análise, 58
    tecnologia, 19
    terceira geração, 24
Blockchain.com, 306
Block Explorer, 306
bloco, 44
    de linhas, 22–23
    tio, 44, 45

C

C++, 246–247
cabeçalho, 44
    campos, 45
cadeia de suprimentos, 190
Caffe, 265–266
casos de uso, 36
centroide, 161, 163
cesta de compras, análise, 170
Chainalysis, 320
chave, 115
    primária, 116
classe
    rótulos, 178

classificação, 178
    análise, 178
CLI, 61
colaboração, 153
ColossusXT, 307
compliance, 251
comportamento, natureza repetitiva, 8
comunidades, 311
Conda, gerenciador de pacotes, 90
confiança da previsão, 136
conjunto de dados, 111, 121
    entrada, 125
contrato
    dados de estado, 239–240
    inteligente, 43, 49, 52, 234
contrato inteligente, 70
coorte, 153
corpo, 44
CSV, texto, 14
cultura corporativa, 290
custo irrecuperável do modelo, 112

D

D3.js, 317
dados
    categóricos, 119, 133
    contínuos, 119–120
    de estado, 52–53
    discriminar, 182
    entrada, 186
    repositório, 111
    visibilidade, 28
    visualização, 310
dApp, 82
Deeplearning4j, 265–266
deficiências, 258
descentralização, 149
determinações, 145
    coeficiente, 209
diferenciação, 220
direito de ser esquecido, 114
distribuição gaussiana, 194
DocStamp, 323

E

entidade, 13–14
entrada
    conjunto de dados, 111
    dados limpos, 121
escopo, aumento, 256
estado, dados, 52
Ethereum, 23, 301
    campos, 47
    comunidade, 62
    instalar, 63
EthereumDB, 302
Ethereum-etl, 302
Etherscan.io, 305
Ethviewer, 315, 326
EVM, 61, 83, 235–236

F

fast.ai, 265–266
filtros de atributos, 119
framework, 249
    Caffe, 274
    Deeplearning4j, 276
    de terceiros, 261
    fast.ai, 271
    Keras, 267
    MXNet, 273
    PyTorch, 269
    TensorFlow, 266
frameworks analíticos
    lista, 265–266

G

gamificação, 146, 147
Ganache, 83
Ganache, teste, 66
ganho de informação, 182
GAO. Ver grafo acíclico orientado, 313
gerenciamento ágil de projetos, 292
gestão de cadeias de suprimento, 36
Geth, 63, 83
Gini, índice, 182
Google Charts, 317
gradientes, 270
grafo acíclico orientado (GAO), 313
GUI, 61

H

hábitos, 8
Hadoop, 316
hash criptográfico, 22
hipótese
    alternativa, 136
    nula, 136

I

IDE, 62
influências sazonais, 141
informação
    demográficas sobre consumidores, 9
    era, 11
    pessoais identificáveis (PII), 114
infraestrutura integrada de empreendimento, 21
Infura, 303
integridade
    documentos, 323
inteligência artificial (IA), 25
interface, 255
    binária de aplicação (ABI), 96
    de linha de comando (CLI), 61
Internet das Coisas (IoT), 321–322
inventário, 285
IoT. Ver Internet das Coisas, 321

J

JavaScript, 246–247
jogos, teoria, 146
JSON, 236–237
Jupyter, 298, 316
JupyterLab, 298

K

Kafka, mecanismo de consenso, 41
Kaggle, 311
k-means
    agrupamento, 127, 128
    método, 161, 162
k-modes, técnica, 162

L

laboratório
    partes, 83
lambda, função, 189
Lenovo, 322
LGPD, lei, 12

linguagem de programação, 246–247
Lloyd, algoritmo, 163
loops, 106

M

MADANA, 308
matriz
    de confusão, 210–211
    de dispersão, 167
mecanismos de recomendação, 132
média móvel, 139, 220, 228
medoides, técnica, 162
método
    filtros, 119–120, 134
    wrapper, 120
métrica
    confiança, 175
    lift, 175
mineradores, 22, 44
modelo
    agrupamento, 125
    analítico
      testes, 260
    analíticos principais, 125
    associação, 125
    classificação, 125
    de Conta/Balanço, 40
    Quantias de Transações não Gastas
      (UTXO), 40
    supervisionado, 178
    treinamento, 134
moeda
    do modelo, 152
MXNet, 265–266

N

nó
    decisão, 180
    light, 149
    raiz, 180
NodeJS, 71
nonce, número arbitrário, 44
normalização, 122

O

obstáculos, 283
operacionalização, 258

Índice   331

P

partição
  teste, 190
  treinamento, 190
PMBOK
  fases, 292
PMI, 291
precisão fluida, 216
previsão, 133
privacidade, 307, 317
  leis, 12
  online, 12
  versus confidencialidade, 284
  violação, 11
privado, blockchain, 29
processo
  iterativo, 291
  linear, 291
propriedade, transferência, 20
público, blockchain, 28
Python, 86, 246–247
  limpeza dos dados, 188
PyTorch, 265–266

R

rastreamento, 325
recomendação
  mecanismos, 170
Reddit, 311
rede
  nós, 21
regressão
  linear, 199
  linear múltipla, 203
  linear simples, 203
  linha, 201, 203
  logística, 199
  logística, modelo, 205
  modelo, 15–16
Regulamento Geral sobre a Proteção de Dados na Europa (GDPR), 114
Remix, 97
repositórios
  fora da cadeia, 26
  off-chain, 60
resíduo, 203
resultados
  macro, 144
  micro, 144

retorno sobre o investimento (ROI), 11, 151, 282–283, 319
ROI. Ver retorno sobre o investimento, 151, 282
RStudio, 300

S

semiprivado, blockchain, 30
série temporal, 139
  componentes, 218
serviços de saúde, 37
sigmoide, função, 206
Solidity, linguagem, 62
Stack Overflow, 311
subjetividade, 314

T

Tableau, 316
Tableau Gurus, 314
técnica não supervisionada, 160
tempo para os resultados, 112
thrashing, 222
timestamp, 50
transações, 51, 114
  não gastas, 96
  processamento, 27
trie estado, 46
Truffle, 70, 83

U

UUID, 114

V

Vaex, 304
valor
  potencial, 8
  transferência, 21
variável
  dependente, 198
  independente, 198
virtualização, 150
visualizações, tipos, 140
Visual Studio Code, 76, 297
VS Code, 83

W

web3.js, biblioteca, 87, 91
web3.py, 301
WSS, 165

Projetos corporativos e edições personalizadas dentro da sua estratégia de negócio. Já pensou nisso?

Coordenação de Eventos
Viviane Paiva
viviane@altabooks.com.br

Assistente Comercial
Fillipe Amorim
vendas.corporativas@altabooks.com.br

A Alta Books tem criado experiências incríveis no meio corporativo. Com a crescente implementação da educação corporativa nas empresas, o livro entra como uma importante fonte de conhecimento. Com atendimento personalizado, conseguimos identificar as principais necessidades, e criar uma seleção de livros que podem ser utilizados de diversas maneiras, como por exemplo, para fortalecer relacionamento com suas equipes/ seus clientes. Você já utilizou o livro para alguma ação estratégica na sua empresa?

Entre em contato com nosso time para entender melhor as possibilidades de personalização e incentivo ao desenvolvimento pessoal e profissional.

PUBLIQUE
SEU LIVRO

Publique seu livro com a Alta Books. Para mais informações envie um e-mail para: autoria@altabooks.com.br

 /altabooks   /alta-books   /altabooks   /altabooks

CONHEÇA OUTROS LIVROS DA **PARA LEIGOS**

Todas as imagens são meramente ilustrativas.

Este livro foi impresso nas oficinas gráficas da Editora Vozes Ltda.,
Rua Frei Luís, 100 – Petrópolis, RJ.